REINVENTAR
O OFÍCIO DE APRENDER

REINVENTAR O OFÍCIO DE APRENDER

O ÚNICO OFÍCIO SUSTENTÁVEL ATUALMENTE

Hélène Trocmé-Fabre

tradução de Mara Welferinger
ilustrações de Thierry Huort

TRIOM

Centro de Estudos Marina e Martin Harvey
1ª edição – São Paulo – 2010

Título original: *Réinventer le Métier d'Apprendre*

Tradução: Mara Welferinger
Revisão: Ruth Cunha Cintra e Vitoria Mendonça de Barros
Ilustrações: Thierry Huort
Capa e diagramação: Casa de Tipos Bureau e Editora Ltda.

Edição patrocinada por Vitoria Mendonça de Barros

Dados Internacionais de Catalogação na Publicação (CIP)
(Câmara Brasileira do Livro, SP, Brasil)

Trocmé-Fabre, Hélène
Reinventar: o ofício de aprender: o único ofício sustentável atualmente / Hélène Trocmé-Fabre; tradução Mara Welferinger ; ilustrações de Thierry Huort. – 1. ed. – São Paulo: TRIOM, 2010.

Título original: Réinverter le métier d'aprendre
Bibliografia.
ISBN 978-85-85464-78-3
1. Aprendizagem cognitiva 2. Psicologia da aprendizagem I. Huort, Thierry. II. Título.

10-10960 CDD-370.1523

Índice para catálogo sistemático:

1. Aprendizagem cognitiva : Psicologia educacional 370.1523

Dedico este livro ao
"sim" sagrado da infância
de ontem, de hoje e de amanhã
e, especialmente,
a Emma, David, Justine, Noémie, Quentin e Rachel.

Sumário

[1] *Nascemos para Aprender*, TRIOM Editora, São Paulo, 2006.

Reinventar o Ofício de Aprender

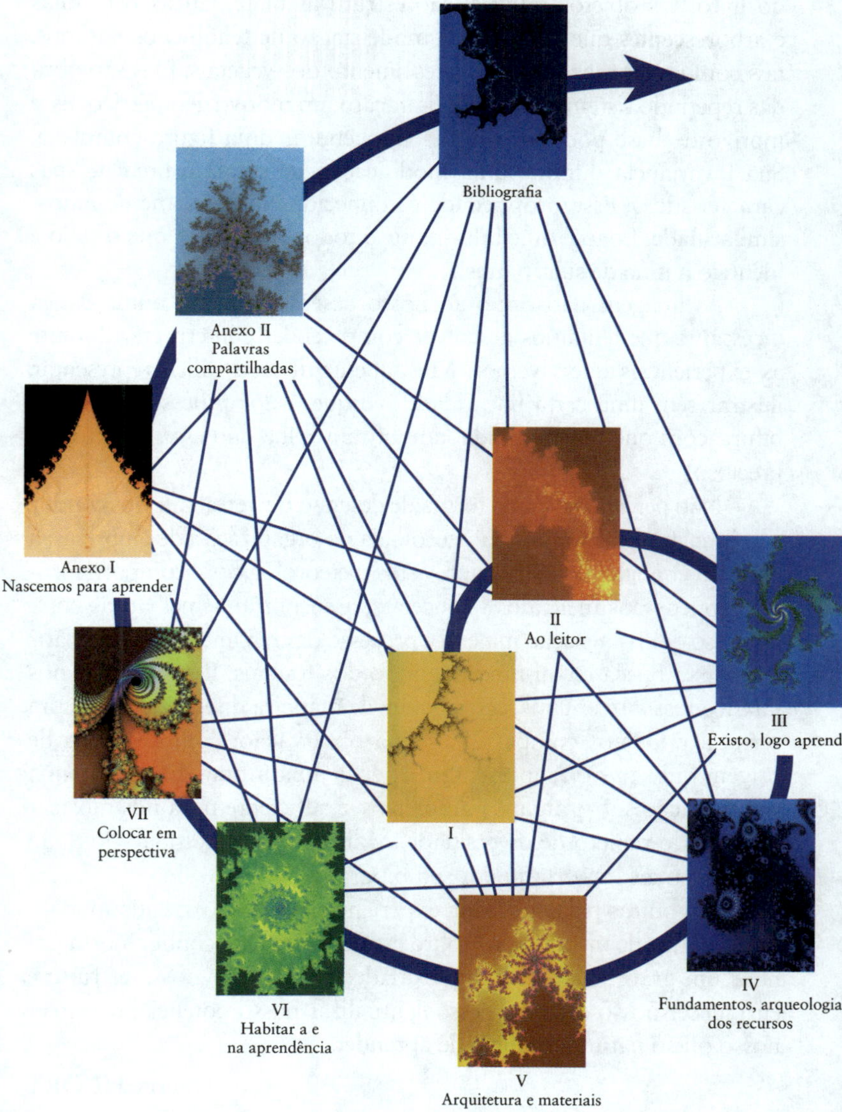

FRACT'UALIDADES...

Ao longo destas páginas...

... o leitor vai se deparar com imagens fractais ligadas a cada parte do livro. Os objetos **fractais**[1] são estruturas matemáticas bem finas e arborescentes que permitem a modelização de fenômenos naturais, tais como a cristalização ou o crescimento dos vegetais. Elas são obtidas repetindo sistematicamente (iteração) um motivo geométrico. Esse motivo de base pode ser simples e engendrar uma figura complexa. Sua invariância durante uma modificação de escala é uma de suas características. Essa propriedade é conhecida com o nome de **autossimilaridade.** Logo é difícil distinguir o todo da parte, já que **o todo é idêntico a uma de suas partes.**

As imagens dão ritmo ao nosso desenvolvimento numa dança incessante que tentamos descrever, compreender e interpretar durante as experiências que vivemos. Mas, apesar disso, é dificil representar, ilustrar sem uma certa linearidade, a riqueza dos processos e outras bifurcações que regem a vida, amplificam e lhe dão esse aspecto tão precioso!

Não percebemos uma forma de **desenho universal** que nos conduz a aplicar modelos tirados da neurologia na organização de empresas, a estabelecer analogias entre imprevistos meteorológicos e comportamentos caóticos dos mercados financeiros, a encontrar semelhanças entre processo de cristalização mineral e processo de crescimento do embrião?

Essa busca levou-me ao mundo dos fractais. Esses objetos nos falam e ressoam em nós, certamente, de maneira diferente. Mas, com certeza, podemos compartilhar uma observação: com desenhos de origem que, *a priori*, apresentam apenas uma ínfima diferença, uma simples ação sobre alguns parâmetros, é suficiente para nos mostrar um mundo repleto de diversidade. Mais do que a exatidão do dado inicial, o mais importante é a sua biografia.

Em outras palavras, cada experiência (repetição) e cada mudança de ponto de vista (focal) sobre essa experiência, conduz-nos a ganhar um grau maior de complexidade, a modificar nossa estrutura, enriquecer nosso desenho pessoal, atualizar nosso potencial e exercer nosso ofício natural: o **ofício de aprender.**

Thierry HUORT

---

1. *Fractal* do latim *frangere* = fragmentar, e fractus = irregular

Reinventar o Ofício de Aprender

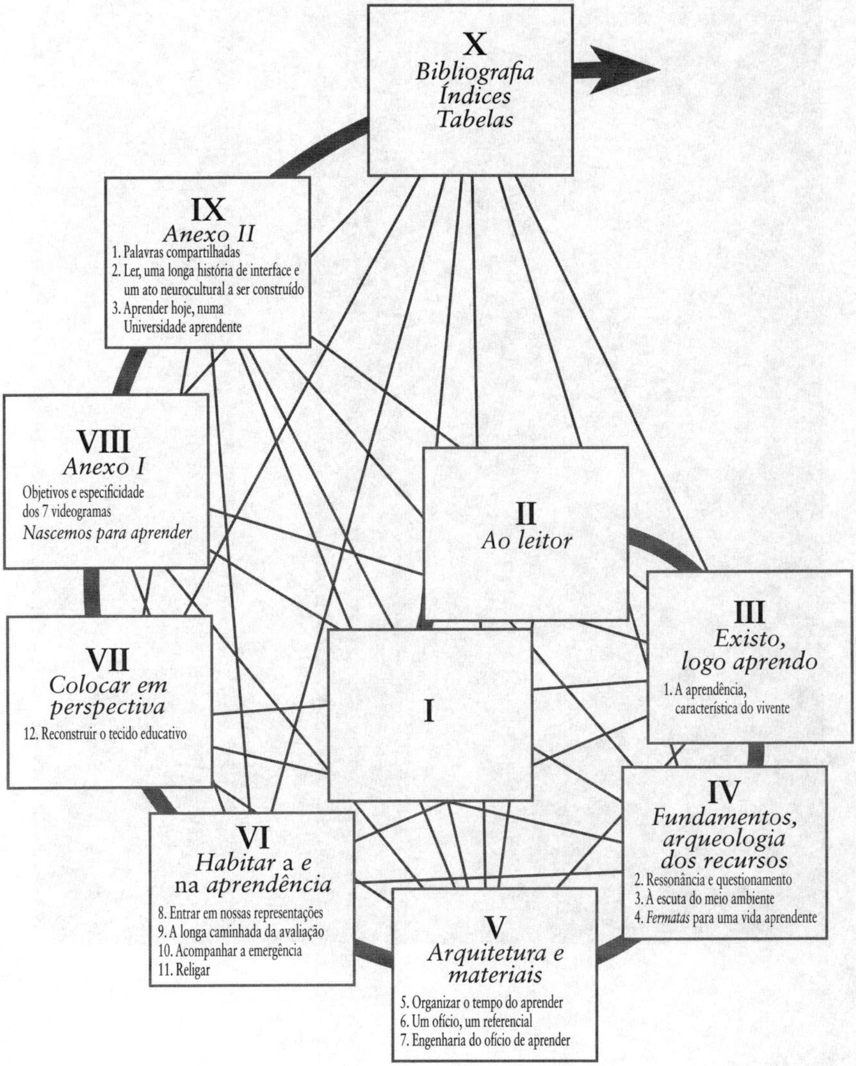

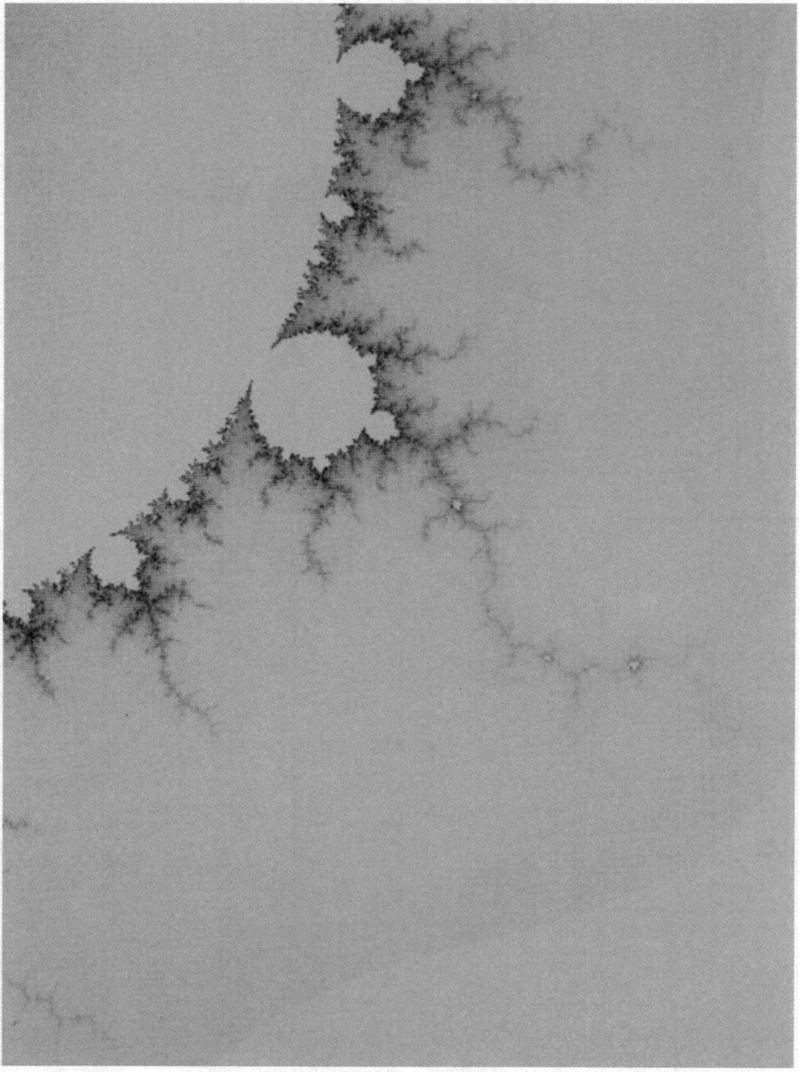

I

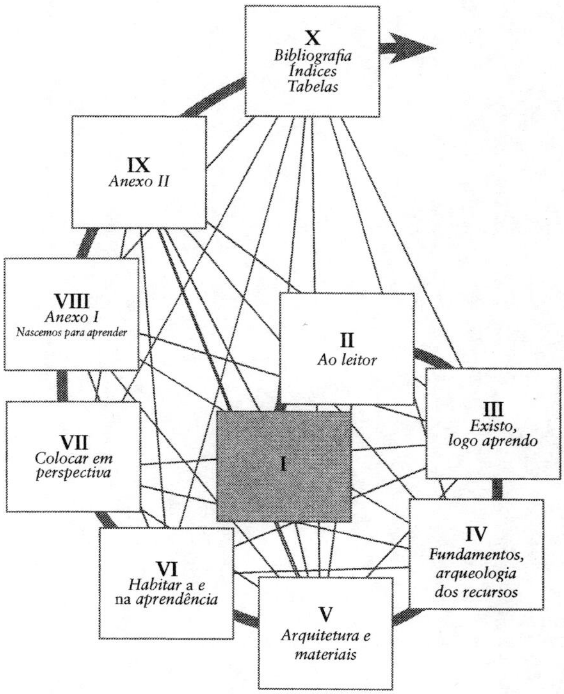
X
Bibliografia
Índices
Tabelas
IX
Anexo II
VIII
Anexo I
Nascemos para aprender
II
Ao leitor
III
Existo,
logo aprendo
VII
Colocar em
perspectiva
I
IV
Fundamentos,
arqueologia
dos recursos
VI
Habitar a e
na aprendência
V
Arquitetura e
materiais

A página ao lado não está vazia.

Ela representa a "reserva de branco" que permite o processo de interiorização e de transformação através do qual tudo se torna significação.

Na música, o silêncio cria o espaço, graças ao qual o próprio som se supera e entra numa ressonância em direção e para além de outras ressonâncias.

O leitor também precisa de um espaço de ressonância para que se instale o tempo de uma leitura recíproca, entre o querer dizer e o poder dizer das palavras.

II

Ao leitor

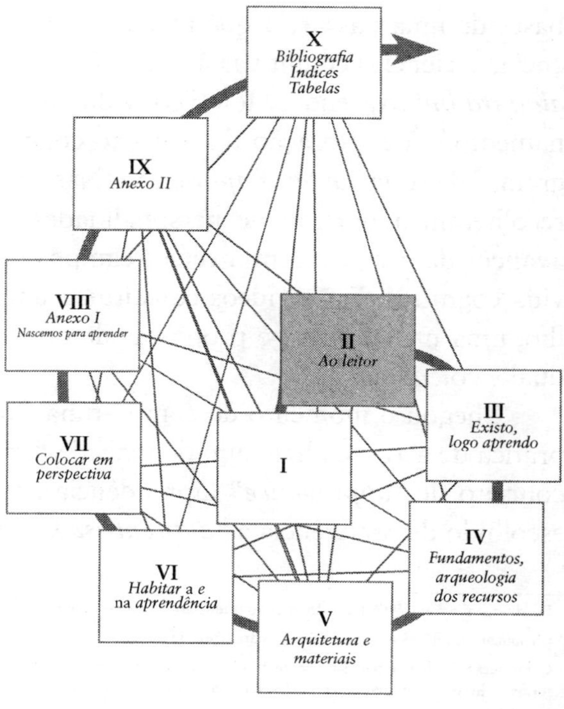
X
Bibliografia
Índices
Tabelas
IX
Anexo II
VIII
Anexo I
Nascemos para aprender
II
Ao leitor
III
Existo,
logo aprendo
VII
Colocar em
perspectiva
I
IV
Fundamentos,
arqueologia
dos recursos
VI
Habitar a e
na aprendência
V
Arquitetura e
materiais

II

Ao leitor

O Aprender precisa ser reinventado

Este livro é a continuidade de três trabalhos precedentes e, da mesma maneira, ele não tem a ambição de convencer, nem provar qualquer coisa: o intuito é "ajudar a ver". O leitor é convidado a tornar-se explorador de seu questionamento, arqueólogo de seus próprios recursos e arquiteto de seu projeto de aprendência ou de acompanhamento.

J'apprends donc je suis (Aprendo, Logo Existo)[1] expôs as bases de uma passarela que religa as descobertas em neurociências e ciências cognitivas às situações educativas. *Apprendre aujourd'hui* (Aprender Hoje)[2] convidou o educando ao questionamento e à exploração da situação cognitiva. Os sete videogramas da série *Né pour apprendre* (Nascemos para Aprender)[3] recolheram a opinião de personalidades científicas sobre os avanços da pesquisa, em diversos campos implicados em nossa vida cognitiva. Esses vídeos constituem um material de trabalho, uma metodologia e propostas de desenvolvimento individual e coletivo.

Chegou o momento de compartilhar uma reflexão e uma prática de acompanhamento de mais de dez anos, em torno do conceito de "*apprenance*" (aprendência). Esse neologismo foi escolhido de preferência a "*apprentissage*" (aprendizagem) ain-

---

1. Ed. d'Organisation (1987, Bolso 1994), não traduzido para o português.

2. Cheminement Ed. (1994), não traduzido para o português.

3. Coprodução, Ecole Normale Supérieure de St Cloud, Université de La Rochelle (1996), publicados no Brasil sob a forma de livro com encaixe de DVD legendado com as entrevistas: TRIOM Editora, São Paulo, 2006.

da frequentemente utilizado para designar a posição do aprendiz. A "*apprenance*" é um conceito mais amplo, nômade e mesticizado. A palavra "*apprenance*", graças a seu sufixo ("*ance*") indica que se trata de um processo que se increve na duração. Ela mostra ao mundo educativo que a aridez pedagógica não tem sentido e que existe uma alternativa às lógicas de exclusão e de competição que a Escola estimula, enquanto ela não reconhecer que a capacidade de aprender é a caracteristica do vivente. A Escola mudará para melhor quando tiver uma visão antropológica forte de seu próprio papel e quando conceder à aprendência o estatuto de patrimônio da humanidade.

Outro objetivo deste livro é ressaltar o impacto dos avanços tecnológicos em nossa vida cognitiva. Certos campos de conhecimento se tornaram, atualmente, *incontornáveis* para um educador. As recentes pesquisas em neurobiologia confirmam que somos capazes de aprender durante a vida inteira. Logo, aprender é uma aventura que ultrapassa os limites da escola, deve ser reinventado e, com certeza, é o único ***ofício*** *sustentável* atualmente.

As diferentes partes do livro estão estreitamente religadas entre si e se estruturam umas com as outras, como sugerem as imagens fractais que ilustram este trabalho. Mais do que um discurso, essas imagens são a prova de que o quadro conceitual precisa ser reajustado. O mundo educativo deve acolher novos conceitos e aceitar a ideia de que nossa vida cognitiva é feita da mesma essência que caracteriza o mundo dos objetos fractais: mudança de escala, irregularidades do real, movimentos para o infinito, ordem implicada, escondida, apesar de repetitiva... Essa fascinante geometria fractal faz pensar, especialmente, no extraordinário poder organizador da "turbulência caótica" e no poder de criação de formas que seria exatamente, segundo pesquisas recentes, a característica de nossas ações mentais.[4]

---

4. Cf B Mandelbrot (1995). Cf também C. Hardy (1998).

A "reserva de branco" (I) e o texto *Ao Leitor* (II) fazem o papel de introdução. A Parte III, *Existo logo aprendo*, desenvolve a ideia de que a aprendência é a característica do vivente. Para reinventar a aprendência, ou seja, dar-lhe um novo valor, o procedimento utilizado é o mesmo utilizado na construção. Antes de estruturar e de construir, um trabalho importante deve ser efetuado, para permitir a terraplenagem do terreno, a escavação das fundações e a escuta do ambiente onde se passam as ações de aprender e as ações de ensinar. Antes de procurar conhecer nossos próprios recursos cognitivos e nos colocarmos à escuta das recentes pesquisas sobre o cérebro, é preciso, em primeiro lugar, abrir um espaço de questionamento e de *ressonância*, descobrir nossas *representações*, inventariar nossas ignorâncias, assim como, os *recursos* que precisamos e os que possuimos. É o que propõe a Parte IV, *Fundamentos, arqueologia de nossos recursos*.

Para construir, precisamos de materiais. A Parte V, *Arquitetura e materiais* propõe reconfigurar a problemática educativa, analisando, em primeiro lugar, o tempo de aprender e os meios para *dar à aprendência seu caráter sustentável*. A ideia que aprender é um ofício já foi evocada. Como todas as profissões, o ofício de aprender precisa de um referencial que elucide as capacidades cognitivas utilizadas em cada etapa de desenvolvimento. Esse referencial cognitivo é apresentado sob a forma de uma árvore, "*A árvore do saber aprender*", cujas etapas seguem a lógica do vivente, da evolução filogenética e do desenvolvimento ontogenético. Esse referencial permite religar as atividades solicitadas ao aluno às competências necessárias para realizar essas tarefas. Ele serve de ponto de apoio para *situar com novo enfoque* a problemática da aprendência.

Como em todo ofício, é necessário uma *engenharia*, garantindo as condições e as técnicas indispensáveis para que, aquele que exerce esse ofício faça o melhor uso de suas capacidades e de suas competências, ou seja, que ele possa religá-las a suas ações, suas palavras, seus pensamentos. Essa engenharia, específica ao ato de aprender, vem completar as engenharias da formação e da didática já existentes.

Dessa reflexão surge a necessidade de elaborar um *caderno de encargos*, inventário dos deveres que cabem a cada um dos parceiros da situação de aprendência. Elabora-se assim a trama de regras específicas a cada situação, tornando claro as responsabilidades e a posição dos parceiros educativos, determinando os limites das áreas e durações a serem investidas, assim como, as interações que devem ser estabelecidas.

Como aquele que aprende e o mestre que já aprendeu se encontram numa relação dialogal, um acompanhamento e uma interação devem ser construídos. Diversos meios, destinados a facilitar "a entrada em aprendência" e o acompanhamento de quem ensina a aprender, são propostos em *Habitar* a *e* na *aprendência* (Parte VI). Eles foram utilizados, na França e em outros países, durante estes últimos dez anos, por formadores, professores, alunos e diversos públicos nas empresas. Juntos, tivemos o cuidado para não elaborar receitas, do pronto-a-pensar e do pronto-a-fazer pedagógicos. São *ferramentas transversais*, instrumentos de análise ou matrizes destinadas a serem adaptadas para situações e públicos variados, respeitando os contextos e as prioridades locais.

Para habitar é preciso saber entrar... O limite deve ser ultrapassado no nível de nossas representações: saber recolhê-las incondicionalmente, olhá-las sem julgamento e permitir que sejam um trampolin em vez de continuar a ser um obstáculo. As etapas que vêm em seguida são as da "longa caminhada da avaliação" que, mais que qualquer outro conceito, precisa ser revisitado, questionado, refeito. Logo após vêm os meios para acompanhar a emergência da aprendência: três tempos (antes, durante e depois) e três ferramentas que preparam o caminho para a autonomia (autoposicionamento, autoquestionamento, autoavaliação). O penúltimo capítulo, "Religar", trata os diferentes aspectos da "religância", esse ato fundamental de todo organismo vivente. Nos Post-Scriptum dos capítulos da Parte VI, um material de trabalho sob forma de sondagens, ferramentas para decifrar, matrizes, questionários, é destinado a facilitar a elaboração de uma metodologia individual ou em grupo.

Seria um absurdo querer concluir um trabalho concebido para colocar em movimento o olhar do leitor. Este, consciente ou não, tem o controle total de sua leitura e de sua interpretação dos documentos oferecidos ou citados. A conclusão, classicamente esperada, encontra-se em *Colocar em perspectiva* (Parte VII). Ele propõe ao mundo educativo colocar em prática sua própria visão e se inspirar das pesquisas feitas no campo socioeconômico, para explorar os conceitos de transação educativa, de inteligência coletiva, de aprendizagem solidária e recíproca, de organização aprendente ou de comunidade educativa.

Em resposta a numerosos pedidos, o Anexo I reúne uma síntese dos objetivos, especificidades e ideias/força dos sete videogramas da série "*Nascemos para aprender*". O Anexo II propõe dois exemplos sobre o reajustamento do ato de aprender, um sobre o ato de ler, o outro sobre a Universidade aprendente. Esses dois textos são precedidos de uma seleção de "Palavras compartilhadas", recolhidas em torno dos conceitos chave deste trabalho. Numerosas notas e referências bibliográficas ajudarão a prolongar a exploração individual ou em grupo.

Quando estava elaborando este trabalho, fiquei extremamente atenta à preocupação manifestada pelos diferentes atores da situação educativa (aprendentes, professores, pais, responsáveis educativos), confrontados com as solicitações e dificuldades de todos os tipos e cada vez maiores. Consciente da força de resistência das rotinas, das certezas e das referências seculares, privilegiei os métodos de acompanhamento que levam em conta *o que emerge* do inesperado, do encontro, do questionamento, da alegria de conhecer e do risco compartilhado dos possíveis.

Consciente também que não se pode encarcerar a vida num modelo e que a única coisa que se transmite é o movimento, escolhi dar enfoque a essas potencialidades que precisam ser descobertas, atualizadas e alimentadas de maneira incessante em cada um de nós.

No imenso continente de nossa vida cognitiva, explorei o que converge para o infinito, como as imagens que este livro nos oferece.

III

Existo, logo aprendo

1. A aprendência, característica do vivente

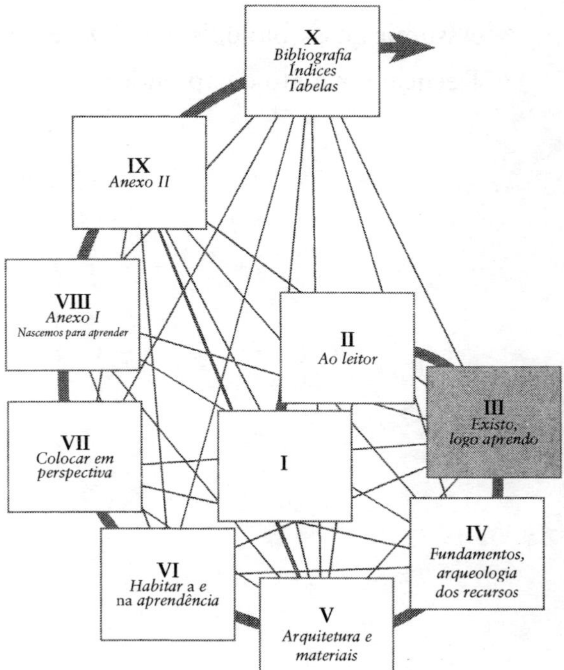

III

Existo, logo aprendo

Quanto mais nos aproximamos, mais vemos.
Giacometti

1. A aprendência, característica do vivente

- impulso da aprendência
- *Exeunt* a lógica única, o nível único, a relação única, a dimensão única!
- Daí a importância de se falar em ofício de aprender...
- Orientar a entrada em aprendência
- Assumir nossa biologia, em vez de ser conduzido por ela
- Reencantar o ato de aprender

1. A aprendência, característica do vivente

O impulso da aprendência

Na cultura que chamamos de "ocidental", a ação de aprender foi há muito tempo confiscada pela Escola e o mundo educativo. Mas, essa ação pertence, antes de tudo, à Vida. É quase certo que *Homo* não teria sido "*erectus*", nem "*faber*", nem "*loquens*", ainda menos "*sapiens sapiens*", nem como ele é chamado atualmente "*communicans*", se ele não tivesse sido, antes de tudo "cognoscens",[1] ou seja habitado pelo *impulso de aprendência*, pelo desejo de conhecer e de reconhecer que caracteriza todo organismo vivente.

Esse impulso de aprendência é a expressão, a própria face de uma outra aspiração, a que leva o humano para dentro e rumo à sua própria busca de sentido. Essa busca de sentido é, por sua vez, a expressão de um profundo desejo, de uma necessidade de engajamento num processo de construção ou de organização, mais claramente, de uma exigência de estruturação como indica nosso presente biológico e, assim como ele, a memória de nossas células. Essa exigência de estruturação, sem dúvida, faz parte do impulso de complexidade que a história do Universo relata.

O ato de aprender é, antes de tudo, um ato neurocultural. Ele deve ser lido em sua dimensão plural: biológica, antropológica, social, política. Nesta última década, numerosos trabalhos trataram a problemática da pedagogia do ato de aprender. Alguns chegam a falar de ofício do aluno ou de ofício do estudante.[2]

1. Do latim *cognosco*, aprendo a conhecer, procuro saber, reconheço (dic. Gaffiot, Hachette).

2. Cf., entre os numerosos títulos, Astolfi J.P. (1992); Avanzini G. (dir.) (1996); Aumont B. e Mesnier P.M. (1992); Barth B.M. (1987); Buzan T. (1997); de Bono E. (1985); Coulon A. (1990); Debray R. (1989); Desroche H. (1990); Dévelay M. (1992); Gardner H. (1996); Giordan A. e de Vecchi de G.(1990); Gouzien J. L. (1991); Meirieu Ph. (1987); Reboul O. (1980); Rey B. (1996); Vecchi de G. (1992); Williams L. V. (1986).

Para os atores do mundo educativo (alunos, professores, formadores, responsáveis institucionais, políticos, pais) o ato de aprender é, em geral, posicionado numa relação única de instrução e de imposição. Nossa língua corrente que usa com frequência os termos “transmissão de saber” e “aquisição de conhecimentos” situa o ato de aprender na sua relação com um informador ou uma informação como sendo esta exterior ao indivíduo. O saber é implicitamente considerado como uma entidade existindo por *si mesma*, e que pode ser tomada, transmitida tal qual, esperando que aquele que consideramos como o destinatário seja receptivo.

Essa concepção do saber e da informação leva diretamente ao atual sistema quantitativo de avaliação de resultados. Presume-se que o aprendente, o aluno, o “formado”, tenha captado uma certa porcentagem da "mensagem" que se avalia através de uma nota, numerada. Nossa experiência individual e cotidiana não somente nos mostra que não se pode aprender sozinho, nem compreender, ou comunicar no lugar do outro, mas, também e sobretudo, que aprender não é da competência do receber, do dar como tal, nem uma questão de “*packaging*”, ou de consumo. Aprender é um processo de criação de laços em nossa vida mental, afetiva, sensoriomotor, neurológica. Esses laços são, fundamentalmente, complexos, transitórios, adaptáveis, dinâmicos, heurísticos.

Muitos fatores entram em jogo fazendo da aprendência algo difícil, considerada mesmo como impossível pelos alunos, adolescentes ou jovens adultos. Portanto, os neurofisiologistas e os sistemistas afirmam atualmente que todo organismo vivo é, por natureza, “aprendente”. Então, é possivel deduzir que um organismo que não aprende é um organismo que crê não poder mais aprender. Enfraquecido, decepcionado, paralizado pelo medo do fracasso, pela angústia do “não ser bem sucedido”, pela tristeza e pela decepção, o organismo aprende a se ver como incapaz de aprender. Como consequência, ele não pode mais se regular, adaptar-se ou evoluir. Essa situação, sinônimo de detenção e encarceramento, provoca um *verdadeiro sofrimento cognitivo*. Esse sofrimento é a causa de uma grande violência, uma violência dissimulada, quase imperceptível, de origem múltipla, mas que se exerce de maneira subterrânea, minando as situações educativas aparentemente "normais", ou seja, culturalmente admitidas. Essa violência é praticada cada vez que o individuo vai contra as leis do vivente e, sobretudo, quando um organismo vivo é impedido de ser o portador de seu próprio potencial de evolução, de transformação, de adaptação e, portanto, de aprendência. Na verdade, a forma mais insidiosa de inércia, a mais destruidora, é a falta de atividade cognitiva.

"Exeunt",[3] *a lógica única, o nível único, a relação única, a dimensão única!*

Como nossa capacidade de aprender se manifesta no nível biológico, no nível social e num terceiro nível que podemos chamar a busca de significância,[4] o objetivo deste livro é explicar a natureza, a função e o estatuto da aprendência.

Capacidade cognitiva eminentemente complexa, interativa e dinâmica, o processo de aprendência é, simultaneamente, individual e coletivo, implícito e explícito. Ele está inserido no espaço/tempo do indivíduo e da humanidade. As pesquisas em ciências cognitivas e neurociências permitem atualmente explicar uma função essencial da aprendência, a *auto-organização* e a *autopoiese*.[5] Essa capacidade de se auto-organizar, autoestruturar, autoconstruir, permite ao organismo vivente reorga-

---

3. *Exeunt* = o que está sendo instruído.

4. "Significância" designa, nesta acepção, a viagem em busca de sentido

5. Segundo o termo utilizado por F. Varela.

nizar as interações, devido à sua interdependência com o meio ambiente, em outras palavras, levar em conta o contexto e seus constituintes: aprendemos aqui e agora, com nossa memória de ontem e de amanhã.

A aprendência tem uma função simultânea de estabilização, regulação, transformação, adaptação e evolução. Graças à sua capacidade de aprender, o ser humano é capaz de atualizar, ou seja, tornar manifesto (realizar) seu potencial de evolução, esse impulso de complexificação e de superação que caracteriza o vivente. Atualizando-se no presente, na interface do que foi e do que será, nossa aprendência é o motor da emergência do sentido que buscamos. É porque devo agir hoje com o que aprendi ontem e com o que eu gostaria para o futuro, que procuro o gesto, o ato, a palavra, o pensamento que convém ao que sou, aqui e agora.

A aprendência tem, antes de tudo, um *estatuto* de ato existencial, em plena coerência com as leis da vida. Aprender é obedecer a uma lógica plural: de regulação, de adaptação e de evolução. Tratando-se de um processo, quem aprende se inscreve na duração: existe sempre um antes, um durante e um depois. O estatuto da aprendência é duplo: simultaneamente causa e consequência da transformação gerada e constatada; simultaneamente causa e consequência da entrada em relação com nosso meio ambiente, com os outros e com nós mesmos. Logo, a atualização da aprendência dependerá da postura, do posicionamento, da atitude, da intenção, das condições em que se encontra o organismo aprendente, e da maneira como ele está religado a seu meio ambiente, aos outros e a si mesmo.

Daí a importância de se falar em ofício de aprender...

O ofício de aprendente tem os limites que lhe impõe o meio físico, familiar, social, político, cultural. O que caracteriza esse ofício é o fato de ser o mais antigo ofício do mundo! Aprender é um ofício cheio de riscos. Aceita-se o risco de mudar, portanto, de não mais ser reconhecido nem reconhecível. Mas, a ação de reconhecer é indubitavelmente a primeira ação de nossa vida cognitiva.[6] Isso explica, certamente, a grande angústia sentida por alguém que não pode mais reconhecer. O reconhecimento dos rostos, o reconhecimento das palavras, dos nomes, dos "saber-fazer", esfuma-se com certas doenças e, presume-se, com a idade, mas, certamente, sobretudo com o empobrecimento da "religância", essa capacidade ou intenção de se religar ao meio ambiente, aos outros e a si mesmo. Outro risco ao qual o aprendente se expõe é o de ter que reinterrogar seus valores, ter que se engajar no desconhecido, reorganizar seus hábitos, aceitar a singularidade e interrogar sua identidade.[7]

Um estatuto suplementar deve ser dado à aprendência, o de patrimônio da humanidade. A capacidade de aprendrer é o que os seres humanos possuem de mais precioso, enquanto seus corpos encerrarem a vida. Esse patrimônio comum é quantitativamente e qualitativamente muito mais importante que as diferenças que separam os seres humanos moldados por suas respectivas culturas. Ensinar (fazer aprender) esse aspecto de nossa realidade humana, é erigir uma proteção eficaz contra os perigos que ameaçam nossa "humanitude".

Orientar a entrada em aprendência

Como em todo ofício, aquele que "entra em aprendência" deve ser acompanhado na trajetória rumo ao domínio dos gestos e à capacidade de decisão que são o signo da autonomia dos profissionais. Para que isso aconteça, os papéis devem ser redefinidos. A orientação sob forma de acompanhamento, de

---

6. A identidade compreendida não como o que é "mesmo" (idem), mas o que é "si" (ipse).

7. A criança, duas horas após seu nascimento, é capaz de reconhecer o rosto de sua mãe, a voz paterna e, tactilmente, a forma de diferentes objetos (informação Madame Michèle Kail, Laboratório Cognição e Desenvolvimento, CNRS).

mediação, de interação, tem como finalidade tornar a aprendência durável, logo somos obrigados a levar em conta dois outros objetivos:

O primeiro consiste em sair da lógica linear e binária de oposição: professor/aprendente; saber/ignorar, certo/errado. Trata-se de "revisitar" os conceitos que estão associados à nossa vida cognitiva. Cada um de nós dá para as palavras "aprender", "compreender", "saber", "erro", "avaliação", "conhecer" e "reconhecer" o sentido que construímos a partir de nossa própria experiência, nossas crenças, nossas representações e nossa história. O interesse em levar em conta as concepções individuais, "biográficas", no pensamento de cada indivíduo é reconhecido atualmente por numerosos psicopediatras. Essa etapa deve fazer parte do trabalho de *aprendência* para o qual esta obra faz proposições concretas.

O outro objetivo consiste em propor tirar o ato de aprender de sua sujeição estritamente escolar, aproximando-o da dimensão cognitiva que deve ser (re)conhecida pelos diferentes parceiros, não somente da situação educativa, como também, do mundo social e econômico. Perceber, memorizar, organizar, associar, selecionar, enraizar, inovar, exprimir, trocar, são atos cognitivos "naturais" que precisam ser "inicializados" outra vez, acompanhados, exercitados, verificados. Para isso é necessário uma verdadeira iniciação, uma alfabetização, uma preparação à germinação e ao desenvolvimento, assim como, é essencial, atualmente, reformular nossas problemáticas, levando em conta as pesquisas sobre nossa vida cognitiva. Isso se tornou bem mais fácil, porque as pesquisas se tornaram acessíveis aos não especialistas e ao público em geral.[8]

8. Numerosos documentos, revistas, artigos, programas de radio e televisão e alguns CDRom discorreram sobre o funcionamento do cérebro nos anos 90. Cf., por exemplo, o CDRom de Lévy B. e Servan Schreiber E. (1997).

Assumir nossa biologia, em vez de sermos conduzidos por ela

A visão proposta neste trabalho tem por finalidade uma técnica que os arquitetos de Lascaux II utilizaram quando tomaram emprestado à arquitetura naval a estrutura de "autoportance" (autossustentação). Essa analogia encoraja-nos a "sustentar nossa biologia em vez de ser sustentado por ela",[9] como somos, com frequência, tentados a fazê-lo. Além da "simples" autonomia (etimologicamente "gestão de si mesmo" e não independência), é nosso dever ser responsável, ator e autor de nossos próprios momentos de aprendência, inserindo esses momentos no movimento, ou seja, no nosso percurso, tornando-nos assim "aprendente de si mesmo", segundo os termos de Casanova. Porque realmente se trata de um percurso. Quem aprende elabora cada etapa de um "caminho que se constrói, caminhando".[10] Mas, vale a pena insistir, esse percurso tem tudo para ser bem construído, já que as regras do jogo são conhecidas dos próprios atores.

As primeiras regras a serem observadas, pelos aprendentes e pelos que os acompanham são: conhecer e reconhecer o imenso potencial à nossa disposição; entrar na lógica do "ainda não" (logo, abandonar a lógica binária certo/errado); observar os meios, ferramentas e métodos necessários para transformar nossas capacidades cognitivas em competências cognitivas, ou seja, em capacidades atualizadas e reconhecidas.

Reencantar o ato de aprender

Pesquisas feitas com professores, pais e aprendentes[11] mostraram que, na maioria dos casos, "aprender", para eles, é equi-

9. A expressão é de M. Zundel (1996)

10. A. Machado, Cantares.

11. Cf Parte VI, capítulo 8, post-scriptum 2.

valente a "adquirir", "assimilar", "captar", "repetir". A pedagogia de tipo "instrucional" empenha-se em ser conforme essa concepção. Ela continua a ser aplicada com a maior convicção. Ela utiliza um arsenal de certezas e, por consequência, seu questionamento é quase inexistente.

Toda prática pedagógica faz referência implicitamente a uma certa concepção do mundo, uma visão do ser humano, um modelo de sociedade. Atualmente, os especialistas das ciências cognitivas e das ciências da natureza ajudam-nos a compreender que a concepção quantitativa e mecanicista de nosso funcionamento mental, baseada numa preocupação de conteúdo (e não de processo), não corresponde à nossa realidade cerebral, correlativo neurofisiológico de nossa capacidade de aprender. Aprender não é acrescentar uma coisa a uma outra coisa, num alinhamento que gostaríamos que fosse reto, se possível, já traçado. Aprender é mudar, modificar, transformar, reorganizar, bifircar rumo a um outro nível de complexidade.

Para reencantar o ato de aprender, é urgente compreendermos que o mundo que nos incita a ganhar, a fazer, ter, produzir, consumir, deixa de lado o essencial. Esse mundo ignora uma visão do ser humano global e em advir, cujo lugar se encontra no canteiro da vida, canteiro que se estende a perder de vista, bem além de nossas certezas fósseis e dos limites de nossa percepção. A história de nosso cérebro ensina-nos que participamos, com toda evidência, da e na evolução, justamente porque atualizamos nossa capacidade de aprender.

Retornar às raizes biológicas da aprendência e da exploração do funcionamento de nossa vida cognitiva permite-nos fazer uma enorme economia de discursos que teorizam, socializam, psicologizam, idealizam.

Fundamentos, arqueologia dos recursos IV

2. Ressonância e questionamento
3. À escuta do meio ambiente
4. Fermatas para uma vida aprendente

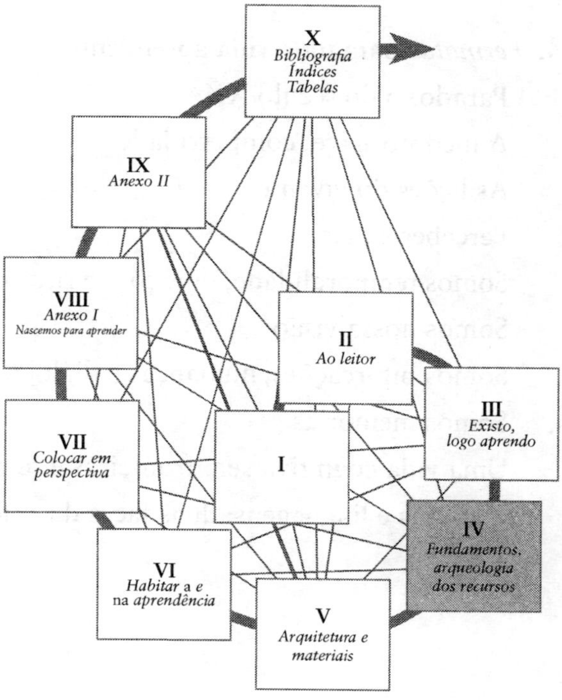

IV

Fundamentos, arqueologia dos recursos

2. Ressonância e questionamento

"Não creio que o Universo seja mudo,
a ciência é que se faz de surda."
Hubert Reeves

"Procure amar suas próprias perguntas, cada uma como um lugar que lhe é inacessível, como um livro escrito numa língua estrangeira. Viva no instante presente somente suas perguntas. Talvez, vivendo-as, você acabará entrando de maneira imperceptível nas respostas."
R.M. Rilke

Uma urgência: abrir um espaço para o questionamento

O mundo educativo, o mundo dos adultos, permanece, assim como o mundo científico, extremamente ligado às suas convicções. Mas, que reine a calma! Não se trata aqui de erigir um tribunal para fazer comparecer um mundo adulto que sempre acreditou que a criança recém-nascida (e o aprendente) era uma tábula rasa, uma "pasta a ser modelada" segundo os princípios morais ancestrais e as exigências da herança cultural.

O objetivo deste trabalho é propor um espaço, uma "fermata", para que a reflexão seja útil ao conteúdo e não o contrário. No campo musical, a fermata é um sinal colocado acima ou abaixo de uma nota ou pausa, que prolonga a duração dos mesmos, de acordo com a inspiração do intérprete. No século XVIII, a fermata, colocada no final de uma música, "sobre um acorde de quarta e sexta", convidava o virtuose a improvisar uma "cadência". Essa imagem me leva a pensar que nossa vida cognitiva é como uma partitura, onde as pausas, os silêncios e as durações precisam ser respeitados, sobretudo, neste fim de século XX, tão cheio de violência.

Como intérpretes de nosso próprio pensamento e do pensamento dos outros, graças à nossa linguagem, será que ainda encontramos o espaço de improvisação e a capacidade para entrar no sopro de um acorde "de quarta e de sexta"? A duração, indispensável à improvisação, essa capacidade inata e, como veremos adiante, essa exigência de equilíbrio de nosso cérebro, é o que poderá nos liberar do "*prêt-à-penser*" (pronto-a-pensar) e do "*prêt-à-faire*" (pronto-a-fazer), terrível ameaça de fossilização para quem aprende.

O espaço de ressonância é a passagem obrigatória antes de se tocar um instrumento de corda e também para afiná-lo. Afinar é ajustar as cordas para que não fiquem nem distendidas, nem muito tensas. A afinação é feita primeiro no diapasão, em seguida, na tonalidade da música que vai ser interpretada. Tonalidade maior ou menor. Nada impor com violência, deixar acontecer. É só após esse *tempo de afinação* que o trabalho pode começar e que a ressonância é possível.

Em situação de aprendência *é o corpo que "toca"*. Nosso corpo é como uma orquestra completa. Instrumento de cordas, instrumento de sopro, de percussão. Quando ele se lança num novo projeto, num novo trabalho, esse corpo orquestra já tem uma história, um passado neurocultural, uma linguagem organizada que é a língua da comunidade da qual ele pertence. Esse corpo aprendente possui hábitos, crenças, representações que são importantes para ele, e que, muitas vezes o torna surdo, ou mudo, diante de um novo trabalho e, sobretudo, face a si mesmo. Afinar esse corpo aprendente significa colocá-lo em relação com seu próprio potencial, com sua busca de sentido, com a obra que vai executar, com o espaço e o tempo onde irão se instalar seus próprios atos de aprender.

Nossa história, nossa biografia, constrói-se **com** e **através** de nossas representações, ou seja, imagens que forjamos do mundo exterior, dos outros e de nós mesmos. Essas representações são, segundo os termos de Christiane Singer, "uma verdadeira rede que nos impede de escapar".[1] Afrontar essas representações, identificar as imagens que formamos sobre situações, pessoas ou objetos de nosso entorno, constitui uma das primeiras etapas de um ato de aprendência. Essas imagens, algumas vezes visuais, outras auditivas, ou ressentidas cinestesicamente,[2] podem se tornar, também, um "germe" de compreensão *se* as considerarmos como pré-concepções, como ideias "já existentes", e se aceitarmos submetê-las ao olhar dos outros. Trata-se, realmente, de um verdadeiro trabalho que já faz parte do ato de aprender e da longa viagem da busca de sentido, sem contar que o objetivo é abalar desembaraçar (pacientemente!) as crenças estabelecidas e as evidências do tipo A = A.

A estratégia consiste em semear uma mudança conceitual que permitirá abandonar uma interpretação restrita da realidade, para descobrir outros aspectos e outras relações, e criar a necessidade de um "conflito conceitual" muito mais proveitoso, já que ele representa o momento favorável para que o aprendente sinta a necessidade de um modelo teórico, e para que o professor proponha uma nova solução e aborde conceitos científicos.

Antes de entrar na estratégia[3] propriamente dita, algumas "*arrêts sur images*"[*] (pausas na imagem) permitirão esclarecer mais o assunto:

— *Não te pergunto quem tu és, mas, qual o teu questionamento.*

---

1. C. Singer (1983). A imagem utilizada é a imagem da rede de pesca que impede os peixes de escaparem, voltarem para o alto mar.

2. Cf. M. Denis (1993). Cf. também o tratamento das imagens mentais no método PNL e na teoria dos tipos pedagógicos de A. de la Garanderie.

3. Cf. Parte VI, cap. 8 "Entrar em nossas representações" e o cap. 10 "Acompanhar a emergência". Diversos trabalhos e artigos trataram, desde a década de 90, do importante lugar das representações no ato de aprender: cf. Giordan A. e de Vecchi G. (1990); Favre D. (1992); cf. também o dossiê que trata das representações mentais e sociais, na revista *Sciences Humaines*, n 27, abril 1993.

* Vocabulário do cinema significando uma interrupção voluntária e provisória de uma projeção sobre uma imagem

Nossas representações estão de tal maneira presentes em nossa vida cognitiva que, muitas vezes, elas paralisam nosso questionamento. Elas constituem inclusive a própria base e representam o papel de "burocracia central". Por exemplo: uma pesquisa que foi feita com responsáveis pelos Recursos Humanos mostrou três tipos de questionamento apresentados como prioritários:

"Como dar (ou tornar a dar) aos indivíduos, o desejo de aprender?"

"Como eliminar o que impede de aprender?"

"O que entrava a aprendizagem contínua?"

Esse questionamento parte da constatação de que há uma discordância entre o ritmo em que os novos conhecimentos deveriam ser "assimilados", e a capacidade de assimilação dos interessados. Mas, essas perguntas, por sua vez, partem de um duplo postulado: (1) a aprendizagem é um processo de assimilação, (2) os conhecimentos são exteriores ao indivíduo que aprende.

— *A resposta muitas vezes escamoteia a pergunta.*

Por isso, não podemos deixar de questionar nosso sistema de representações e nosso sistema de referências, porque ambos são responsáveis pela maneira como expomos o problema. Esse questionamento pode ser feito de diversas maneiras:

Questionar a constatação. No exemplo citado, existem outras perguntas subjacentes:

"O que me leva a dizer que o desejo de aprender pode ser dado? Que os obstáculos podem ser retirados (a partir do exterior)? Que a aprendizagem é um processo contínuo?"

Fazer emergir um novo questionamento que leve em conta o contexto da constatação permite, não só uma análise mais apurada da situação, mas também, estende-a a outros parâmetros e outros tipos de relações. Utilizando sempre o mesmo exemplo, o questionamento a ser suscitado poderia ser:

"Quem aprende? Trata-se de aprendizagem imposta, caída das nuvens, obrigatória, cativa ou livremente consentida, escolhida, arraigada num percurso?"

"Trata-se de obstáculos externos? Internos?"

"Qual o postulado incial? (Exemplo: todo mundo pode aprender)"

...

— *Voltar a interrogar o questionamento*

Isso pressupõe que devemos tomar consciência de nossas referências e pontos de apoio (nossos conhecimentos, nossas crenças); nossa experiência anterior e nossas ideias/força. Assim, põe-se em movimento a situação de análise que, muitas vezes, estagna na linearidade estéril e bloqueadora do tipo:

Eu constato → é a culpa de...

Eu constato → a consequência é que...

— *Em toda constatação, há linguagem*

Essa é a questão. Nossa linguagem, essa maravilhosa invenção do nosso cérebro e do nosso corpo inteiro, como todo instrumento, tem limites: os da utilização que dele fazemos. O que devemos escolher: aceitar passivamente nossa linguagem cotidiana ou questioná-la, reajustando certos conceitos completamente puídos, buscando a seiva que nutre a fala, criando novas relações entre os elementos da problemática? Não é aí que se situa a verdadeira alternativa para o mundo educativo?

— *A verdadeira urgência: abrir um espaço de questionamento*

"*E se...* nos apoiássemos no que sabemos atualmente sobre o vivente, sobre seu potencial ainda não atualizado, sobre as possibilidades ainda não descobertas de nossas memórias plurais, sobre nossas inteligências ainda não exercitadas?

"*E se*... levássemos em conta as exigências do bom funcionamento de nosso cérebro: sua necessidade vital de oxigênio, sua necessidade de se orientar num contexto, reconhecer e organizar a complexidade do mundo que nos cerca, conectar-se ao meio ambiente e aos outros; sua necessidade, também vital, de inserir novos conhecimentos em sua própria história, de se engajar em suas próprias escolhas, criar, trocar?

"*E se*... aceitássemos mudar o ângulo do projetor que orienta nossa visão do mundo, ou seja, ver sob um outro enfoque, escutar de outra maneira, criar um espaço, uma reserva de "branco" como fizeram os pintores de Lascaux para criar profundidade e movimento?

"*E se*... tivéssemos o cuidado em proteger, de maneira absoluta, a ética do "como agir", lutar contra o "horror pedagógico" em suas diferentes formas, contra a violência do não reconhecimento do Outro, lutar contra a renúncia do "solitarismo"?

"*E se*... nos preocupássemos, continuamente, em fazer a mais importante entre todas as perguntas: "Por quê?". Por que faço o que faço, da maneira como faço, onde e quando eu o faço? Que finalidade pretendo alcançar, além e aquém dos meus objetivos, fins e alvos?

Ousar questionar a si mesmo necessita deixar a lógica da verdade, linear e binária (certo/errado, bom/ruim, êxito/fracasso) e dar à nossa palavra "por que" o sentido que ela tem em hebreu "lamá": "em direção do quê".[4] Questionamento fundamental, religado ao nosso advir, ao agir, à vontade, ao que ainda está por ser realizado, "de passagem". Esse questionamento di-

[4] Agradeço Yaël Yotam, em seu livro "Etincelles" (Faíscas), por ter-me feito conhecer os dois "por que" em hebreu: "lamá" (= em direção do quê?) e "madoua" (= por que razão?), religado ao intelecto, à análise, à compreensão, ao saber, à consciência, à ciência, ao pensamento, ao distanciamento, à coisa realizada. Ela escreve: "No Judaismo, 'madoua' e 'lama' estão ligadas entre si: a compreensão do que aconteceu poderia servir para agir de uma maneira justa sobre o que acontece e vai acontecer. Mas, o essencial na vida é o ato e sua energia: a vontade. 'Madoua' não é um fim em si. É um meio para melhor dirigir seus atos.".

fere da interrogação, porque ele não pretende verificar uma resposta conhecida daquele que interroga. Também não é o questionamento socrático de natureza didática, destinado a ensinar ou fazer descobrir uma verdade ou um ensinamento. Também não se trata do verdadeiro/falso questionamento dos profissionais da “informação” que procuram, interrogando uma personalidade, rivalizar de maneira intrépida com um colega.

O questionamento autêntico está voltado para a fascinação do potencial do Outro, esse Outro sempre novo e em advir. O ato de questionamento investe na resposta do Outro: surpreenda-me para que te descubra! É um ato de confiança que se dirige aos recursos do Outro, que talvez este nem conheça, mas que a troca permitirá que descubram juntos.

O verdadeiro questionamento concerne o vivente, o espaço, os seres humanos, seu ainda não, o inexplorado. Esse questionamento também está vivo: não se pode armazená-lo, ele renova-se continuamente. Se durante dez anos nos fizermos a mesma pergunta ... é que ela está morta! Mudemos então o enfoque.

Quais são os efeitos do questionamento? Fazer-nos sair do *prêt-à-penser* (pronto-a-pensar), *do prêt-à-dire* (pronto-a-dizer), do *prêt-à-croire* (pronto-a-crer), abrirmo-nos ao mistério do Outro, ao seu inesperado, ampliar o horizonte e nos descobrir exatamente por causa de nossa atitude questionante. Como “isso” funciona? O questionamento projeta a resposta no futuro. Ele cria um intervalo, um espaço matricial, onde a resposta irá se constituir, enraizar-se em nossa história, num presente feito com nosso passado e nosso futuro. O paradoxo do verdadeiro questionamento, como constata M.A. Ouaknin, é que ele não visa o desconhecido, mas, o imediato, o habitual, o próximo.[5]

---

5. M.A. Ouaknin (1990), p 211.

3. À escuta do meio ambiente, uma constatação: três (r)evoluções

"Nosso espírito, de hoje em diante, deverá pensar um Universo não mais estável, mas em advir; gradualmente, as consequências dessa nova constatação se propagam para a totalidade de nossa compreensão da aventura humana; não se trata somente do olhar que dirigimos às estrelas, mas do olhar que pousamos sobre nós mesmos."[1]

A. Jacquard

A trama suscetível de modelizar o ato de aprender e o ato de ensinar não está isolada do contexto onde ela se encontra. Com o nosso desejo de saber, como e onde agir com crianças, adolescentes e ex-adolescentes que entram "em aprendência", não podemos mais fazer economia de certas constatações, não podemos mais evitar de procurar identificar, nos diferentes contextos do fim do século XX (educativo, informacional, tecnológico, científico, conceitual) os *fatores* de desenvolvimento e de bloqueio de nossa capacidade de aprender.

Esses fatores são de dois tipos:

- fatores externos, como as condições em que são vividas as situações de aprendência: urgência, competitividade, exigência de efetividade imediata, resultados tangíveis e mensuráveis com números. Tantos fatores que contribuem, gravemente, para o bloqueio da dinâmica de desenvolvimento.
- fatores internos de diversos tipos, como a ignorância quase total, por parte dos próprios atores, daquilo que constitui a própria trama do ato de aprender: os processos mentais que entram em jogo quando se aprende; o jogo recípro-

[1] A. Jacquard (1997), p. 1.

co e profundamente imbricado dos recursos cognitivos e afetivos do aprendente; o funcionamento da memória e da percepção; as raízes profundas do processo de compreensão; o imenso peso das representações, os *a priori*, os preconceitos consigo mesmo, com os outros, sobre a tarefa que deve ser realizada, sobre a instituição.
- fatores externos e internos estão intimamente ligados. O que nos interessa são as consequências para quem aprende, as diferentes constatações que podemos fazer, sobre os recentes progressos tecnológicos, científicos e conceituais.

Barreiras e oceanos de certezas...

Apesar das extraordinárias experiêncas e investimentos por parte de certos atores (responsáveis, professores, aprendentes), e apesar dos não menos extraordinários trabalhos e manuais pedagógicos, o contexto pedagógico é, na maioria dos casos,, o da sala de aula, "ambiente artificial e de fraco rendimento", segundo os termos de Seymour Papert, porque nele o aprendente é instruído, logo, passivo. "*É uma perda enorme tanto para a sociedade como para os indivíduos. Muitas pessoas, ficam gravemente enfermas por causa das certezas desastrosas, infelizmente bem instaladas sobre supostas inaptidões, e acabam se definindo por suas próprias dificiências (eu não tenho dom para línguas... não nasci para a matemática... sou incapaz de...).*"

Essas frases de S. Papert mostram que além de ser importante levar em consideração o papel da imagem de si naquele que aprende, também é importante informá-lo sobre a existência de seu próprio potencial e do verdadeiro desafio que consiste em atualizar esse potencial, ou seja, criar as condições para que ele se manifeste.

Uma outra característica do mundo educativo ocidental é a de manter uma linha de demarcação entre as diferentes disciplinas. Essa dramática visão compartimentada (e compartimentadora) do mundo do pensamento vivente, ainda não conseguiu perceber o que as descobertas científicas confirmam, que tanto no infinitamente pequeno como no infinitamente grande, cada elemento está em interdependência e em interação com sua própria história e a história de seu meio ambiente. Por isso é urgente adotar uma atitude transdiciplinar que, mais do que na multi ou pluridisciplinaridade, permite aos diferentes setores especializados enriquecerem-se mutuamente.[2]

Os atores do mundo educativo teriam muito a ganhar se entrassem numa postura transdiciplinar. Mas, para que isso occorra, é neccessário que eles aprendam a flexibilizar as fronteiras. Uma fronteira "flexível" é uma fronteira que, como a definiu Shimon Peres, "permite o movimento..., permite o acesso..., facilita o processo..., tem um valor estratégico...". O conceito de fronteira flexível é fundamental para um mundo educativo ciumento de seu território e fortemente agarrado a suas certezas, porque esse conceito exige a busca de um acordo sobre a estrutura que deve ser elaborada "nos setores onde occorrem os debates".[3]

As novas tecnologias, principalmente, as que se referem ao que é convencionado chamar "comunicação" e "informação", modificam de maneira espetacular a relação mestre/aluno e o papel do aprendente. Na verdade, elas ajudam a criar um novo tipo de aluno, mais autônomo, porque ele é obrigado a aprender sem a presença física do professor, distinguir conteúdo e a ordem das etapas, metodologia e matéria. Com as novas tecnologias o aluno é obrigado a passar por uma forma de iniciação na nova linguagem da máquina e na interface com essa máquina. Ele deve aprender um novo tipo de leitura e de escrita, utilizando outro tipo de suporte que não é o papel. Ele deve aprender a trabalhar de maneira autônoma e, muitas vezes, elaborar seu próprio percurso: alguém o acompanha/orienta nessa iniciação?

2. Cf. B. Nicolescu (1996).

3. Cf. Shimon Peres (1993), p 218.

Se o debate sobre o papel da Escola continua uma questão aberta (ele será concluído um dia?), ele ganharia inspirando-se no que disse uma testemunha da criação de uma escola numa região do Himalaia, totalmente isolada, onde os habitantes ainda veem a vida (por quanto tempo?) de maneira tranquila e tolerante. A escola recentemente criada "*dá às crianças do Zanskar acesso a um outro conhecimento. Ela aproxima-as de outras pessoas. Suprime uma forma de ignorância, mas cria uma outra, impondo uma linguagem decalcada, uma compreensão única. Como consequência, a Escola banaliza a percepção do mundo e o pensamento humano*".[4] Nosso sistema educativo deve ultrapassar com urgência a fronteira de um debate que permaneceu extremamente teórico. O papel de maior relevância que deve ser confiado à Escola é o de acompanhar o questionamento da criança e não mais impedir esse questionamento em nome de programas. Quanto tempo ainda vamos tolerar que a Escola seja a primeira engrenagem de exclusão?

Um mundo repleto de tecnologia

Sobreviventes da segunda metade do século XX, nós somos testemunhas do desenvolvimento fulgurante da tecnologia e da enorme pressão que ela exerce sobre a vida corrente, econômica e social. Essa pressão é a causa ou é a expressão de uma preocupação de eficiência e de competição que predomina amplamente na cultura dita ocidental? Deixamos ao leitor a responsabilidade de responder a essa imensa questão... O que queremos colocar em evidência é que essa pressão contribui para ofuscar totalmente nosso sistema de avaliação e validação, transformando-o em sistema de seleção e de exclusão. A competição que predomina no mundo socioeconômico e político, e que também está presente no mundo educativo, não contribui, de forma alguma,

---

4. O. Föllmi (1997).

para satisfazer a exigência de equilíbrio do organismo vivente que somos, sistema aberto em busca constante de um equilíbrio, ou seja, simplesmente, o do círculo "dar-receber".[5]

Se não quisermos ser espectadores passivos, é nossa responsabilidade descobrir até onde o contexto tecnológico é um fator de modificação de nossa vida cognitiva e de que maneira as consequências do que caracteriza esse contexto constitui uma solução ou uma ameaça para nosso equilíbrio cognitivo.

A obsessão de eficiência e, por consequência, a obsessão do quantitativo e do mensurável que rege a maioria de nossas preocupações e decisões, conduz a uma diminuição do sentido. O vivente e principalmente a vida cognitiva não se deixam reduzir a previsões ou estatísticas, porque o vivente é, por natureza, complexo e conectado em permanência com o inesperado.[6] Nem tudo é mensurável, nem tudo é visível, nem tudo se traduz com números.

A pressão do imediato e a aceleração desenfreada para a qual a tecnologia nos induz destrói a escala de valores temporais e espaciais, intimamente religadas, como sabemos, desde Einstein. Querer imediatamente o resultado, a imagem traduzida em números, o inventário, o projeto suprime o intervalo e torna impossível a transição e a mediação. Em nossa gestão do tempo, essa dramática "perda de intervalo", já tratada em 1975, em Roma, por ocasião do Colóquio "Temporalidade e Alienação",[7] impede o recuo necessário à reflexão, ao enraizamento, à planificação, ao que outras culturas simplesmente chamam de sabedoria.

A especialização e a divisão das tarefas, solicitadas e mesmo exigidas, sempre em nome da eficiência, fazem perder de vista o objetivo e por trás do objetivo, a finalidade do ato. As

5. Cf. cap. 4 "Fermatas para uma vida aprendente".

6. Cf. cap. 4, a "fermata" sobre a "incontornável complexidade".

7. Citado por Willem Ibes (1990), p 52.

consequências a longo prazo, os efeitos secundários, o respeito da globalidade são ignorados. Basta evocar a gravidade dos problemas de poluição do Planeta Terra, no fim do século XX, para compreender que as consequências das invenções que estão na origem de catástrofes ecológicas não tinham sido previstas, nem pensadas. O vivente, para existir e atingir a maturidade, precisa se projetar na duração. A curto prazo, só se preocupa com a sobrevivência.

Se para o mundo econômico a hiperespecialização se tornou uma obrigação, para nossa vida cognitiva ela é um fator de empobrecimento, porque a especificidade de nosso cérebro é sua *conectividade*. Na verdade, o potencial fabuloso do qual somos portadores e a arquitetura neural de nosso cérebro exigem uma prática seletiva constante em todos os níveis da estruturação cerebral: metabólica, celular, sináptica, orgânica, numa corporeidade presente em diferentes níveis de organização e de motivação que só conhecem um único tipo de fronteiras, precisamente, as fronteiras flexíveis.

Uma outra orientação do mundo dito "moderno", da qual somos grandes beneficiários em nossa vida corrente, é a mecanização e seu corolário, a automatização. Obviamente, ambas aliviam e liberam o homem de tarefas penosas, mas a tendência é suprimir a ação da mão humana que, durante milhões de anos, teve um papel de grande relevância na evolução filogenética e no desenvolvimento ontogenético do ser humano. A extensão das áreas cerebrais de nosso córtex motor e somatossensorial, correspondendo à mão, aos dedos e principalmente, ao polegar, mostra não somente a importância de nossas necessidades sensitivas e motoras mas, como foi demonstrado pelas pesquisas de Copenhague, a importância da mão para a estimulação do córtex na sua globalidade.[8]

[8] Cf. os trabalhos de Niels Lassen (1981), p 167. Norman Geshwind, *op.cit.*, p 118 e S.M. Jeannerod (1998), p 54-57. Cf. também a magnífica obra coletiva *A mão* (1996).

"*Existe o tempo da mão*", escreveu Edmond Jabès, "*como existe o tempo do amor – ou da morte*".[9] Não seria também a mensagem deixada há 10.000 anos pelas mãos pintadas nas paredes das cavernas pré-históricas?

Quanto às consequências das diferentes invenções do "*homo technicus*", elas exigem nossa vigilância, considerando os diferentes riscos que elas nos fazem correr. Como, por exemplo: obstinar-se no círculo estímulo/resposta; enfraquecer o senso de responsabilidade e da iniciativa; provocar o "desemprego técnico" de nossas capacidades de reflexão, planificação, antecipação, questionamento que é, portanto, o mais belo presente que a evolução nos deu.[10]

A invenção de próteses sensoriais: a *tele*visão, o *tele*fone, o *tele*trabalho, a *tele*vigilância e o que Paul Virilio chama "a *tele*presença",[11] faz-nos viver aqui, agora e lá, e nos imerge numa percepção por procuração de um mundo des-corporalizado, des-realizado que, imperceptivelmente, torna-se muito mais presente do que o mundo dos fenômenos, com o qual nossa sensorimotricidade nos põe em relação. Esse novo tipo de percepção que cria a emoção ao vivo, suprime o tempo e o recuo necessários à reflexão, ao questionamento, à escolha, à antecipação, à duração geradora de memória e de identidade...

O ser humano que não mais se questiona é condenado à dependência e ao imobilismo. Ele coloca-se em estado de fossilização e se priva de um meio eficaz para escapar da exclusiva dimensão das ideologias. A situação pode se tornar muito preocupante se continuarmos a privilegiar a informação, em vez da reflexão; se ignorarmos nossa capacidade de questionamento e os meios de utilizar a informação que dispomos, atualmente, para sermos vigilantes; se ignorarmos nosso próprio fun-

9. E. Jabès (1987).

10. Ler P. Thuillier (1995), p 233-295.

11. P. Virilio (1990).

cionamento, nossos recursos e as condições favoráveis a nosso equilíbrio, seja qual for o sinônimo que dermos para a palavra "equilíbrio": homeostase, saúde, harmonia, felicidade, paz.

Ler o livro do Universo e da Vida, sob um novo enfoque

A ciência no século XX, pesquisando o infinitamente pequeno, o infinitamente grande e o infinitamente complexo, fez explodir literalmente a visão do ser humano e do Universo e, logicamente, "revisitou" suas recíprocas relações. Essa revolução concerne os diferentes campos científicos (ciência da Terra, da Matéria, do Ser Humano). Novas ciências, como as ciências cognitivas, nasceram da convergência de outras ciências.[12] Outras ainda estão por vir.

Em 1986, pela primeira vez, uma visão transdiciplinar e coerente do mundo foi o objeto de um consenso entre pensadores, filósofos e cientistas. Eles reconheceram "*a urgência em buscar novos métodos de educação que levam em conta os avanços da ciência que estão em ressonância, atualmente, com as grandes tradições culturais*".[13] A visão transdisciplinar já se encontra em prática. Grandes testemunhas dos avanços da ciência já tomaram a iniciativa de contar para Homo, sua história, a história do Universo, a da vida e a do Planeta.[14]

Entre as imensas descobertas do século XX em dois campos específicos, nosso cérebro e os sistemas naturais, guardemos presente as repercussões que têm – ou poderiam ter – uma incidência sobre a problemática educativa, já que elas modificam um grande número de noções fundamentais, indispensáveis para as hipóteses de trabalho da pedagogia, das ciências cognitivas e da epistemologia. Mencionemos:

---

12. Cf. H. Trocmé-Fabre "As ciências do vivente, um campo de exploração para pensar a pedagogia" in *La Pédagogie aujourd'hui*, in G. Avanzini (1996).

13. Colóquio de Veneza (1987).

14. O CIRET (Centro Internacional de Pesquisa e Estudos Transdiciplinares), fundado em 1987, que tem como presidente Basarab Nicolescu. Cf. nota 2.

- a reavaliação de certos conceitos "fósseis": causalidade, objetividade, origem, realidade, temporalidade;
- os conceitos que necessitam ser "revisitados" (ou "esclarecidos" ou "desempoeirados"): os " verdadeiros/falsos" debates sobre o inato e o adquirido, a informação, o real, as origens (do homem, da linguagem) e o "mito indoeuropeu";[15]
- a emergência de conceitos plurais: níveis de realidade, lógicas, inteligências, memórias, linguagens;[16]
- a emergência de conceitos inovadores: relatividade (Einstein, 1904!), campo, sistema, estruturação, auto-organização, potencialização e atualização, complexidade e complexificação, interface, complementaridade dos contraditórios, cointerdependência, trandisciplinaridade, não linearidade, princípio de incerteza, indeterminação, caos;[17]
- no campo das ciências do vivente, a descoberta de nossa estrutura fundamental, o ADN, os trabalhos sobre o genoma, os neurotransmissores, as fabulosas potencialidades de aprendência, de inovação, de compensação, de reparação de nosso cérebro e de nosso corpo inteiro.[18]

Numerosos defensores do humanismo ressaltam que a crise que atravessa a humanidade, no fim do que convencionamos chamar século XX[19], tem por denominação energia, inflação, desemprego, pobreza, precaridade, exclusão, poluição,

15. J.-P. Demoule (1998).

16. Cf. as entrevistas de B. Cyrulnik, F. Varela, A. Jacquard, J.-D. Vincent na série de filmes *Né pour apprendre* (*Nascemos para aprender*).

17. I. Prigogine (1996); C.Hardy (1983); R. Weber (1988); M. Felden (1992). Cf. também *Né pour reconnaître les lois de la vie* (*Nascemos para reconhecer as leis da vida*), segundo filme da série *Né pour apprendre* (*Nascemos para aprender*), com B. Nicolescu; "*Naissance et Histoire du Cosmos*" (*Nascimento e Historia do Cosmos*), n° especial do La Recherche, n° 1, abril 1998.

18. O cap. 4 "Fermatas para uma vida aprendente" desenvolve alguns dos temas considerados como prioritários para o mundo educativo. Certos temas já foram mencionados em *J'apprends, donc je suis* (*Aprendo logo existo*) e nos filmes *Né pour apprendre* (*Nascemos para aprender*), *op.cit.*

19. Cf. in Le Courrier International n° 373-4, de 24.12.97 a 07.01.98, o artigo de R. Herzinger "Só estamos em 1699 da era cristã", em referência às pesquisas do historiador alemão H. Illig.

fragmentação, desintegração do laço social e familiar e outras ameaças opressoras. Mas a mundialização da crise econômica, social e política é, na realidade, uma consequência da crise de percepção que atravessamos: ainda não compreendemos que vivemos num mundo onde os fenômenos biológicos, fisiológicos, psicológicos, sociológicos e ambientais são interdependentes. Nossa sociedade ainda não se conscientizou que o ser humano, querendo ou não, sabendo ou não, também é, e sempre será, dependente das leis de equilíbrio da natureza e do vivente, ou seja do(s) ritmo(s) do vivente, etimologicamente "*à ce qui coule*" (ao que flui).[20]

Trata-se agora de ficar atento à história do vivente, suas exigências de equilíbrio e de troca que nos permitem, como diz de maneira justa Albert Jaquard, "*não permanecer passivo, mas imaginar o amanhã*".[21]

20. Do grego ρεω (rheo), couler = (verter, fluir).

21. (1997), p 89.

4. *Fermatas* para uma vida aprendente
Dossiês fundamentais do vivente

"Sem evolução, um ser humano, um povo, uma cultura, morre de suas convicções. A troca e a mudança constituem a essência da vida de cada ser."
O. Föllmi

"A vida só é real na duração."
"O tempo é a matéria prima do vivente."
A. Jacquard

Paradoxos contemporâneos

Um dos paradoxos do século XX e do início deste século é que a crise de percepção que eles atravessam, com uma acuidade bem específica, aparece num momento onde as ciências do vivente progridem de maneira prodigiosa. O conhecimento que o ser humano tem sobre si mesmo e sobre seu meio ambiente nunca tinha sido tão vasto, tão profundo, tão questionador.

Homo recebeu da ciência do século XX um conhecimento essencial: o da relatividade e o da armadilha das evidências. De pesquisa em pesquisa, de hipótese em hipótese, os conhecimentos de ontem foram reexaminados e os pesquisadores descobrem que a resposta que se procura, muitas vezes, "escamoteia" a pergunta.

Os exemplos de mudança de paradigma são numerosos nos diferentes campos científicos: o átomo, o ADN, o neurônio, a inteligência, a memória, a linguagem, manifestam-se como sendo realidades plurais, infinitamente complexas. O caso da linguagem é exemplar: a linguagem, segundo uma concepção ainda bastante difundida, é considerada como uma atividade linear, sequencial, que se limita a emissão/recepção de uma mensagem. Porém, as imagens de nossa atividade cerebral durante uma série de tarefas em que se pede a um indivíduo para ler, pronunciar e pensar palavras, mostram uma ativação em várias regiões do cérebro, embora essas tarefas pareçam ser simples e pertencer a uma única categoria da língua.[1] A ausência de fronteiras entre as diferentes atividades da língua, reveladas por essas novas "cartas" da ciência, coloca face a face o problema da realidade e a importância das tarefas solicitadas ao aprendente.

No que se refere à nossa vida cognitiva, diante do importante número de dados científicos orientando o mundo educativo, duas perguntas prevalecem: "Quais os conhecimentos incontornáveis para o mundo educativo?" e "Como essas novas cartas podem elucidar o ato de aprender e o ato de ensinar?".

A escolha dos "dossiês fundamentais" foi feita levando em conta as necessidades apresentadas pelos formadores e responsáveis educativos e algumas vezes pelos próprios aprendentes, durante três décadas de encontros e de reciprocidade. São considerados como "fundamentais" os setores que, em ligação direta com as recentes pesquisas em neurobiologia, permitem colocar o ato de aprender em perspectiva, retornar às suas raízes biológicas, fornecer uma base concreta para tratar a problemática educativa com novos termos e, assim, evitar "ficar à margem da vida", segundo a expressão de Reiner Maria Rilker.[2]

Nenhum dos dossiês tratados neste capítulo é exaustivo ou poderá ser concluído. O leitor é convidado a elaborar sua própria dinâmica de exploração, a partir de suas experiências, de seu contexto e de seu questionamento. O que se propõe aqui é, de certa maneira, um suporte sobre o qual construir outra coisa, uma trama inicial para um trabalho de reflexão e de aprofundamento. As numerosas notas têm como finalidade fa-

1. Imagens obtidas por tomografia por emissão de posição (PET).

2. R.M. Rilke (1966), p 27

cilitar um prolongamento da reflexão e fazem referência ao que foi tratado em *J'apprends, donc je suis* (Aprendo, logo existo). Uma proposta concreta para dinamizar a pedagogia, dirigida aos educadores, é apresentada em cada dossiê.

A incontornável complexidade

A complexidade está presente em todos os níveis do Universo e do vivente. Evoquemos a etimologia da palavra. Ela provém do latim "complexus" que significa "tecer juntos". As imagens da complexidade existem: as do Universo,[3] as das formas da natureza,[4] as de nosso corpo e, principalmente, as do cérebro (neurônios, sinapses, circulação sanguínea, estruturação cerebral).[5]

A complexidade pode ser considerada como a resultante de um processo de complexificação* que, segundo certas teorias, serve de base à dinâmica da evolução do Universo e do vivente. Mas, certamente, a complexificação não é o único processo de evolução e a evolução não é necessariamente sinônimo de progresso. Segundo o paleontólogo S. J. Gould existe, em certas descendências, um processo de "descomplexificação", de decrescimento da complexidade. É importante lembrar, também, a estabilidade no tempo do modo bacteriano inicial.[6]

Para o paleontólogo, a complexidade é a consequência daquilo que caracteriza o vivente: a gama de variabilidade. Para o físico, ela se produz longe do equilíbrio. Para I. Prigogine, o não equilíbrio "*é o caminho mais extraordinário que a natureza inventou para coordenar os fenômenos, para tornar os fenômenos complexos possíveis. Conceitos como auto-organização*

3. Cf. H. Reeves (1984); S. Vauclair (1996).

4. P.S. Stevens (1978); T. Buzan (1995).

5. La fabrique de la Pensée (A fábrica do pensamento) (1990). Cf. também G. Edelman (1992), p 121.

* Nota: a palavra "complexification" surgiu em 1955 e vem do verbo "complexifier" = tornar complexo, utilizado por Teilhard de Chardin.

8. S. Jay Gould (1997), p 265 e s.

longe do equilíbrio, ou estrutura dissipativa são aplicados em numerosos campos, não somente o da física como também o da sociologia, economia, antropologia e linguística."[7]

Nós sabemos agora que *Homo* é um organismo extraordinariamente complexo e que seu cérebro é o objeto mais complexo, atualmente conhecido, no Universo. Mas, complexidade não significa complicação. Para distinguir uma da outra, Hervé Serieyx compara o Boeing e um prato de espaguete: o Boeing é complicado; podemos desmontá-lo para analisá-lo; basta um bom manual de instruções e tempo suficiente para seguir as diretivas de montagem. Um prato de espaguete é complexo porque ele é regido pelos princípios de *retroação* e de *incerteza*: o mesmo gesto, repetido duas vezes, não corresponderá à mesma garfada de espaguete.[8]

O vivente é complexo. Ele é obrigado a enfrentar constantemente o imprevisto, a interdependência, a retroação. Ele não pode ser reduzido para análise. O aprendente também não. O mundo educativo mudaria de aspecto se aceitasse ver no aprendente um ser complexo, em vez de um ser que pode ser avaliado de 0 a 20. Quanto aos conteúdos a serem ensinados, a Escola corre o risco de "ficar à margem da vida" se não se decidir a ensinar, com prioridade e com urgência, a complexidade e as outras leis da vida.

Na década de 90 surgiram obras fundamentais sobre o pensamento complexo, a modelização dos sistemas complexos, a visão sistêmica e as organizações.[9] Já existe, portanto, material suficiente para que a metodologia educativa integre o pensamento complexo e aceite as consequências: incorporar os novos conceitos como a organização e a emergência; respeitar as leis

7. I. Prigogine (1994), p 29.

8. H. Serieyx, do Instituto Europeu do Leadership (Paris), intervém no Módulo 5 da série de vídeos sobre a Avaliação, coprodução Universidade de Nantes, Paris 8 e ENS Fontenay Saint-Cloud, 1995.

9. Cf. os trabalhos de E. Andreewsky (1991); G. Clergue (1997); C. Hampden-Turner (1990); J.-L. Moigne (1990); J. Mélèse (1990); G. Morgan (1990); E. Morin (1991); J. de Rosnay (1995).

do vivente, como a não linearidade ou a causalidade circular, permitindo-nos compreender que, em se tratando de nossa vida cognitiva ou nossa vida social, o produto é igualmente produtor (a sociedade e os indivíduos se produzem mutuamente).

A reorganização sendo um processo permanente do organismo vivente, o mundo educativo (ele também vivente!) ganharia muito fazendo da complexidade uma base para constuir uma metodologia educativa coerente com nossa realidade complexa. Logo, trata-se de "tecer juntos". Para Edgar Morin "a reforma do pensamento é a reforma que permite integrar esses modos de "religância".[10] Evidentemente cabe à Escola engajar-se nessa reforma. Ela pode fazê-lo, porque o material e o espaço necessários existem: "o pensamento religante está presente potencialmente em toda criança". A reforma deve ser feita por etapas, utilizando uma pedagogia progressiva, a partir da grande interrogação antropológica do célebre quadro de Gauguin que, em 1897, colocava sobre sua tela a pergunta que todo ser humano faz a si mesmo, seja qual for sua cultura, seu meio social, sua alegria ou sua angústia: "*de onde viemos, quem somos, para onde vamos?*". O grande problema, como diz E. Morin, consiste na dificuldade em educar os educadores. A solução proposta, a razão de ser deste livro, é que os educadores se *autoeduquem* "com a ajuda dos educandos". A autoeducação dos educadores passa por uma primeira etapa que foi proposta nas páginas precedentes: a conscientização do que são nossas representações e a constatação, sem concessão, do contexto onde occorre o ato de aprender.

A etapa urgente e a mais importante, entre todas, para nossas sociedades que se dizem "modernas", é a da valorização do "recurso humano", recurso que continua sendo pouco explorado. Samuel Pisar foi um dos primeiros a mencionar e descrever

---

10. E. Morin (1998).

de maneira entusiasmada esse potencial humano que abriga "o sangue da esperança".[11] Esse potencial humano, como se verá, é infinito. Ele precisa ser "atualizado", segundo os termos de S. Lupasco,[12] ou seja, desenvolvido nas ações, nos projetos, nas empresas. A questão na qual a Escola e a sociedade deveriam investir, com prioridade, é permitir e favorecer as condições de atualização do potencial de cada um, de seus numerosos "ainda não". Por isso é importante lembrar aqui "a eficiência do grão de trigo"[13] e evocar a "dormência" da natureza.

As lições do vivente

Neste dossiê estão reunidos os principais processos que serviram de base para fazer de nós o que somos hoje. Nossos genes e nossas moléculas mostram-nos as estratégias utilizadas por nosso organismo para se construir. Citemos as principais, tais como elas aparecem, atualmente, na história do vivente:

— *A diversificação* que resulta do impulso complexificador, realidade também incontornável ("meu oposto, meu irmão!").

— *A complementaridade* agindo na combinação das bases, constituindo nosso ADN; agindo no nível do corpo caloso, esse feixe de fibras que religa os dois hemisférios cerebrais; agindo em nossos três, e mesmo quatro, cérebros, cujas especificidades se completam para administrar nossas diferentes necessidades de relações.[14]

— *A troca e a cooperação* entre as células no próprio interior do órgão ou do organismo.

— *A conexão*, ou melhor, a interconexão que organiza a "religância" das diferentes regiões cerebrais (corticais, subcor-

11. S. Pisar (1983).

12. S. Lupasco (1987).

13. A expressão é de Albert Camus.

14. Para os três cérebros, P. MacLean e Guyot (1990); J.-D.Vincent (1986) cap. 7; Cf. também H. Trocmé-Fabre (1987) p 46 e seg. Alexandre Luria (1973 a e b) introduziu o conceito de "quarto cérebro" para designar nossos lobos frontais.

ticais, primárias, secundárias, associativas) e de todos os níveis de nosso ser (biológico, psíquico, social). A capacidade de conexão de nosso cérebro nada tem de linear, porque ela opera de maneira "distribuída". Ela permite um outro processo, mais complexo, que G. Edelman chama "reintrodução" (retorno à estrutura receptora). Segundo ele, esse processo organizaria a categorização, a emergência do sentido ("bootstrapping semântico") e a emergência da consciência (primária e superior ou "reflexiva" para outros autores).[15]

— *A auto-organização*, termo que até pouco tempo pertencia ao vocabulário da cibernética e foi agora "revisitado" em favor de expressões como "propriedades emergentes", "dinâmica de redes não lineares" ou "sistemas complexos". Trata-se da capacidade que tem a estrutura vivente de se regular e modificar seus próprios mecanismos. Essa capacidade permite a emergência de "configurações globais" em sistemas constituídos de elementos em interação. Sem ela, o fenômeno da cognição é incompreensível.[16]

— *A seletividade*, capacidade que tem nosso organismo para fazer escolhas dentro da "*enorme diversidade que é constantemente criada em todos os níveis do processo genético e evolutivo*", incluisve no próprio âmago de nossas células e na microcognição. O organismo é, efetivamente, colocado diante da necessidade de "desbastar a multiplicidade de trajetórias viáveis".[17] Para fazer essas escolhas, dispomos de um potencial gigantesco: a estimativa mais recente é de quatrocentos bilhões de neurônios, muitos milhões de bilhões de conexões religando os neurônios por uma rede de vários milhões de quilômetros de fibras nervosas.[18] Logo, selecionar significará renunciar e mes-

15. G. Edelman (1992), p 171 e 175.

16. Cf. F. Varela, E. Thompson, E. Rosch (1993), p 135 e seg.

17. Varela e *al.*, *op.cit.*, p 264. Cf. também a entrevista de F. Varela em *Né pour créer du sens* (Nascemos para criar sentido), na série *Né pour apprendre* (Nascemos para aprender), *op.cit.*

18. A. Jacquard (1997), p 94.

mo inibir. A aprendência pode ser vista sob esse ângulo: aprender é saber inibir, saber renunciar a esta ou aquela possibilidade, metodologia ou solução. Daí surge uma nova concepção do erro, vista como a consequência de uma incapacidade em renunciar a uma solução já encontrada, etapas já seguidas ou uma possibilidade já utilizada. Isso nos faz pensar de maneira irresistível à "idade do capitão".[19]

Nenhum desses diferentes processos cognitivos é linear, fixo, estagnante. Eles fazem de nós, seres que possuem uma história, cuja biografia se imprime em cada acoplamento, em cada acontecimento.

Também sabemos agora que nosso organismo abriga um código (sequência de bases nucleotídicas) de tipo universal, "da bactéria ao elefante", segundo a expressão de J. Monod. Esse código obedece a leis incontornáveis, como a da mudança dentro da estabilidade.

Uma importante lição com a qual as sociedades humanas e os indivíduos que as compõem ganhariam muito, ouvindo e reaprendendo.

Perceber ⇔ agir

Como nenhum organismo vivente pode sobreviver quando afastado de um meio físico ou social, logo, nós nos construímos na e pela interação com nosso meio ambiente. Nossa dinâmica interna, que é uma constante busca de equilíbrio (ou homeostase, em termo erudito), tem como função estabelecer e manter um acoplamento entre o organismo vivente que somos e o meio ambiente. Esse acoplamento vital consiste em dar e receber, perceber e agir, em outros termos, estabelecer e manter uma troca constante entre interior *e* exterior.

---

19. Alusão à experiência feita por Stella Baruk, referindo-se ao peso das instruções sobre o raciocínio: o número de carneiros, de cabras e de vacas serve para encontrar... o número que falta na declaração (a idade do capitão do navio, que transporta esses animais!).

A interação pode ser traduzida por um círculo. O esquema proposto por Francisco Varela mostra um elemento essencial, ou seja, a circularidade do círculo que religa nossas atividades motoras e nossas atividades sensoriais. "*As ações motoras têm consequências sensoriais e as ações sensoriais têm consequências motoras.*"[20] É na interdependência desses dois processos cognitivos (percepção/ação) que o conhecimento se enraiza. Para F. Varela, essa conexão é também um lugar de implantação do imaginário e certamente, da memória e da aprendência.[21]

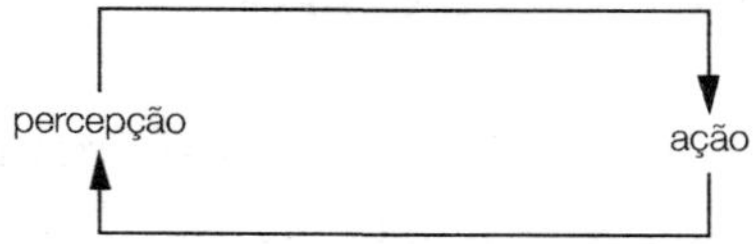

Esse esquema faz parte de um esquema muito mais complexo. Ele mostra aos professores como se estrutura o problema do equilíbrio do círculo "percepção ⇔ ação" nas atividades que são solicitadas aos aprendentes. Em muitos casos, será que não há sobrecarga do lado "percepção" (escuta, leitura intensiva na imobilidade) e pouca, talvez mesmo ausência de ação (carência de aplicações práticas, explorações prévias, diálogo, adaptação, criação)? O ensino frontal, ainda bastante praticado na Educação Nacional, insere-se nesse tipo de desequilíbrio.[22]

O esquema faz aparecer um outro problema, que voltará a ser abordado quando se falar sobre o sistema visual. Se aceitarmos a ideia que estamos, por natureza, em relação constante com nosso meio ambiente, com o que precede e com o que segue, poderemos compreender, de imediato, que nossas percepções são relativas, não definitivas e modificáveis, e que a significação da-

20. F. Varela (1989), p 27-28.

21. Cf. sua intervenção em *Né pour organiser* (Nascemos para organizar), da série *Né pour apprendre*, *op.cit.*

22. Cf. Parte VI, cap. 11, "Religar os quatros *savoir-faire* (saber-fazer) da lingua", uma proposta de método destinado a equilibrar as atividades de percepção e ação no estudo de línguas.

quilo que percebemos pertencendo à nossa história, não constitui, de forma alguma, uma entidade em si, exterior a nós.

A proposta que é feita aos educadores é, por um lado, desenvolver e encorajar, nas atividades que eles propõem, a diversidade, a complementaridade, a cooperação, a interconexão, a emergência de significações, a escolha e a decisão. Por outro lado, é importante equilibrarem o círculo que religa as percepções (auditivas, visuais, fisiológicas) e as ações motoras (elas também plurais). Dessa maneira, eles preservarão a exigência fundamental do vivente: a troca.

Nós somos temporalidade, durações e ritmos, e nosso cérebro está realmente... em devenir*

As pesquisas dos neurobiólogos revelam que o tempo vivido não está em adequação linear com o tempo objetivo. As experiências mostram, de maneira evidente, que antidatamos, modificamos, revisamos ou até mesmo censuramos um acontecimento em relação a outro. Essa característica de nosso cérebro pode ser explicada pela estreita relação entre as atividades de percepção, de atenção e de memória,[23] e também, pela influência da "postura cognitiva" (e certamente, emocional) na qual nos encontramos. Nossa reação ao conhecimento, ao estímulo, ao fenômeno exterior mudará, dependendo se, esperamos ou receiamos que algo aconteça ou que seja conhecido ou novo.

Outro aspecto extremamente importante para a compreensão de nossa vida cognitiva: o cérebro já está mobilizado antes de realizar uma ação sensoriomotora. Existe, efetivamente, uma atividade neuronal precedendo uma reação motora a um estímulo visual. Numa experiência que consiste em medir a atividade cerebral associada à preparação e à execução de gestos

23. Cf. as experiências de D. Dennett e B. Libet *in* P. Buser (1998), cap. IV.

* A expressão "*être en devenir*" significa, neste contexto, não somente transformação incessante e permanente, o vir a ser, mas, segundo a autora, significa também, acolher o seu potencial, reconhecer a existência deste potencial.

precisos (pressão dos dedos da mão, em resposta aos estímulos visuais graduados de 1 a 9), os traçados da atividade neuroelétrica puseram em evidência uma atividade cerebral vindo antes do ato, diferente, segundo o sucesso ou fracasso do futuro ato. Os autores dessa experiência sugerem que o insucesso da mão dominante é atribuído a "uma carência de preparação cognitiva"; o insucesso da mão não dominante é atribuído a "uma confusão na organização da informação".[24]

A atenção, que constitui uma das maiores preocupações dos professores, não é uma função autônoma, nem tampouco a memória e a percepção. É uma espécie de cruzamento de atividades cognitivas: esforço mental, identificação, seleção de indicações pertinentes, focalização.

Os pesquisadores parecem estar de acordo sobre a importância decisiva do "primeiro contato", que intensifica o desempenho e melhora a identificação, a localização do objetivo e o reconhecimento das formas ou das palavras.[25]

A "mecânica atencional" não pode ser compreendida sem referência a outros parâmetros, como o tipo de tarefas propostas (localizar, mostrar, apoiar sobre uma alavanca, exprimir) o tipo de estímulo utilizado (visual, auditivo, táctil) as instruções dadas (escritas, orais) e o que entra no "antes" e no "depois" da atividade solicitada. Pesquisas feitas em Compenhague mostraram que a atenção é, por essência, um processo de antecipação.[26] Os professores deveriam, efetivamente, ver na atenção, não um objetivo a ser alcançado, mas, a resultante de uma dinâmica cognitiva que é ilustrada, de maneira clara, pela expressão de Merleau-Ponty que considera que o indivíduo e o tempo "comunicam de dentro".[27]

24. A.S. Gevins e *al.* (1987), 580-5.

25. "Primeiro contato" é o fato de pré-sinalizar um futuro alvo (objetivo) com um ponto luminoso. Cf. Buser, *op.cit.*, p 147-68.

26. Cf. *J'apprends donc je suis*, p 88-99.

27. Merleau-Ponty, *Phénoménologie de la perception* (Fenomenologia da percepção), Gallimard, 1945, cap. III. Para as relações da atenção e da consciência, cf. G. Edelman (1992), p 186-189.

A temporalidade de nossa vida cognitiva apresenta um outro problema: o que o neurobiólogo Pierre Buser chama o implícito cognitivo, que é o campo do pré-consciente ou do inconsciente cognitivo (diferente do inconsciente freudiano).[28] Para quem aprende e para quem ensina é fundamental levar em conta o explícito e o implícito cognitivo. É claro que o papel do inconsciente no conhecimento não é recente. Os processos de criação (Arquimedes, Kekulé, Einstein, Poincaré) foram descritos e explicados, recorrendo a uma estratégia, utilizando a intuição. Podemos escolher entre os termos "Infraconsciente cognitivo", "subconsciente cognitivo", "pré-consciente cognitivo", "subliminar", ou "implícito cognitivo", o que corresponder melhor (ou que não choque), mas, o importante é saber que é possível falar de uma atividade cognitiva anterior ao ato cognitivo consciente, e de insistir sobre o fato que existe uma continuidade entre o espaço implícito e o espaço explícito de nossa vida cognitiva.

Não é necessário para quem ensina ou para o aprendente, saber exatamente, quando e onde se encontra a passagem do implícito para explícito cognitivo. A passagem de um para o outro faz parte dessas fronteiras "flexíveis" sobre as quais já falamos. Pierre Buser sugere a existência de uma "franja" entre o pré-consciente e o "núcleo" dos dois tipos de consciência (primária e reflexiva) que constituem nossa vida cognitiva explícita. O grande interesse de sua proposta é que ele sugere que as diversas conexões e as diferentes trocas ocorrem nos dois sentidos, entre o espaço implícito e nossos estados de consciência.[29]

Uma outra fase da temporalidade cerebral convida-nos a explorar o que a psicologia cognitiva chama de intencionalidade, ou seja, a orientação ou o enfoque de nossos estados mentais (percepção, memória) para ou dentro do mundo vivido.

---

28. P. Buser, *op.cit.*, p 114 e seg.

29. P. Buser, *op.cit.*, p 118.

Para Merleau-Ponty, o organismo escolhe, de acordo com sua história, o que para ele é perceptível. Francisco Varela explica que não há separação entre intencionalidade e consciência. As capacidades cognitivas são "*religadas a histórias vividas, um pouco à maneira dos caminhos que só existem à medida que os construimos, caminhando*".[30] Todo ser vivente se encontra sempre num contexto, num meio, numa situação que se insere na sua biografia.

Fica claro, a essa altura da reflexão, que nossas práticas pedagógicas teriam muito a ganhar se integrassem o conceito de "ainda não", para criar um espaço, permitindo ao "ainda não percebido" abrir um caminho ao ato percebido; ao "ainda não compreendido" participar do ato de compreensão e ao "ainda não visto" contribuir para o ato perceptivo.

Na vida cognitiva, o antes permite compreender o depois. Os trabalhos dos neurobiólogos fornecem os argumentos para dizermos, hoje, que é essencial que a metodologia pedagógica leve em conta o fato que a preparação do ato é parte integrante do próprio ato. Logo, é necessário traduzir essa concepção em termos concretos e construir as diferentes durações que correspondem aos diferentes momentos do processo de aprendência.[31]

Nós somos nossa visão

Abordar o mundo da visão, uma de nossas sensoriedades mais estudada, é formular, de imediato, outras pergunstas de base, tais como: "o que é a realidade?", "podemos continuar a falar de informação?", "como o Outro percebe o que eu percebo?"... É também entrar num imenso debate e, ao mesmo tempo, interpelar o mundo educativo sobre algo extremamente sensível: sua relação ao saber e à avaliação.

30. Não confundir a intencionalidade com o sentido que é geralmente utilizado "fazer algo de propósito". Cf. Meleau-Ponty, citado por F. Varela e *al.* (1993), p 236. Ler também as páginas 90, 97 e 278-279.

31. Cf. cap. 10, "Accompagner l'émergence" (Acompanhar a emergência), a proposta de metodologia ternária "Le tiers cherché " (O terceiro procurado).

Realmente, enquanto acreditarmos que o mundo existe fora de nós, independente de nossa visão, de nossa memória e de nossos pensamentos; enquanto pensarmos que "pegamos" e "tratamos" uma informação "captada" por nossos órgãos sensoriais, enquanto nossa filosofia de vida consistir em crer que o espírito é "um espelho da natureza", é evidente que nossa relação com o meio ambiente, com os outros e com nós mesmos já se encontra engajada numa lógica de verdade única, binária, dual, linear... (paremos por aqui!).

Reduzir o estudo de nossa sensoriedade a seus aspectos biológico, anatômico, fisiológico e psicológico não é mais possível, no nível em que se encontra atualmente a pesquisa científica, e na hora da transdisciplinaridade. O professor Philippe Meyer, autor de "O olho e o cérebro"[32] deu a seu trabalho o subtítulo "biofilosofia da percepção visual". O estudo da visão (e dos outros sentidos) pode, atualmente, de maneira efetiva, contribuir para fazer evoluir nosso pensamento ocidental rumo a menos certeza, em direção de uma concepção menos mecanicista da vida, e nos ajudar a compreender e aceitar que cada cérebro pensa, vê, ouve com sua própria história. Já é tempo de colocar o conceito de polimorfismo cerebral e sensorial no centro de nossa reflexão educativa. Nosso conhecimento do sistema visual é um exemplo, atualmente, do papel que podem representar certos trabalhos de pesquisa para nos evitar os desvios ou o confinamento em conceitos fossilizados.

Eis um exemplo:

Pensamos, de maneira geral, que a imagem de um objeto se forma sobre a retina, que em seguida ela é "transmitida" sequencialmente para um centro chamado "corpo geniculado lateral" para chegar ao córtex visual onde a informação é "tratada". Essa concepção não leva em conta dois aspectos importantes:

32. Ph. Meyer (1997).

(1) Existem vários "interventores" no circuito. O corpo geniculado lateral (presente em cada hemisfério cerebral) faz o papel de retransmissor entre a retina, as camadas profundas do cérebro (núcleo perigeniculado, colículo superior, hipotálamo, formação reticular mediana) e o córtex visual.

(2) Existe uma atividade que sai do córtex visual, *voltando* para o "retransmissor" (corpo geniculado lateral), o que nos permite falar de *emergência* da imagem visual, e levando em conta o estado interno do córtex cerebral, ampliar consideravelmente o conceito de percepção (visual ou outra). O comportamento do sistema inteiro, segundo os termos de Francisco Varela, parece mais "*uma conversa ruidosa num coquetel do que uma série de ordens*".[33]

Será que é necessario dizer, uma vez mais, que é necessário rever totalmente a teoria da informação, baseando-se em "novas cartas" apresentadas pela pesquisa científica? Não somente essas pesquisas mostram o problema do sentido (não existe entidade independente sem um indivíduo que observa), como também é preciso, com urgência, reajustar nossa linguagem sobre a realidade, nossas relações com ela e toda a nossa vida cognitiva. Como veremos, quando formos tratar o tema da memória, a utilização do verbo "ter" no léxico da cognição tornou-se obsoleto, irrealista e perigoso. Ele põe, efetivamente, as diferentes problemáticas bio-psico-sócio-educativas num terreno totalmente estrangeiro à realidade do vivente e que, ainda por cima, está perigosamente minado.

Com os estudos sobre a percepção, aprendemos que os acontecimentos mentais são individuais, específicos, históricos. Eles nos constroem no presente. Esses acontecimentos dependem de toda uma série de fatores conhecidos ou não pelo próprio indivíduo, sobre sua história, sobre o número, a intensidade e a

33. F. Varela (1996), p 75. Cf. também sua intervenção em *Nascemos para organizar*, 3° filme da Série *Nascemos para aprender*, *op.cit.*

duração dos estímulos (de dentro e de fora), sobre o estado anterior do organismo, suas relações com seu meio ambiente, com os outros e consigo mesmo. Como, nessas condições, ousar ser categórico em nossos julgamentos, sobre nós mesmos, sobre os outros, sobre o que vemos? Que fazemos quando "avaliamos"?

Nós somos bifurcações, mudanças e diálogos

Nosso cérebro tem uma história que conta uma outra história, a história da vida. Nessa superabundância de possíveis, a vida não parou de escolher.[34]

Este não é o lugar adequado para entrar no grande debate sobre as diferentes teorias da evolução. Nosso objetivo é lembrar ao mundo educativo que nosso equipamento genético e epigenético é o fruto do cruzamento da história da espécie humana e a das nossas relações com nosso meio ambiente. Sendo ao mesmo tempo o resultado de uma afiliação coletiva e o ponto de partida de um percurso individual, somos, por essência, profundamente mestiçados pela Vida.

A língua francesa, dando-nos a possibilidade de dizer que participamos "*de*" *et* "*à*" *évolution* (da e na evolução), confirma nossa interdependência no centro mesmo da espécie humana e nos faz lembrar que nossa afiliação consiste em "herdar de" e em "contribuir para", fato que constitui o patrimônio da humanidade, ou seja, a capacidade de aprendência, tal como ela foi definida nas primeiras páginas deste trabalho. Trata-se aqui de sublinhar, essencialmente, o que pode nos preservar de uma visão estática e fossilizada do vivente e contribuir para que possamos elaborar atos dinâmicos, que vão buscar em nossas experiências alimentos para nossas ações, nossas palavras e nossos pensamentos de hoje e de amanhã.

---

34. Um trabalho anterior (1987) mencionou a contribuição da teoria do modelo estrutural (e não funcional) de Paul McLean, na leitura de nossos diferentes comportamentos. Essa teoria, que abalou convicções solidamente estabelecidas, é hoje bem aceita pelos neurobiólogos que desejam inserir suas pesquisas na grande dinâmica do vivente e se preocupam em manter uma distância das concepções comportamentalistas e mecanicistas.

Uma das primeiras lições da história da vida é a nossa capacidade de adaptação. Ela é o fruto da plasticidade de nosso cérebro e de sua função de controle.[35] Uma poderosa capacidade de compreensão, de reparação e de cooperação está em constante atividade no nosso organismo. Mas, nós a ignoramos. Esquecemos, por exemplo, o extraordinário processo de cicatrização que se encarrega de reparar nosso corpo, desde o mínimo arranhão até o mais grave ferimento ou mutilação. Processo somente biológico? Realmente?! Nosso corpo, quando cicatriza um ferimento, remonta à flecha do tempo e se posiciona, na flecha do tempo, na direção de um devenir para o qual ele se prepara.

A história do vivente mostra-nos, também, a função capital que representa a capacidade de conexão de nosso organismo (sobre a qual já falamos), capacidade que intervém em todos os níveis, da célula ao organismo, no nível individual e coletivo. Essa capacidade permite-nos compreender que nossos acontecimentos mentais (nossas memórias, por exemplo) são "acontecimentos de propagação", segundo a fórmula de Prigogine. O processo que permitiu ao vivente passar do estado de célula ao de organismo não pode ser descrito em termos de correlação binária, nem de trajetória. Para nossa vida cognitiva trata-se, efetivamente, de uma entrada permanente em diálogo. Esse diálogo é plural: diálogo com o meio ambiente, diálogo com os outros, diálogo consigo mesmo. Na realidade, o organismo vivente conhece três lógicas diferentes:

— Uma lógica de sobrevivência que necessita a regulação das relações do organismo com seu meio ambiente e sua incidência sobre seu metabolismo interno. É a regra absoluta para qualquer sistema aberto, que troca energia e matéria com o meio ambiente.

35. Cf. P. Karli (1995), p 60 et s. Cf. também G. Edelman, *op.cit.*, cap. 3 e 6.

— Uma lógica de adaptação, que exige que seja estabelecida, harmoniosamente, a relação do organismo individual com outros organismos viventes. Entra-se, então, numa série de exigências, porque os organismos em inter-relação se estruturam em um sistema, dessa vez fechado, possuindo suas próprias leis de funcionamento e suas próprias exigências de sobrevivência. O diálogo transforma-se em diálogo social.

— A terceira lógica é de um tipo diferente, ela é ontológica. Para o neurobiólogo P. Karli, é uma "busca de sentido e de liberdade interior".[36] Para os sistemistas, trata-se de uma lógica de evolução, de uma relação de si para consigo mesmo que, sem se inserir numa ordem estritamente cronológica, admite que as duas outras lógicas já existem ou que pelo menos estão se estruturando. É evidente que, em se tratando do vivente, nada é definitivo, trata-se mais de um ciclo, de um ritmo, de uma circularidade fundamental que é a própria Vida, como o explica tão claramente Francisco Varela.[37]

Durante milhões de anos, nosso cérebro aprendeu a localizar, reconhecer, criar, produzir, comparar, selecionar, discernir, deduzir, combinar, categorizar, guardar. Tantos atos cognitivos que o educador deve conservar, às vezes restabelecer, mas sempre encorajar. Fazer com que as conexões, relações e passarelas sejam a arquitetura da pedagogia, ir ao encontro daquele que aprende lá onde ele se encontra, proporcionar-lhe os materiais necessários para que os três diálogos possam existir não é nessa perspectiva que se coloca a ação educativa?

Nós somos memórias

Não entraremos aqui nos meandros das diferentes categorias mnemônicas (episódica, procedural, semântica) nem na

36. P. Karli, *op.cit.*, p 9. Cada uma das 3 partes que constitui essa extraordinária obra se destina a um dos três "diálogos".

37. F. Varela, *op.cit.* (1993), p 293.

divisão temporal (memória imediata, curto prazo, longo prazo) nas quais se costuma encerrar "a" memória. Constatemos simplesmente que, apesar da advertência de Bergson ("*a memória não é um meio de arquivar lembranças numa gaveta ou inseri-las num registro*"),[38] a antiga concepção da memória, vista essencialmente como um armazenamento de informações pré-codificadas, só recentemente foi substituida pela ideia de ser um processo essencialmente dinâmico, e em constante evolução. Questionaremos, então, as novas cartas sobre o que pode ser percebido pelos responsáveis educativos (responsáveis políticos, instituições, professores, formadores) e sobre o que pode ser colocado à disposição do aprendente.

Hoje já se reconhece que existe um mecanismo bioquímico na origem da memória. Ele é explicado em termos de uma "modificação das propriedades sinápticas", o que permite constatar que a memória é, essencialmente, uma conectividade, ao mesmo tempo motora e consequência da própria natureza de nossa estrutura cerebral. Por outro lado, como nada é inalterável no cérebro, a memória resultaria de uma contínua "recategorização" perceptiva, o que explicaria a imprecisão e a diversidade das lembranças de um mesmo acontecimento que foi vivido por vários indivíduos.[39]

O ato de memória pode ser agora considerado como *um fenômeno presente*. Ele é, segundo os neurobiólogos F. Varela, J.-D. Vincent e G. Edelman, a manifestação, no presente, da capacidade que tem o cérebro de se adaptar, transformar-se e, se transformando, criar.[40]

Como se trata de um processo "distribuído", não é mais aceitável procurar localizar a memória numa parte isolada do cérebro. Numerosas regiões cerebrais estão envolvidas no tra-

---

38. H. Bergson (1907).

39. G. Edelman, *op.cit.* (1992), p 134 e s.

40. Cf. a intervenção de F. Varela e J.-D. Vincent no videograma *Nascemos para aprender*, *op.cit.*, filmes 3, 4 e 6.

balho mnemônico e os pesquisadores confirmam o que nossa experiência nos ensina, ou seja, o papel importantíssimo de nossas emoções em nossas lembranças.[41] O que podemos também observar em nossas reações de memória é a sua pluralidade e sua "preferência" por um ou vários aspectos de nossa vida cognitiva: gestão sensorial (nossos 5 sentidos), imagens mentais (visual, auditiva, cinestésica, motora), associação semântica, ou conceitual.

Se, atualmente, o plural é aceito facilmente no que se refere à nossa vida de memória, o mesmo não ocorre quanto ao uso do verbo "ser", que propomos aqui, para substituir o verbo "ter": nós somos memórias. A frase (que se ouve com frequência) "*eu tenho uma boa... eu tenho uma péssima memória...*", não tem sentido algum para um neurobiólogo, primeiro porque, generalizando uma simples dificuldade de lembrança (de um nome, de um número) a um processo cognitivo muito mais complexo, não se levou em conta o fato de que existem numerosas outras manifestações de memória que ficaram operacionais: rememorização de episódios vividos, reconhecimento de fisionomias, palavras, acontecimentos ou significações, gestos aprendidos, *savoir-faire* (saber-fazer) motores, comportamentos, posturas etc. As dificuldades em memorizar são, não só do âmbito do "ressentir" naqueles que as exprimem, como passam também pela linguagem utilizada e pelos limites da linguagem. O que expressamos está longe de envolver todas as capacidades mnemônicas. Na maioria das vezes, só se leva em conta um único aspecto da memória (a lembrança), ou seja, a reativação de uma imagem mental, de um enunciado, de uma sensação, de uma melodia ou de um gesto, *na ausência* do estímulo e, às vezes, fora de contexto.

O que é necessário ressaltar é a influência de outros fatores ou de parâmetros sobre o ato de reativação. Entre esses fatores,

41. Cf. P. Buser, *op.cit.*, p 169-198. Cf. também o trabalho pioneiro de H. Laborit, principalmente seu trabalho publicado em 1981, p 33 e s.

a duração do intervalo consumido, a solidez da relação estabelecida com "o objeto de memória", o significado que lhe damos, a utilidade que lhe atribuímos, o arraigamento na experiência, e o lugar da lembrança em nossa vida afetiva, são verdadeiros parceiros de nossa memorização.

A segunda manifestação mnemônica importante é o ato de *reconhecer*. O processo cognitivo de reconhecimento permite-nos reconhecer uma forma, um objeto, um nome, uma paisagem, um contorno melódico, um gesto, em *presença* do estímulo. Trata-se de uma operação bem diferente da recordação, e que coloca em jogo uma variedade de operações organizadas de maneira hierárquica ou paralela. Para que haja reconhecimento, o indivíduo, previamente, já inicou ou construiu ("codificou") uma forma ou uma estrutura (uma "configuração"). Ele já analisou, detectou, selecionou, comparou, localizou traços ou características únicas. Ele já reativou associações já experimentadas, o que nos leva a pensar que existe uma relação profunda com outros processos mentais (percepção, atenção, imagem mental. Os neurobiólogos preocuparam-se sobretudo com o reconhecimento das fisionomias, que parece ser uma operação distinta dos processos que servem para reconhecer os outros objetos.[42]

O ato de reconhecimento ultrapassa infinitamente nossa vida perceptiva, porque o descobrimos através da escala da evolução e da imunologia. Nosso sistema imunitário (enfim) começa a ser explorado numa outra dimensão que não é a dimensão defensiva do organismo. Usando termos militares, ele ainda é considerado como um sistema de proteção do "si" contra as agressões do "não si" (o agressor externo). Considerado por raríssimos pesquisadores como um sistema de autoafirmação e de reconhecimento molecular extremamente elaborado, nosso

42. Cf. J. Sergent (1994). Cf. também P. Buser (1998).

sistema imunitário é comparado por Francisco Varela a "um segundo cérebro", uma rede cognitiva autônoma, capaz de distinguir a identidade do si e o que faz sentido para essa entidade.[43] Essa nova visão de nosso sistema imunitário permite-nos sugerir que, um sistema que sabe reconhecer o que "faz sentido" para ele mesmo pode, em vez de utilizar esse conhecimento para se defender e se proteger contra o estranho, se servir de suas capacidades para reconher o que faz sentido para o "outro si", ou para o "si" em mutação.

Comprender nossos atos de memória graças às "novas cartas" permite exercitá-los, cuidá-los, consolidá-los, protegê-los e também nos interrogar sobre as etapas que correspondem ao esforço solicitado àquele que aprende.

Primeira lição: cronologicamente, o antepassado de nossas memórias é o antepassado de nossa espécie. Ele está em nossos cromossomos e contribui para sermos o que somos, ao mesmo tempo, semelhante e único. Se somos únicos, é porque nossa memória genética não é estática, nem imóvel, ainda menos repetitiva. A estruturação de nosso ser é feita de acordo com os planos da espécie e numa relação dinâmica com o meio ambiente, com nossas experiências anteriores que se encontram, elas mesmas, arraigadas numa significação e religadas a categorias, a referências dentro de nosso tempo e nosso espaço.

Segunda lição: duas horas após o nascimento, a criança reconhece a voz de sua mãe e logo em seguida, sua fisionomia. Esses dois atos de reconhecimento, um auditivo e o outro visual, num meio imaterial e luminoso, totalmente novo para o recém-nascido, já são possíveis, apesar da criança se encontrar apenas no início da maturação de seu sistema visual (que durará vários meses) e de seu sistema auditivo (que durará vários anos). Essa primeira "atualização" do potencial de memória

43. Cf. sua intervenção em *Nascemos para criar sentido*, filme 4 do videograma *Nascemos para aprender*, *op.cit.* Cf. também M.R. Anspach e F. Varela (1992), cap. 18.

da criança deveria nos convencer da importância de levar em conta sua fabulosa capacidade de criar situações extremamente complexas, desde sua mais tenra idade.

Terceira lição: os dois processos, de lembrança e de reconhecimento, pleiteiam para que compreendamos a importância do contexto "nas duas extremidades" do processo de memorização: (1) em nosso "acoplamento com nosso meio ambiente", ou seja, quando percebemos uma realidade (interna ou externa) e começamos a memorização, (2) quando reativamos esse acoplamento, ou na ausência dessa realidade (lembrança), ou em sua presença (reconhecimento). Para ambos os processos, o bom funcionamento é assegurado pela presença de um contexto espaço/temporal. Para o aprendente (e para quem o acompanha), é absolutamente necessário possuir instrumentos de contextualização no tempo e no espaço.[44]

Uma vida cognitiva sem fronteiras e sem compartimentos

– a dupla dinâmica: potencialização e atualização

– imagens perceptuais e imaginadas: mesmos circuitos

– afetividade e racionalidade: uma e outra

A dupla dinâmica

Os "dossiês" precedentes mostram uma vida cognitiva que não corresponde nem aos critérios de uma trajetória de progressão linear, nem às fronteiras tão ciosamente guardadas pelas diferentes disciplinas. O espaço pedagógico precisa ser "seguro" (como o alpinista na montanha) dentro dos limites claros da exploração do vivente. Porque os acontecimentos cognitivos são, ao mesmo tempo, as causas e o resultado de um conjunto de processos de uma grande complexidade, auto-organizados,

[44] Cf. cap. 10 "Acompanhar a emergência".

longe do equilíbrio, flutuantes e instáveis. Nossa vida cognitiva se constrói de bifurcação em bifurcação e pertence à flecha do tempo, como a descreveu Ilya Prigogine.

Compreende-se (advinha-se?) que é necessário reajustar nossa linguagem para nos aproximarmos de nossa realidade múltipla. Nós somos *ao mesmo tempo* energia física, biológica e psíquica, segundo a proposta de Stéphane Lupasco, *ao mesmo tempo* um ser biológico, social e em busca de sentido e de liberdade, segundo a trilogia de Pierre Karli. Nosso cérebro é *ao mesmo tempo* reptiliano, emocional e cortical, segundo a teoria de Paul MacLean. A introdução de novas noções impõem-se para que se produza uma modificação profunda do universo pedagógico e para que, principalmente, seja mudado o olhar que se tem sobre o aprendente.

Entre as noções a serem introduzidas na reflexão educativa, citemos a noção de sistema e a noção de potencialidade/atualização, como foi definida por Stéphane Lupasco, para quem "*o problema todo da vida é o do dinamismo antagônico de heterogeneização (...) em luta (...) contra o que se opõe contraditoriamente (...) às forças de homogeneização*". Toda a obra de Lupasco mostra que a vida é, desde o nível celular, uma luta para a formação e preservação da heterogeneidade. Desse ponto de vista, compreende-se que a homogeneidade, concebida como uma assimilação que se faz às custas da heterogeneidade, pode simplesmente se tranformar em isolamento e em lógica de exclusão.

Outra consequência: sabendo-se que todo sistema exige energia, cada elemento do sistema deve ser considerado como um acontecimento energético. Isto deveria ser evidente no ensino de uma língua: um som, uma palavra, uma sílaba, uma frase, são acontecimentos, porque fazem parte do tempo e do espaço, e têm um antes e um depois. Resta traduzir essa concepção da língua em atividades pedagógicas e respeitar a necessidade de aprender em contexto (no tempo e no espaço) acontecimentos da língua enraizados na história daquele que aprende.

Na visão de Stéphane Lupasco, toda energia possui uma energia antagônica; a atualização de uma, provoca a potencialização da outra. Por isso é importante a situação intermediária ("o nivel T"): "*toda energia que passa de uma situação de potencialização para uma situação de atualização se encontra, necessariamente, num determinado momento, numa situação intermediária (...) onde ela encontra a energia antagônica passando da situação de atualização para a situação de potencialização, na mesma situação T*".[45] Para Lupasco os termos "atualização" e "potencialização" são mais próximos de nossa realidade vivente que "ativação" e "inibição". Ele sugere que Aprender "é certamente *potencializar os comportamentos*".[46]

A dupla dinâmica cognitiva sugerida por Lupasco dá um esclarecimento complementar ao processo de aprendência.[47] Ela permite-nos, de maneira efetiva, compreender que os fenômenos de consciência, de memória, de conhecimento, e de afetividade são intimamente ligados e interdependentes. Levar em consideração a dupla dinâmica atualização/potencialização torna-se uma regra de deontologia educativa para quem acompanha o aprendente. A questão reaparece uma vez mais: como podemos nos contentar em traduzir o caminho percorrido pelo aprendente com um número, um julgamento categórico, uma etiqueta que ficará na memória ou num dossiê, se a avaliação do teste, do exercício, do trabalho realizado, para ter sentido, só é possível à medida em que se leva em conta o contexto, o

45. S. Lupasco (1987 a), p 12, 334-335.

46. *Id.*, p 290.

47. S. Lupasco (1987 a), p 288: "Não se pode ver, quando se aprende alguma coisa, se se trata de uma adição de dados ou de uma assimilação de informação exterior a um conhecimento já 'adquirido'... Quando realizo uma série de operações aprendidas "de cor", que permanecem em mim em estado potencial, eu digo que as conheço. Na verdade, e isto é de extrema importância, eu sou esse conhecimento... Eu não conheço alguma coisa, eu sou essa alguma coisa em estado potencial e, consequentemente, em estado de memória e de causa final; é o que eu chamo conhecer."

momento onde se realiza o ato de aprender e os critérios de reconhecimento da aptidão atualizada?

Imagens perceptuais e imaginadas: mesmos circuitos

A imagem é para Stéphane Lupasco uma das primeiras manifestações fundamentais do psiquismo.[48] As imagens mentais, setor tipicamente transdisciplinar, são um belo exemplo de problemática compartilhada que ultrapassa amplamente a esfera da percepção. Tratar a natureza, o papel e o estatuto das imagens mentais é aventurar-se nas fronteiras (flexíveis) de imensos campos de exploração. É também se aproximar de territórios extraordinariamente ricos em potencialidades latentes, ou seja, ainda não atualizadas: um tesouro para o mundo educativo que, portanto, manifesta, fora raras exceções, um certo medo pelas imagens mentais, pressentindo, provavelmente, a força de dramatização, de enraizamento e de integração dessa vertente, ainda pouco conhecida, do nosso Himalaia cognitivo.

Certos trabalhos de pesquisas tentaram ultrapassar o velho debate, referindo-se à influência que teriam os fatores psicológicos e emocionais sobre o estado fisiológico. Eles propõem, pela mesma ocasião, que seja deixado de lado a separação corpo/espirito que continua causando danos aos espíritos não ou pouco informados, ou recusando sê-lo.

Esses trabalhos tentaram descobrir o grau de influência das imagens mentais sobre nosso funcionamento biológico e, principalmente, sobre nosso sistema imunológico. Os resultados dessas pesquisas sugerem que isso pode vir a ser o caso se o indivíduo tiver tomado consciência de seu próprio funcionamento.[49]

---

48. S. Lupasco (1987 b), p 187.

49. Cf. J. Schneider e al. (1990). A pesquisa é sobre o comportamento dos neutrófilos, células do sistema imunitário cujo número e capacidade de aderência são indicadores significativos da capacidade de migração para a zona de infecção.

A afinidade das atividades de imagem mental e das atividades perceptivas fazem da imagem uma função do sistema visual.[50] Essa conclusão é extremamente valiosa para os educadores, porque ela fornece os parâmetros físicos (forma, medida, dimensão, distância) a partir dos quais se estruturam e se organizam as propriedades espaço/temporais, verdadeiros instrumentos de contextualização que são indispensáveis ao enraizamento de nossos processos de memorização e de compreensão.[51]

As imagens mentais não têm somente uma base biológica e fisica. Elas estão, também, no centro de nossa vida psico-cognitiva. Podemos considerá-las como um verdadeiro instrumento cognitivo. Sendo elas uma criação de nosso cérebro, as imagens mentais, no campo visual, estão mais próximas do olhar do que da visão. No campo auditivo elas estão mais perto da escuta do que da audição. No campo cinestésico, elas estão mais próximas da vida emocional do que da motricidade.

Se, como vimos, nossa percepção sensorial é, incontestavelmente, uma construção individual, pessoal e biográfica de nossa relação com a realidade, já as imagens mentais são, por seu lado, uma atualização seletiva e transitória (num dado momento e sob uma certa forma) de um estado potencializado, até então mudo, mas *disponível*. Essa atualização adquire a forma de traços figurativos de uma relação que ocorreu, num dado momento, entre nós e o meio ambiente, entre nós e os outros, entre nós e nós mesmos. Por isso, nossas imagens mentais trazem a marca, ainda muito mais forte do que a imagem perceptiva, de nossos estados emocionais, de nossa escala de valores, de nossas decisões prematuras, de nossas projeções dentro do que consideramos ser nosso passado ou do que gostaríamos que fosse nosso devenir.

50. Cf. M. Denis (1989), cap. III. Cf. também F. Peronnet e M. Farah *in* X. Seron (dir), (1990), p 93-120.

51. M. Denis (1989), p 183-213.

As imagens mentais também têm uma história: elas não aparecem *ex-nihilo* em nossa vida mental. Elas surgem num dado momento de nossa biografia. A imagem de nossos sonhos é um exemplo do papel de interface que pode representar a imagem em nossa vida cognitiva e na abolição de fronteiras (mas não dos obstáculos!). Existem condições favoráveis, como existem obstáculos, para a formação da imagem, que precisamos conhecer quando nos engajamos no acompanhamento daquele que aprende.[52] A organização das condições favoráveis e a eliminação dos obstáculos contribuem para construir e consolidar a engenharia da aprendência. Em particular, o efeito positivo de uma atividade prévia de imagem sobre uma aprendizagem verbal ou motora, está sendo agora utilizado no treinamento esportivo ou em terapia.

Um melhor conhecimento da natureza e do papel das imagens mentais permite compreender os fenômenos de interferência, de distorsão, e mesmo de bloqueio durante a aprendizagem.[53] Com as novas tecnologias, abre-se o imenso campo da imagem virtual e do papel que cada um de nós dará, em seu próprio imaginário, a essas imagens quase sempre em 3D e em movimento extremamente rápido. É importante saber que elas "mobilizam" nosso cérebro de maneira diferente da imagem fixa em duas dimensões. É importante saber que o mundo virtual, feito de imagem e de som, "se conecta" à queima-roupa com nossa inteligência emocional. Será que pensamos em como nos proteger?

Como elas participam do processo de memorização, da estrutura do pensamento, da execução da ação, dos processos de compreensão, de cáculo, de simulação, de inteferência, de comparação, de raciocínio, de resolução de problemas, as imagens

---

52. H. Trocmé-Fabre (1987, 1994), p 78-82.

53. M. Denis, *Memorização de um material com imagem ou verbal em função da atividade de imagem anterior a aprendizagem*, in *Ano Psicológico*, 1975, vol. 75, p 77-86.

mentais duplicam literalmente nossa estrutura cognitiva. Agora que sabemos que é possivel aumentar nossas capacidades cognitivas, a capacidade das imagens mentais deve fazer parte das capacidades a serem desenvolvidas no indivíduo que aprende. Cabe ao acompanhador reconhecê-lo, preparar-se e preparar, por sua vez, o aprendente. Precisamos parar de ter medo do imaginário e tomar consciência, como diz Y. Durand, que a "pedagogia do imaginário é de uma utilidade promordial".[54]

Afetividade e racionalidade: uma e outra

Os dois termos "afetividade" e "racionalidade" são os sobreviventes do léxico da dicotomia que herdamos no Ocidente. Enfim, agora é possível ousar aproximar os dois vocábulos, pronunciá-los um após o outro, buscar descobrir sua articulação em nossa vida cognitiva, dizer que ambos são parte integrante dela e que eles são as duas vertentes de uma mesma realidade. É o feliz resultado de um longo e paciente trabalho feito por pioneiros dentre os quais, ainda bem presentes, se encontram William James, Henri Laborit, Paul MacLean, Alfred Korzybski e, atualmente, Boris Cyrulnik. Explicando os mecanismos das emoções, mostrando as bases neurofisiológicas e bioquímicas da afetividade e sobretudo, explicando a passagem obrigatória de nossas diferentes atividades pelo componente afetivo, esses pioneiros contribuíram para destruir definitivamente o dogma da dualidade corpo/espírito.[55]

Os autores comtemporâneos parecem não mais separar as palavras "afetivo" e "emocional". Fala-se muito de estado ou de *ordem* afetiva para designar o campo, e de *reações emocionais* para designar o que serve de base aos comportamentos

54. Y. Durand (1988), p 283.

55. W. James (1890) (entre seus numerosos trabalhos), Henri Laborit (1970). Certos trabalhos de Paul MacLean, felizmente, foram publicados graças a G. Guyot (1990). Os trabalhos de A. Korzybski, fundador da "Semântica Geral" são conhecidos na França, graças ao trabalho de Michel Saucer (1987). Cf. também a pequena obra de A. Korzybski (1966). Dentre os trabalhos de Boris Cyrulnik (1993 e 1987).

observáveis. Quanto à palavra "razão", ela foi, durante séculos, o equivalente a discernimento, julgamento, bom senso, inteligência. A adoção recente da palavra "racionalidade", graças ao impulso das ciências cognitivas e a influência dos autores anglossaxões, corresponde, sem dúvida, a uma intenção de mostrar a importância dos processos de raciocínio e de resolução de problemas. Com o advento das neurociências no terreno da biopsicologia, a "racionalidade" tornou-se uma noção plural, extraída da esfera reservada aos filósofos, recobrindo várias atividades cognitivas. Para Antonio Damasio, trata-se da capacidade de raciocínio e da tomada de decisão. Francisco Varela utiliza para exprimir a capacidade de abstração e de categorização. Para Pierre Karli, um processo de conceituação, cuja consequência é a "desrealização" do mundo real "absorvido pelo racional".[56] Hoje, é amplamente admitido que todas as nossas operações cognitivas fazem parte de um conjunto funcional extraordinariamente complexo e que o conceito de "razão pura" não pode ser sustentado pelo fato dele isolar o jogo contínuo e recíproco da relação.

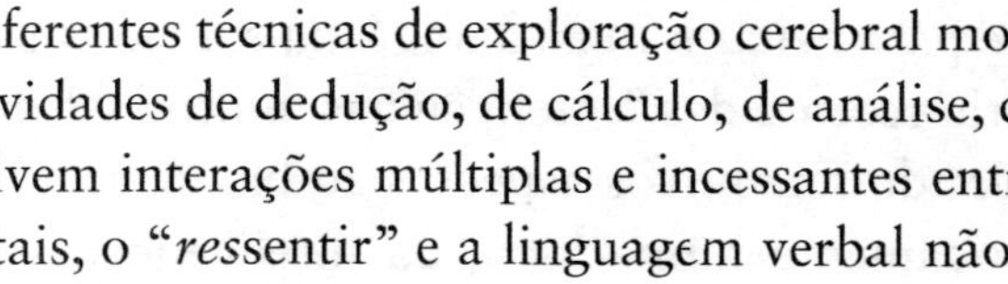

As diferentes técnicas de exploração cerebral mostram que nossas atividades de dedução, de cálculo, de análise, de raciocínio, envolvem interações múltiplas e incessantes entre as imagens mentais, o "*res*sentir" e a linguagem verbal não expressa, mas pensada. Nossos acontecimentos cognitivos são tão indissociáveis uns dos outros que é praticamente impossível saber o que vem primeiro, se o estímulo, a motivação, a atenção, a

56. A.R. Damasio (1995), cap. 8; F. Varela, entrevista, videograma *Nascemos para organizar*; P. Karli *op.cit.* p 129 e seg.

reação emocional, a formulação da lingua. Compreender melhor os mecanismos fundamentais de nossas operações mentais exige que exploremos a lógica de regulação de nossa vida individual e coletiva. Agora que se conhece bem as leis dos sistemas viventes (organização circular recorrente, objetivo de sobrevivência e de desenvolvimento, participação do organismo inteiro em seu próprio equilíbrio...), o comportamento do aprendente (seria mais justo falar de "postura") pode ser considerado como a resultante dessa regulação, ela mesmo dependendo, intimamente, de nosso diálogo interior.

No nosso cérebro "triúnico" (físico, emocional, cortical) será que existe conquista de poder por parte de um dos "níveis" ou existe trabalho compartilhado, cooperação, coordenação de nossos diferentes recursos cognitivos (percepção, memórias, afetividade, decisão, raciocínio)?[57] É preciso com urgência que o mundo educativo leve em conta o que Henri Laborit chamou de "biologia dos comportamentos": consumo, fuga, luta, inibição. Esses comportamentos podem, também, ser observados no aprendente. Detectá-los permitiria ir ao seu encontro lá onde ele se encontra, e o ajudaria a orientar sua energia criadora para um objetivo que, na maioria das vezes, ele ignora, e que sente como uma ameaça. Associar, antecipar, arraigar, explicar, buscar a gratificação e o prazer: tantas etapas que nosso cérebro inteiro nos pede para colocarmos em jogo para o nosso equilibrio e para evitar a fuga, a angústia e a violência.

A teoria recente das "inteligências múltiplas" de Howard Gardner, dando sete novos aspectos ao bloco, até pouco tempo dramaticamente monolítico, da inteligência, veio corroborar a ideia de Antônio Damasio, para quem "os pocessos

---

57. Seria mais certo falar de cérebro "quadriúnico" e "quadrilogo", para incluir o papel extremamente importante dos lobos frontais no reconhecimento, a modulação das significações afetivas e das trocas socioafetivas. O neurólogo russo A. Luria atribuia a esse "córtex orbitofrontal", último presente da evolução, o papel de "barreira funcional", liberando-nos da escravidão de nossas reações primárias, instintivas e não refletidas. Ele considerava-o como um quarto cérebro.

mentais provêm do organismo inteiro". De fato, com Gardner chegou o momento de pôr um fim aos danos causados por uma concepção limitada da inteligência. A inteligência, tal como a concebe e avalia o sistema escolar, inspirando ou fortalecendo as representações da família e do mundo socioeconômico, nada tem a ver com as observações, as experiências e com a nova teoria. Das sete aptidões, em geral somente duas (verbal e lógico-matemática) são reconhecidas pelo sistema escolar, embora cinco outras capacidades coexistam em nós, ajudando continuamente a resolver nossas relações com o meio ambiente e com nós mesmos. Será que a Escola não precisa recorrer a inteligência visuo/espacial (controle do espaço), a inteligência cinestésica (conhecimento do corpo), inteligência auditiva (musical), inteligência de intrarrelacão (a relação consigo mesmo), a inteligência de inter-relação (relação com os outros)? Recentemente, Gardner acrescentou a inteligência da natureza e ele se questiona sobre a existência de uma inteligência espiritual.

O prazer em aprender, o desejo de aprender, o medo de aprender, são expressões que aceitamos ouvir ou dizer, sem imaginar que, fazendo isso, reconhecemos a existência de uma vida cognitiva sem fronteira. Por que parar nas palavras e não prosseguir até revisitar uma concepção dramaticamente deformada do papel do professor que ainda confunde, com frequência, as noções de poder e de autoridade, de saber e de emergência do sentido? A ausência de conhecimento e, sobretudo, a ausência de questionamento referente ao funcionamento de nossa vida cognitiva contribuem para diminuir o impacto e, ousemos dizê-lo, o valor do ensino ministrado atualmente.

Será que não chegou o momento do educador levar em conta o que Pierre Karli chama "o pano de fundo" das diversas atividades cognitivas? Uma resposta afirmativa necessitaria que os educadores aceitassem a linguagem e os signos que traduzem a percepção e a expressão das emoções no ato de aprender. A abundância de recursos colocados à disposição do público (programas de televisão, livros, revistas, programas de rádios, filmes, mediatecas, videoteca, centro de informações), nestes últimos dez anos, informando-o sobre nossos recursos cerebrais e nossa vida mental, é uma oportunidade que deve ser aproveitada por todos os parceiros, para que se faça o possível para que a Escola pare de ser, uma vez por todas, um elo da corrente de exclusão. Repensar a Escola, desenvolver sua vocação, é realmente a urgência com a qual a sociedade inteira está sendo confrontada.[58]

Culturas e linguagens: duas faces da emergência

É lamentável que a palavra "emergência" tenha se tornado uma palavra explosiva. Em vez de reunir os pontos de vistas divergentes, ela criou uma polêmica que não será facilmente resolvida: uma versão holista opõe-se a uma versão redutora. Apesar disso, ela contrubui para esclarecer uma parte do mistério de nossa vida cognitiva, atualizando um aspecto sagrado do vivente, um fenômeno "à parte" (verdadeiro sentido do "sagrado"). Além do mais, ela permite-nos progredir em nossa exploração do processo de compreensão, da problemática do sentido e da comunicação.

As pesquisas atuais mostram-nos que a noção de emergência é uma característica do funcionamento de nossos circuitos neuronais. "Acontecimentos neuronais emergenciais" occorrem sem depender de uma solicitação exterior, nem de uma "instrução". Para que se compreenda bem essa noção de *emergência*, é necessário pedir ajuda a outros conceitos: evolução, potencial, atualização, complexificação, sistema, estrutura, interdependência, incerteza. Em numerosos fenômenos é possível en-

58. Cf. o livro de D. Goleman (1997), p 346.

contrar propriedades emergentes fazendo parte de setores bem diversos: lasers, oscilações quìmicas, ecologia, sistema imunitário, geofísica...De uma maneira geral, a emergência de novas configurações ocorre em sistemas de elementos interativos, com interconexão densa.[59] Ela é bem significativa nos fenômenos da língua descritos por Vygotsky, que já utilizava essa palavra em seu último livro, publicado em 1934.[60]

Quando se estuda a fala e a articulação dos sons no *continuum* da fala, descobre-se que o sentido *emerge* na, pela e por causa da transição de um som para outro, de uma sílaba para a outra, de uma palavra para a outra, de uma frase para a outra.[61] A linguagem e seu lugar de fabricação, a cultura, sofreram muito com o "objetivismo", ou seja, a crença em um mundo real, pré-organizado, exterior ao ser humano, um mundo de onde a emergência foi expulsa. A consequência é um ensino da linguagem e da cultura por "salvas sucessivas", fragmentos lineares, separados, compartimentados, tendo como corolário uma concepção da significação e do processo de compreensão construído sobre definições pré-existentes, conforme a lógica da verdade do dogma dominante, um dogma que aprecia hierarquias, as linhas retas, um mundo em preto e branco.

Essa dramática concepção de um mundo pré-existente é incompatível com o que sabemos sobre o vivente, em constante devenir, *outro* a cada instante. Nossa vida cognitiva está em perpétuo movimento, do acordar ao sonho, do desconhecido ao conhecido, do implícito ao explícito, do não formulado ao formulado. Nossa dinâmica cognitiva dirige e organiza a emergência do sentido. O sentido está na origem dos diferentes proces-

59. Cf. F. Varela (1996), p 60 e s.

60. Cf. o cap. 7 de *Thought and language*, publicado na sua versão russa em Moscou, em 1934: "A relação entre a palavra e o pensamento é um processo vivente; o pensamento nasce por intermediário das palavras (...). A relação que os une (...) emerge durante o desenvolvimento, e ela também evolui".

61. A transição de um "formant" para outro (o *formant* sendo um elemento da estrutura acústica de um som) seria, de acordo com nossas pesquisas, um elemento criador de significação por parte do auditor. Cf H. Trocmé (1975).

sos mentais.[62] Para se refletir sobre o papel da emergência nas múltiplas manifestações de nossa vida cognitiva (linguagem, memória, imaginação, criatividade), é preciso que se reconheça seus diferentes aspectos. Ela manifesta-se por uma explosão, um aumento de viabilidade, complexidade, seletividade, variedade, capacidade de memória, de aprendência, de sensibilidade, por uma nova estrutura, uma nova organização, pela criação de novos subsistemas ou ainda pela tranformação do sistema existente.

Para que haja emergência, é necessário certas condições. Dependendo do autor, trata-se de um processo evolutivo em interação com o meio ambiente (Gould, Karli), de um organismo auto-organizado acoplado com o meio ambiente (Varela, Prigogine, Combs), de um processo de estruturação seletiva (Edelman, Wilden), ou de birfucações, oscilações, incitadores (puxadores), reversão.[63]

Os "dossiês fundamentais" precedentes introduziram a ideia de que o sentido não se encontra num lugar definido, nem nos símbolos, nem nos signos, mas que ele emerge do conhecimento, da percepção, da memória, da imagem, da palavra ouvida, da história do organismo vivente. É sob esse mesmo enfoque que é sugerida a ideia de que a cultura, assim como a linguagem, não são conteúdos a serem "adquiridos". Ambas são o resultado de uma história natural de emergência: a cultura emerge da história da interação dos indivíduos da mesma comunidade, como a linguagem emerge da interação mãe/filho.

Cultura e linguagem, inextricavelmente ligadas, dão-se mutuamente acesso e se regulam entre elas.[64] Jerome Bruner termina seu trabalho sobre a aprendizagem da fala pela criança,

62. Cf. Hardy (1998). Trata-se de uma nova teoria sobre os campos semânticos, que introduz novos conceitos tais como "puxador, incitador conectivo" e de "constelação do sentido".

63. A. Combs (1995); A. Wilden (1980). O trabalho de J. Briggs & F.D. Peat (1991) é um excelente guia ilustrado da teoria do caos e do processo de emergência.

64. Ler em Boris Cyrulnik (1991) o trecho sobre "a primeira palavra", p 49 e s.

mostrando que a cultura, constituída de procedimentos, conceitos e distinções simbólicas, só pode se enraizar na linguagem, e a linguagem só pode ser compreendida dentro do espaço cultural. Cultura e linguagem não podem ser tratadas separadamente.[65] Por isso, comunicar não pode mais ser considerado como uma troca entre entrada e saída de informação, mas, de preferência, como uma reorganização interna de sistemas viventes que procuram compensar o efeito das pertubações vindas do meio ambiente e conservar sua identidade (sua "ipseidade" e não sua "mesmidade").[66] De fato, quando dois sistemas viventes comunicam, cada "um sendo portador de seu próprio ponto de vista, de sua própria história, de seu próprio devenir, trata-se na realidade, de emergência, a de um espaço de significação comum aos dois sistemas viventes, por um determinado tempo.[67]

É preciso, com urgência, que o mundo educativo descubra essa dinâmica de emergência do sentido, que é a única garantia para que sejam respeitadas a integridade e a liberdade do vivente, em suas diferentes interações com o meio ambiente, com os outros e consigo mesmo.

---

65. J. Bruner (1983).

66. "*Ipse*", do latim "si mesmo". "Idemidade" do latim "idem". Cf. o filósofo francês Paul Ricoeur.

67. Esse trecho é realizado com imagens no videograma *Nascemos para criar sentido*, de F. Varela, *op. cit.*

Arquitetura e materiais

V

5. Organizar o tempo do aprender
6. Um ofício, um referencial
7. Engenharia, metodologia

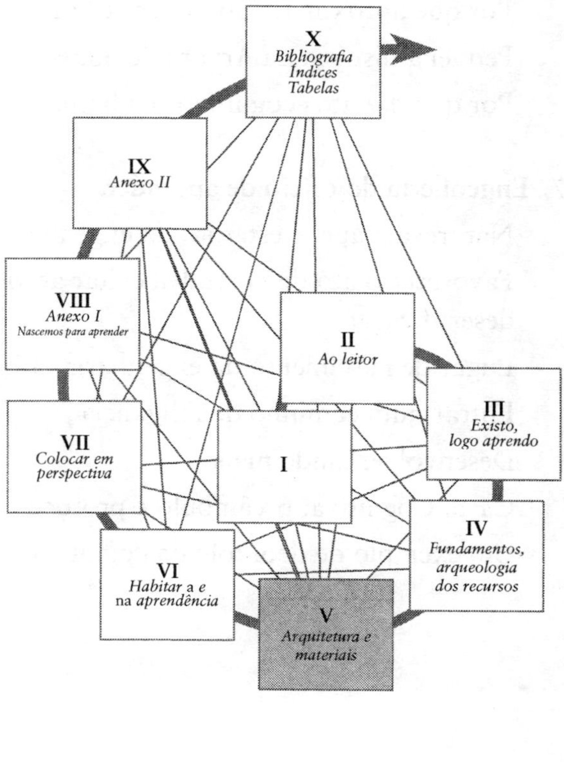

V

Arquitetura e materiais para uma aprendência sustentável

5. Organizar o tempo do aprender

Três razões para colocar a duração no centro

Sete durações a serem organizadas, no caminho da autonomia

6. Um ofício, um referencial.

Por que aproximar "aprender" e "ofício"?

Pequena história da Árvore do Saber-Aprender

Por que dez atos cognitivos de base?

7. Engenheria do ofício de aprender.

Natureza, papel e estatuto da engenharia

Favorecer o ato de aprender, evitar as violências e a desertificação

Lugar de nascimento da engenharia: a interface

Entrar num caminho de religância

Desenvolver ainda mais

Carta Cognitiva: preâmbulo e protocolo

Um exemplo de deontologia cognitiva

5. Organizar o tempo do aprender[1]

Nas páginas seguintes, a *estruturação* do acompanhamento do ato de aprender é colocada sob o ângulo da *durabilidade*, conceito mais realista que o de eficiência, porque ele impede que se entre na corrida em busca da rentabilidadde, da performance e da excitação do quantitativo.

A durabilidade do ato de aprender é o que todos queremos. A reorganização do horário escolar e a repartição dos conteúdos dos programas, até agora não deram uma solução para os problemas do tempo escolar e de sua relação com a eficiência de um ensino "recebido". O problema deve ser exposto de outra maneira: trata-se da durabilidade do ato de aprender, e essa durabilidade não depende de Chronos, mas da organização das diferentes etapas cognitivas a serem exploradas antes, durante e depois do ato de aprender.

Nossa tarefa não é facilitada pela maneira como a linguagem corrente aborda a questão do tempo, cujo papel decisivo é confiado a uma série de verbos que mostra de maneira evidente a relação que temos com ele: ter, perder, ganhar, recuperar, tomar, medir, achar, empregar, ocupar, consagrar, dar. Essas expressões traduzem o cortejo de ilusões e encenações nas quais nos comprazemos: ser senhores, vítimas ou culpados de ofensa à moral da eficiência e da rapidez que governam nosso mundo contemporâneo. No fim do século XX, tornamo-nos gigantes da tecnologia... e pigmeus da temporalidade. Ignoramos que nosso cérebro é plural e que ele faz a gestão de várias temporalidades: a da sobrevivência, a da relação afetiva, a da busca do sentido. Ignoramos, principalmente, que nossa vida cognitiva se constrói graças aos intervalos e às transições (como vimos em relação à linguagem) e que o vivente decide ***na*** e ***pelas*** transições.

1. Certos trechos deste texto foram publicados em 1996 no livro (esgotada a edição em francês da editora Être et Connaître) *A Árvore do Saber-Aprender* (TRIOM Ed., 2004, São Paulo).

Três razões para colocar a duração no centro

Existem três razões essenciais para colocarmos o tempo de aprender no centro da reflexão pedagógica. Já vimos a primeira: a noção de duração é fundamental para compreender o vivente. Ela é um dos componentes da célula. Ela organiza e dirige sua estruturação, seu metabolismo e sua evolução. Sem duração não existe processo, dinâmica, transformação, nem conexão. Ela é parte integrante do pensamento, do ato de troca, da memória, do imaginário, da criação. Todo ato de aprender, escolar ou não, insere-se na duração do aprendente: no seu presente e ao mesmo tempo, no seu percurso passado e no que virá, ele constrói sua biografia. É impossível isolar um ato de aprender do duplo círculo interativo de retro e pró-ação e, pelo menos na cultura ocidental, da tríplice relação passado/presente/futuro.

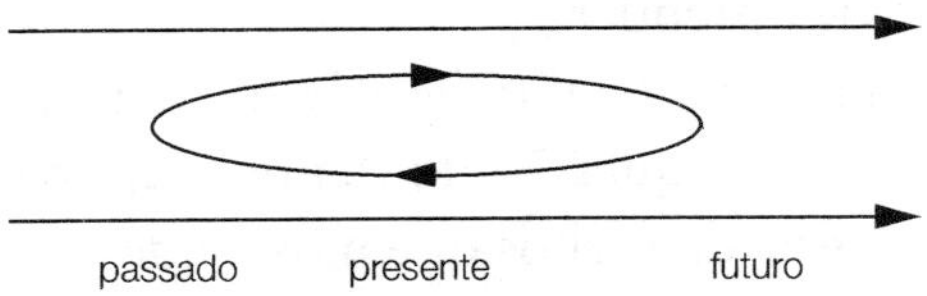

Figura 1: O tempo no Ocidente

Uma concepção menos ocidental, onde o presente se encontra na junção do realizado e do ainda não realizado, nos fornece um outro esquema,

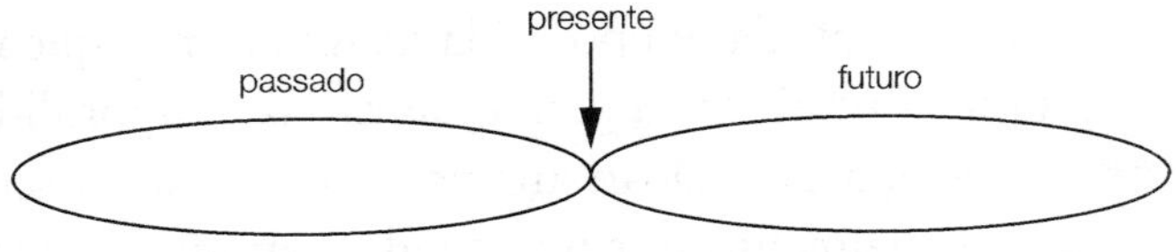

Figura 2: Realizado/não realizado

(Esse esquema poderia também representar a ideia de Marco-Aurélio. Para ele "existe" significa "existiu" e "existirá").[2]

[2] Marc-Aurèle (1998), p 67.

A segunda razão é que o ato de aprender transforma radicalmente nossa relação conosco, com os outros e com o meio ambiente. A organização do tempo de aprender e suas diferentes durações, concerne a todos os atores da situação de aprendência. A exigência de eficiência e a urgência em dar, de maneira precipitada, soluções para as solicitações de sobrevivência (incluindo as exigências de eficiência e de rendimento) seriam, provavelmente, menos prejudiciais, se elas não se inserissem apenas num curto prazo, mas num meio e num longo prazo. Lembremos que, como seres biológicos, sociais e em busca de sentido (e liberdade, segundo a expressão de Pierre Karli), estamos, frequentemente, divididos entre três lógicas: a do curto prazo (lógica de regulação), a do prazo médio (lógica de adaptação) e a do longo prazo (lógica de evolução).

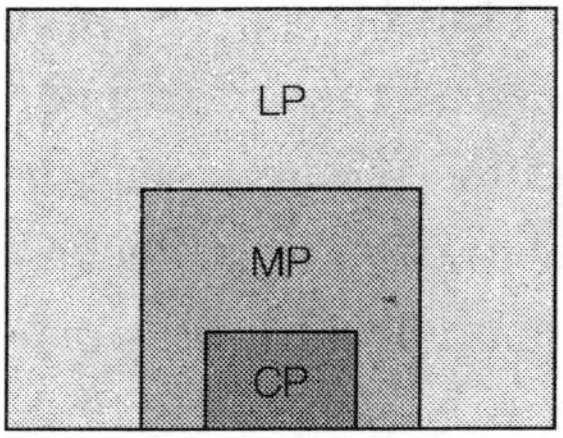

Figura 3: Três durações, três lógicas: Curto Prazo (CP), Médio Prazo (MP), Longo Prazo (LP)

Se cruzarmos os esquemas 2 e 3 obteremos uma imagem mais fiel da complexidade de nossa relação ao tempo:

– os diferentes "fluxos" partem de nosso presente e percebemos que o realizado não pode tomar o lugar do ainda não realizado;

– todo ato tem um "antes" e um "depois": ele se instala numa "projetória" (trajeto + projeto);

– o ato de aprender não pode ocorrer "fora do si", nem "fora do sol" (como os tomates atualmente!). Ele não flutua entre dois exercícios impostos por uma ordem exterior. Ele tem um papel de facilitação do acoplamento e da busca de equilíbrio entre o organismo vivente que aprende e seu contexto espaço/temporal.

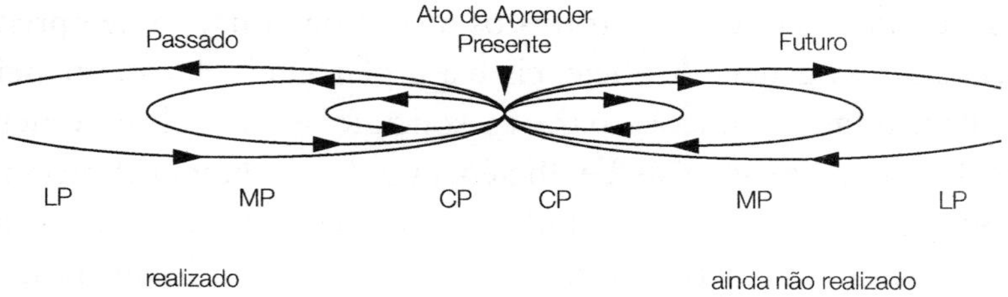

Figura 4. A complexidade de nossa relação com o tempo

A tradução dos fluxos entre presente e passado (CP, MP, LP) e entre presente e futuro (CP, MP, LP) representam a dinâmica cognitiva de retro e pró-ação. Uma proposta de aplicação deste modelo encontrase no capítulo 10 "Acompanhar a emergência" da Parte VI "Habitar *a* e *na* aprendência".

O esquema 4 mostra a importância de arraigar as atividades num verdadeiro percurso que tem sentido, ou seja, uma significação e uma orientação dentro da flecha do tempo. O primeiro instrumento de arraigamento foi proposto em *J'apprends, donc je suis* (Aprendo, logo existo) sob a forma de um "catálogo/repertório" de exploração de conceitos subjacentes ao ato de aprender.[3] A experiência mostrou que esse repertório pode ser uma verdadeira "pasta de competências" de reflexão pedagógica, porque ele permite a quem o elabora, ao ritmo de seus questionamentos, de suas leituras e de suas experiências, traçar o fio condutor de sua própria progressão e a biografia de suas descobertas.[4] A memória, com seu efeito estruturante,* precisa ser enraizada conscientemente, graças às referências no espaço e às durações.

3. Trocmé-Fabre, H. (1987), cap. 10 "Construir um novo olhar".

4. As reflexões são datadas e as referências das citações de autores rigorosamente anotadas.

* que favorece, determina a estruturação.

A terceira razão para se colocar o problema do tempo no centro da problemática da aprendência é que as diferentes durações precisam ser reorganizadas na diversidade e na especificidade das diferentes etapas cognitivas que constroem o processo de aprendência. Deixar de integrar as durações no percurso de aprendência é privar-se da imensa riqueza da busca de um sentido (significação e orientação) a ser dado à sua vida aprendente. É esquecer de criar um espaço de potencialidade, onde podem se inserir o desconhecido, o aleatório e a incerteza, esses três geradores de inovação e de liberação em comparação a um passado, muitas vezes pesadamente vivido.

Sete durações a serem organizadas

A duração que deve ser organizada em primeiro lugar é a *duração do percurso*. Isso significa, não somente, prever e tomar as medidas necessárias para que sejam possíveis e viáveis a aprendência e a formação que foram previstas, explorar a viabilidade de um projeto de formação, sua duração, seu custo, mas também, de maneira bem concreta, integrar no projeto de formação o tempo para se chegar ao lugar da formação, o tempo que aí se permanece, o tempo para partir, para reativar o que foi descoberto ou realizado.

A segunda duração é a de *maturação* ou de *gestação*. Ela inclui a espera, a paciência, o silêncio, a confiança no que está por acontecer, no que está sendo procurado, no que será encontrado em seus próprios recursos e nos recursos do meio ambiente. É a duração do enraizamento, da localização, e, consequentemente, do tempo que se precisa para contextualizar a situação (o quem, o que, o onde, o quando) e procurar discernir os recursos colocados à disposição, os materiais necessários.

Existe também uma outra duração, na qual raramente pensamos: a *duração da duração*, exigida pelas leis da vida, da evolução, do provável, do inesperado, da descoberta, e a compreensão da complexidade, da complementaridade, do "e... e...", (a duração que precisa bastante tempo para substituir a alternativa binária "ou ... ou..." e os danos causados!). É a duração da conectividade, da incerteza, do sentimento de incompleto. Esta duração nunca aparece na organização de nossos horários, nossas agendas ou calendários. Portanto, ela é indispensável para olhar, respeitar, escutar, compreender, integrar e acolher a diferença e a mudança.

Outra duração: a *duração da organização*. Ver, ouvir, tocar, é organizar o mundo. Nós estamos em permanente estruturação, a nossa e a de nossa relação com o mundo. Isso exige que se esteja no controle de sua própria organização. Durante essa duração, o projeto, as fundações, as paredes, o vigamento da aprendizagem, instalam-se. Em termos de aprendência, é o tempo de instalar, religar, "tricotar", encadear os diferentes atos de aprender na ordem lógica do vivente, nas suas relações com o meio ambiente, com os outros e consigo mesmo, o que exige a organização de numerosas idas e vindas, uma relação dialógica e um vasto espaço interior.

Em seguida vem a *duração da emergência do sentido*, a mais preciosa de todas, porque ela permite viver o instante, acolher o acontecimento, o objeto, a alteridade em nossa própria realidade, em nosso *continuum*, em nosso devenir. É o tempo necessário para que o cérebro (o corpo) estabeleça o vínculo entre o que ele já sabe e o que está aprendendo, entre o que ele sabe fazer e o que ele deseja fazer. É nessa duração onde o que está sendo aprendido criará raízes, tomará consistência ou, ao contrário, enfraquecerá, para desaparecer se nenhuma duração tiver sido prevista e organizada.

Intervém, logo depois, a *duração da decisão*. Lembremos que, biologicamente, por causa da natureza de nosso substrato neuronal e do papel que ele representa em nossa vida cognitiva, nós não podemos deixar de selecionar, escolher, logo, decidir. A escolha está presente no âmago de nossas células.[5] Como uma célula nunca age sozinha (exceto *in vitro*, num laboratório), precisamos de tempo para organizar as intra- e as inter-relações. Como vimos antes,[6] o cérebro é mobilizado dois segundos antes do ato visuo-motor que ele vai realizar. Esse tempo de latência interpela numerosos pesquisadores em neurofisiologia. Eles querem compreender como o cérebro se organiza e estabelece conexões em rede que determinarão o futuro "sucesso" ou o futuro "fracasso" do ato. A existência dessa duração pede que seja levado em conta a duração que precede o ato de aprender, a que leva ao instante.

"Para criar é preciso um espaço de liberdade." Essa fórmula de Hubert Reeves[7] é totalmente válida para o ato educativo. Logo, a duração seguinte é a *duração da inovação*. Ela permite ao aprendente dar vida a (pôr no mundo) sua obra e encontrar um mundo de percepção e de expressão no qual ele poderá se reconhecer. Dessa maneira é garantido um ato de aprender autêntico, um ato que faz crescer.

Criando um espaço para a duração da inovação, acompanhando o tempo da linguagem, o tempo do gesto, o tempo do silêncio, o tempo do enunciado, do conteúdo e da enunciação, evita-se uma grande armadilha, a de ensinar e consumir o *prêt-à-créer* (pronto-a-criar), *prêt-à-voir* (pronto-a-ver), *prêt-à-inventer* (pronto-a-inventar). Inovar, criar, inventar exige que se deixe um lugar importante ao inesperado, ao provável, a emergência, ao aleatório. Aprender é um processo, grande consumidor de duração, porque, como disse Gregory Bateson, nesse processo se conjugam "*uma corrente de acontecimentos aleatórios e um processo de seleção, e esta não é feita ao acaso. Essa seleção faz com que alguns dos componentes aleatórios sobrevivam mais*

---

5. Intervenção de Francisco Varela, em *Nascemos para criar sentido*, 4º filme da série *Nascemos para aprender*, *op cit*.

6. Cf. no cap. 4 "Nós somos temporalidade, durações, ritmos".

7. H. Reeves.

tempo do que outros".[8] Por fim, lembremos que não é preciso ser Mozart ou Rodin para habitar a duração da inovação, porque todo ser vivente é, a cada instante, criador de si mesmo ("aprendiz de si mesmo" dizia Casanova), criador de seu olhar, criador de sua escuta, criador de sua admiração.

Cabe ao aprendente, a quem o acompanha e à instituição, uma última duração a ser organizada: a *duração operante*, o tempo de expressão da obra e, portanto, do compartilhar. A palavra "operante" não significa, neste caso, "funcional", nem "instrumental", e o "compartilhar", neste caso, não faz parte da economia do "dando/dando" tal como foi analizada por Pierre Bourdieu.[9] Quando há *obra*, há reconhecimento do Outro, de sua diferença, sua história, seu devenir. É uma duração de troca e de reciprocidade que será fundadora de uma economia de doação verdadeira, desinteressada, respeitosa do universal, geradora de relações duráveis. A troca verdadeira, ela também liberada do cálculo do lucro, precisa de tempo para que a abertura possa ser feita em direção de um enriquecimento mútuo. Para que haja essa duração é preciso a escuta, o gesto, o olhar, a voz. Ela não exclue o silêncio.

O aprendente é levado assim, através dessas diferentes durações, ao limiar de *sua autonomia*. A partir desse limite, ele viverá outras durações, as que ninguém poderá viver em seu lugar: a duração de *compreensão* (apreender com sua inteligência), a duração de *integração* (incooporar seu saber no conhecimento) e a duração de *comunicação* (compartilhar). Essas três durações pertencem totalmente ao aprendente e estão sob sua responsabilidade. A "evasiva" pedagógica e o erro do sistema escolar ou parental é querer intervir.

8. G. Bateson (1984), p 153.

9. P. Bourdieu (1997), p 229 e s, "A dupla verdade da doação".

6. Um ofício, um referencial

No capítulo 2 nós mostramos o peso das representações sobre nossa visão do mundo. Elas são extremamente incômodas quando pensamos "trabalho", "ofício" e "emprego". O senso comum confunde esses três conceitos. Tornou-se usual considerar o trabalho como "um valor que está desaparecendo", desaparecendo em favor do emprego, do cargo ou da função. O trabalho "perdeu as ilusões" ou "foi dessacralizado".[1] A noção de ofício para toda a vida esfuma-se, igualmente, e não constitui mais uma realidade para as novas gerações, que se preparam para uma vida profissional que exige competências múltiplas e mudanças de orientação durante o percurso.

Quando podemos ainda dizer, atualmente, que existe "ofício", "profissão"? As pessoas questionadas (pertencendo a meios bem diversos) deram as seguintes respostas: quando tem a presença de um professor na duração, aprendizagem progressiva, manutenção do controle dos gestos, instrumentos e técnicas apropriadas; quando existem regras que são respeitadas; quando existe um referencial, indicando as competências, os conhecimentos, os *savoir-faire* (saber-fazer), as posturas específicas desse ofício; "quando se gosta do que se faz"; "quando existe o sentimento de aprender cada dia"; "quando se cresce graças ao que se faz"...

Por que aproximar "aprender" e "ofício"?

A ideia de aproximar os termos "aprender" e "ofício" vem do fato de constatar que para ambos os conceitos se associa os mesmos vocábulos: aptidão, autonomia, capacidade, competência, compreensão, conhecimento, ensino, avaliação, inteligência, percurso, potencial, saber, saber-fazer, transmissão. Nos dois casos, trata-se de uma dinâmica, de um processo, em

[1] Cf. D. Méda (1995).

que o ser está totalmente implicado. Tanto para um como para o outro, pode-se falar de auto-organização, de crescimento, de desenvolvimento, de aumento da inteligência ou da consciência, de "autonomização". Pode-se também aproximar sua finalidade: um objetivo que deve ser alcançado, sua relação não linear com o tempo, sua obediência às regras biológicas, sociais e deontológicas; a exigência de aptidões, de um contexto, de uma conservação do *savoir-faire* (saber-fazer), de um lugar para prática.

Outras caracteristicas que eles têm em comum: ninguém pode estar em nosso lugar para aprender ou para exercer nosso ofício; são necessários reajustes a uma realidade que se renova constantemente; trata-se de um investimento a longo prazo. Em ambos os casos existe realização, execução de um gesto profissional ou de uma postura (como a do questionamento). Existe também, de ambas as partes, o risco de desequilíbrio, porque há mudança. Cedo ou tarde, somos confrontados com a imperfeição, e nos sentimos ultrapassados. Nos dois casos, há a atualização de um "ainda não", a descoberta de um potencial e de um novo modo de relacionamento com o mundo.

Por tradição, os atores do mundo educativo colocaram o ato de aprender escolar numa relação de instrução e de comando, onde o saber é transmitido, ensinado, onde os conhecimentos são considerados como "adquiridos", os resultados "avaliados". Só o professor tem um ofício. Falar do "ofício de aprender" permite deixar a relação do tipo transmissível para uma relação em círculo, onde aquele que aprende é ator e autor de seu processo de aprendência. Os trabalhos dos neurobiólogos mostram que nossa capacidade de aprender está presente durante toda nossa vida, só precisa ser reconhecida, desenvolvida, atualizada. Os pesquisadores insistem que não se pode aprender isoladamente. Para aprender, é preciso estar ligado a um contexto físico, social, afetivo, cognitivo. Por todas essas razões, é possível sugerir que o ofício de aprender é, provavelmente... o mais antigo ofício do mundo!

Os últimos anos da década de 90, tendo sido uma época de grande confusão conceitual para os mundos do trabalho e da educação, uma necessidade de coerência e de pertinência dos atos educativos se fez sentir cada vez mais. Por isso é preciso propor, com urgência, antes da avaliação de resultados, um referencial cognitivo com duplo objetivo: esclarecer o entrelaçamento de nossas capacidades cognitivas fundamentais e estruturar a problemática educativa sobre bases que são comuns a todo ser humano: as bases das leis da vida. Essa proposta de *referencial cognitivo* concerne todo tipo de aprendente, seja qual for a sua cultura, o seu percurso, a imagem que ele ou ela tem de si mesmo, o peso do passado ou o medo do futuro. O referencial tem como ambição lutar contra a falta quase completa de conhecimento e – o que é mais grave – a falta de interesse pela realidade cognitiva de um cérebro que aprende (constatada na maioria dos parceiros da situação educativa). Lembremos, com insistência, que a aprendência faz funcionar as capacidades de percepção, memorização, integração, organização, estruturação e reestruturação, conexão, colocação em imagens, formulação e expressão Essas capacidades são o resultado da evolução e da história de nosso organismo. Elas fazem parte da lógica da busca de sentido que está no âmago do vivente.

Para esclarecer o conceito de referencial cognitivo, o termo "saber-aprender" foi escolhido, de preferência à expressão "aprender a aprender", herdada da forma ativa do inglês "*learning to learn*" e criada pelo psicólogo americano Herbert Gerjuoy (citado por Alvin Toffler) numa frase que se tornou célébre: "*o iletrado de amanhã não será aquele que não aprendeu a ler, mas aquele que não aprendeu a aprender*".[2] A expressão francesa "*apprendre à apprendre*" (aprender a aprender), que se tornou rapidamente um conceito genérico, encontra-se fossilizada dentro do seus dois infinitivos. A expressão "metacognição" também se tornou usual, per-

[2] A. Toffler (1987).

manece relativamente vaga e, o que se pode lamentar, é a utilização contestável e restrita que ela faz do morfema grego "meta".[3]

Devemos insistir sobre a necessidade de uma verdadeira alfabetização do mundo educativo, permitindo-lhe *ler o livro da vida* tal como podemos descobri-lo hoje. A simbólica da árvore foi escolhida para posicionar os diferentes operadores de uma aprendência responsável por si mesma, no que concerne a dinâmica do processo de aprendência, que é o patrimônio do mundo vivente e, principalmente, da humanidade. A Árvore permite lembrar que as diferentes etapas do saber-aprender se encontram no âmago da lógica e da dinâmica do vivente.

A seiva da árvore, primeiro bruta e obra das raízes, circula sob pressão e sob tensão e em seguida, elaborada graças às leis da fotossíntese (que ainda governam nosso cérebro do século XX), ela assegura a nutrição de cada parte da árvore. A natureza fractal e holárquica[4] da árvore permite também discernir os três níveis de estruturação de um organismo aprendente, respondendo à sua necessidade de regulação, à obrigação de adaptação e à exigência de evolução. A árvore ensina-nos, também, que quando a seiva se retira, os galhos secam e se quebram, provocando aridez e desertificação. Na árvore, como em todo organismo vivente, as partes são complementares; elas vivem na e pela sua relação com o organismo inteiro, e elas participam do devenir do organismo. Do mesmo modo, na situação de aprendência há bloqueio, mal-estar, disfunção, excitação do sistema, quando as três lógicas não funcionam em harmonia.

Pequena história da Árvore do Saber-Aprender

A Árvore do Saber-Aprender é uma tentativa de modelização da aprendência, uma representação mental, física, verbal e

---

3. Em "composição", ou seja: prefixada a uma outra palavra, "meta" em grego é utilizada para exprimir 1. a participação, a comunidade, a ação em comum, 2. entre, 3. a sucessão no tempo (Dicionario Bailly, Hachette, 1950, p 1259).

4. Cf. B. Mandelbrot (1995) e em C. Hampden Turner (1990), p 164, a explicação da "holarquia", palavra criada por A. Koestler para exprimir uma hierarquia de "holons" (unidades representando o papel de pontos de junção). Cf. V. Fleury (1998) sobre o crescimento fractal da matéria.

gráfica de nossa metodologia cognitiva para aprender. Sua história foi alimentada por um constante vai e vem entre teoria e prática, no campo da formação de formadores e do ensino de uma língua estrangeira para adultos. Efetivamente, o adulto que aprende uma língua estrangeira é confrontado a uma mudança de meio cultural, afetivo e rítmico desde os primeiros instantes. Desde os primeiros instantes, o aprendente também se confronta com as representações que ele tem de si mesmo, da língua estrangeira e sua cultura, das atividades de aprendizagem, do esforço que deve ser empregado, do investimento que deve ser feito, se confronta com seus próprios bloqueios e, sobretudo, com a ignorância de seu próprio funcionamento e de seus imensos recursos. É nesse ponto preciso que a semente da árvore precisa ser plantada e cultivada no "humus cognitivo" do aprendente. Talvez seja o momento adequado para dizer que em hebreu a palavra "árvore" (hest) não está longe da palavra "conselho" (hetsa).

Aprender uma língua estrangeira exige que se faça um novo tipo de relação entre o pensamento e a linguagem, o espaço e o tempo: o ser inteiro é solicitado. O corpo do adulto (que já organizou o espaço e o tempo), a língua materna (que já estruturou sua própria organização) traduzem uma visão do mundo que tem muito valor para o indivíduo, já que foi ele que a construiu ao longo de sua biografia. Hábitos já foram adquiridos e, entre eles, o hábito que tem nosso cérebro de antecipar o pensamento sobre a emissão da fala. Sabemos agora que quando pronunciamos uma frase, sua sintaxe e seu léxico já foram previamente organizados pelo nosso cérebro. Em termos mais eruditos: a duração cognitiva antecipa a geração da mensagem. Logo, essa duração cognitiva é, por essência, criadora. Mesmo assim, ela não deixa de ser maltratada pelo sistema educativo e pelo nosso mundo contemporâneo, em geral.

Para permanecer ainda no campo da linguagem e religar a problemática da aprendizagem de uma língua ao que foi dito anteriormente.[5] lembremos que as linguagens oral e escrita, simultaneamente constroem e resultam da complexidade do acoplamento de nosso sistema perceptivo às nossas ações sobre o mundo exterior e nós mesmos. Criar é criar-se. Compreender é compreender-se. Ler é ler-se. Interpretar é interpretar-se. Nossas percepções, nossas memórias, nossas etapas de compreensão, não podem mais ser confiscadas pelos especialistas da psicologia, cognitiva ou outra, menos ainda ser proibidas de permanecer no ensino de uma dada disciplina. Os processos cognitivos participam plenamente *ao* e *do* ato de aprender. As pesquisas referentes a eles precisam ser exploradas, interrogadas, integradas em nossa metodologia educativa.

Quanto à Árvore, duas contribuições diferentes se cruzaram, permitindo propô-la como suporte de nosso referencial. Por um lado, os trabalhos de pesquisa (neurobiologia, ciências cognitivas, fisica) do fim da década de 70 e durante a década seguinte, permitiram identificar dez atos fundamentais de nossa atividade cognitiva, participando de e em nossa evolução filogenética e nosso desenvolvimento ontogenético. A outra contribuição é a visão sistêmica que permitiu aproximar as leis de organização dos sistemas da lógica do vivente. Os dez atos fundamentais devem ser considerados como bases cognitivas de todo ato de aprendência.

Por que dez atos cognitivos de base?

O numero dez é o número com o qual diferentes culturas e tradições representam a organização da energia vital e da energia do Universo. Encontra-se, por exemplo, dez divindades no Egito antigo e no ciclo dos heróis da tradição escandinava. Com os gregos, Aristóteles estabelece o plano de sua metafísica por meio de dez conceitos. A tradição druídica antiga repartia as forças que ela venerava, segundo uma disposição organizada em torno do número dez. O alfabeto dos tuaregues possue também dez signos. A tra-

[5] Cf. Parte IV "Fundamentos, arqueologia dos recursos".

dição hebráica dispõe dez "Sephirot" sobre a Árvore dos Números. Sendo assim, tornava-se interessante estruturar em volta do número dez os dados da neurobiologia, referindo-se aos "momentos fortes" de nossa vida cognitiva, verdadeiros lugares de auto-organização, de emergência, de bifurcação. Poderiamos também compará-los com pólos de energia, com vórtices, com "atraidores".

Nossos "*savoir-faire*" (saber-fazer) fundamentais obedecem a necessidades vitais para que o organismo possa viver seu equilíbrio. Eles são representados por um programa de verbos (porque são atos), na ordem da lógica do vivente:[6] *contextualizar, reconhecer, organizar, arraigar, escolher, inovar, trocar, compreender, integrar, comunicar*.

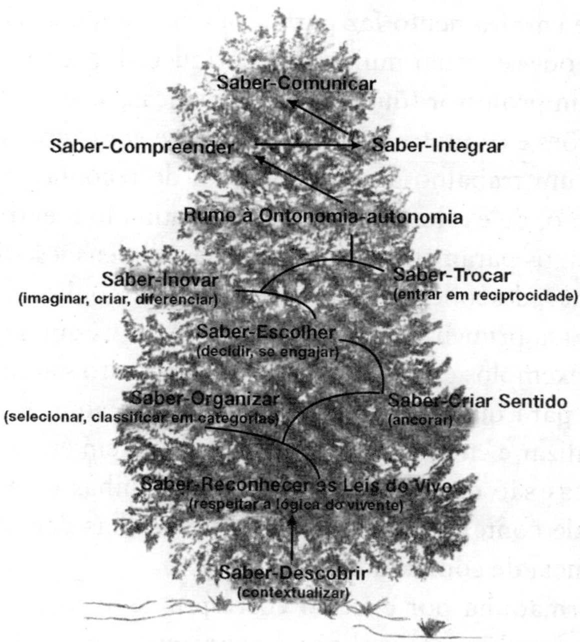

Figura 5: A Árvore do Saber-Aprender

6. A expressão é de F. Jacob.

A esses dez atos correpondem dez aptidões potenciais que devem ser atualizadas, que devem ser inseridas em nossa história individual e coletiva, nos diferentes tipos de relação (ao meio ambiente, aos outros, a si mesmo). Cada etapa deve ser adaptada ao contexto de aprendência em questão e aplicada a um campo específico, mas a base comum a todas as situações existe e é que veremos a seguir.

A primeira aptidão de nosso saber-aprender consiste em utilizar nossos órgãos sensoriais para descobrir o mundo que nos cerca e, assim, poder ***construir um contexto***, indispensável para se encontrar um apoio no espaço e no tempo. O enraizamento no mundo físico é a primeira etapa da vida. Ela tornou-se possível com o despertar de nossos sentidos.

Esse enraizamento faz parte, totalmente, do ato de aprender. Ele pode se tornar muito mais enriquecedor se for encorajado por um professor (que sugere as nuanças, as combinatórias, as variações e como formar relações). Esse enraizamento se traduz por um trabalho de identificação, de reconhecimento, de observação, de exploração sensorial, destinado a entrar em relação com os parâmetros físicos (formas, dimensões, distâncias, resistências, descobertas de áreas novas e desconhecidas, misteriosas). Essa primeira etapa determina todas as que se seguem.

Os exemplos de aplicação de enraizamento são muitos numerosos para que sejam todos apresentados aqui. É mais realista localizar e enumerar *as armadilhas* a serem evitadas. Essas armadilhas são de dois tipos: (1) as armadilhas devidas a um excesso de contextualização, (2) as armadilhas devidas a uma insuficiência de contextualização.

A armadilha por excesso corresponde a uma contextualização excessiva, na qual nos encerramos e que não permite descontextualizar uma experiência feita, ou seja, transferi-la para um outro contexto ou simplesmente se distanciar do contexto imediato (e com isso, representar, simbolicamente, uma realidade). Uma extrema "fidelidade" a um contexto torna-nos cegos e surdos. Quando os professores se lamentam sobre a incapacidade dos alunos em "aplicar" o que aprenderam, trata-se aí de um caso típico de ausência de descontextualização e de uma incapacidade em recontextualizar, e para isso é preciso um treinamento sistemático. Será que esse treinamento é proposto aos aprendentes?

Quanto à armadilha por insuficiência, ela corresponde a uma contextualização pobre ou inexistente. Sem contextualização, a informação flutua e não pode ser memorizada, porque ela não tem conexões nem no espaço, nem no tempo. Uma informação que fica vaga ou sem enraizamento (fisico, rememorativo ou afetivo) é privada de um ou de vários elementos indispensáveis à sua contextualização: o "quem", o "que", o "onde", o "quando", e os mais frequentemente usados, o "como", o "por que", e o "para que serve", não foram explorados na sequência pedagógica. Então, como eles poderiam contribuir para uma emergência?

A segunda aptidão do saber-aprender é tão indispensável quanto a primeira. Ela situa-se igualmente na parte inferior da Árvore e determina as outras. Ela consiste em ***reconhecer*** (e aceitar) ***as leis do vivente***, ou seja, as exigências impostas por nossa biologia, principalmente as exigências de equilíbrio entre o dar e o receber. Trata-se também de reconhecer o que caracteriza o Universo onde o ser humano vive: em primeiro lugar a complexidade, a nossa, a dos outros, a da matéria física, psíquica, espiritual. Outras características da realidade, tais como são pesquisadas atualmente, precisam ser lembradas, ensinadas, respeitadas. A saber: a existência de várias escalas (microcosmo, mesocosmo, macrocosmo), os processos de diversificação, os princípios de incerteza, de indeterminação, de interdependência, de interação, de alternância e, sobretudo, para o mundo ocidental, a não linearidade, a não dualidade dos fenômenos, o "terceiro incluído" que caracteriza o mundo microfísico, assim como postulou S. Lupasco.[7]

Neste nível da Árvore existem muitas armadilhas. Elas são principalmente, armadilhas de encarceramento por ignorância.[8] Elas consistem em não levar em conta a complexidade, encerrar-se numa concepção monolítica do real, reduzindo-o a uma só escala, uma só lógica, um só código. Um grande número de professores e formadores pensa, por exemplo, que é preciso explicar e ensinar os elementos "simples", mas, eles foram, na realidade, simplificados previamente (certamente, por uma preocupação pedagógica). Essa metodologia ignora a "*conduite accompagnée*" (o aprendente conduzindo e o guia ao lado), cuja finalidade é fazer descobrir a interdependência e a interação dos fenômenos e, sobretudo, as estratégias para administrar a complexidade.

Uma outra armadilha, onde se pode cair facilmente, é a expressão preferida "uma coisa entre duas". Dizendo isso, encerramo-nos (de maneira inocente?) na alternativa binária do "verdadeiro/falso", "bem/mal", "branco/preto", e nos instalamos numa lógica de verdade que já causou muitos danos no Ocidente e que precisamos abandonar, transformando-a em lógica de busca de sentido.

Tornemos a lembrar: o real só tem realidade através de nossa relação com ele. Para William Blake, pintor poeta visionário da Inglaterra do século XVI, "*o louco não vê a mesma árvore que o sábio*". "*Se as portas da percepção fossem desobstruídas, cada coisa apareceria na sua verdadeira essência: infinita.*"

As armadilhas por excesso consitem em ficar (confortavelmente) no caos e na complexidade bruta, na submissão às turbulências e aos "atraidores", e na incapacidade de passar

[7] Trata-se de um terceiro tipo de dinâmica que coexiste com a da heterogeneização (que governa a matéria vivente) e a da homogeneização (que governa a matéria fisica). Ler B. Nicolescu (1985), p 191 e s.

[8] No sentido inglês de "não levar em consideração". No nosso contexto, trata-se evidentemente das leis da natureza da maneira como elas foram citadas anteriormente.

para etapa de organização e ordenação do caos. Um outro exemplo frequente de encerramento na ignorância das leis do vivente é a que consiste em ignorar que cada organismo vivo é portador de um potencial a ser atualizado. As consequências são dramáticas quando, nessa ignorância, o sistema educativo, escolar ou familiar toma a iniciativa de avaliar o aprendente. A resistência, consciente ou não, de considerá-lo em devenir, capaz de evoluir, de mudar, de crescer, faz parte do que poderia bem ser O Erro que deve ser evitado a qualquer preço, corrigido com prioridade e urgência.

A *terceira aptidão* é a do *saber-organizar*, categorizar, estruturar, classificar, generalizar, abstrair, a partir da experiência e da complexidade. A natureza de nossa realidade cerebral, seu "excesso de mão de obra" e o potencial gigantesco de conexões e de ligações possíveis entre as diferentes partes de nosso cérebro (ou seja, de nosso corpo), obrigam-nos a selecionar os estímulos, as conexões, ou organizar em redes (logo, renunciar) de maneira a estabelecer circuitos, construir conjuntos operacionais, criar estruturas internas (logo, hábitos). Esta será a base de nossa memorização.

Nosso funcionamento de base é um jogo constante de conexões e de criação de relações. Selecionar e conectar são, portanto, duas palavras chave sobre as quais podem ser contruídas sólidas atividades de aprendência. É da responsabilidade de quem acompanha o aprendente, consolidar o saber-comparar, o saber-abstrair, o saber-selecionar, cujo resultado é "estabilizar nossa visão do mundo".[9] Evidentemente não pode ocorrer seleção, nem conexão se elas não se apoiarem sobre as duas etapas precedentes, a de uma fecunda sensorialidade, e pela passagem obrigatória da aceitação das exigências, principalmente o reconhecimento da complexidade e da interdependência dos fenômenos.

---

9. A expressão é de F. Varela, em *Nascemos para organizar*, 3° filme do videograma *Nascemos para Aprender*.

Neste nível, as armadilhas a serem evitadas são as disfunções provenientes de uma insuficiência de organização e de identificação das categorias, nas quais os fenômenos ou as situações podem entrar; ou de uma concepção causualista unicamente simétrica ou dualista (ou isso... ou isso...). Outros casos de disfunção: o encerrramento numa constante oposição de contrários, em vez de considerar os contrários na sua complementaridade; a incapacidade de distinguir as prioridades, a capacidade de distinguir o que é essencial do que é secundário, o global do local.

Ao contrário, a hipertrofia do saber-organizar se traduz por uma organização excessiva, uma generalização e uma racionalização que negam a diversidade, o inesperado e o imprevisto. É assim que se fecha a porta, às vezes definitivamente, para a criatividade. Flaubert denunciava o conjunto dessas armadilhas, quando ele acusava os franceses de terem a "fúria de concluir".

Muitos discursos, muitos escritos, muitas trocas ficam, frequentemente, na fase da descrição e da etiquetagem. O percurso, porém, está longe de ser concluído. Ao contrário, ele está apenas começando, porque todos precisamos, aprendentes, acompanhantes ou comunicadores, arraigar nossos encontros, nossos conhecimentos, nossas percepções em nossa própria experiência, ou seja, no histórico do acoplamento de nossa percepção com nossa ação. Ninguém pode aprender, compreender, em nosso lugar, religar o que acabamos de aprender ao que já sabemos. Nós vimos[10] que as camadas profundas de nosso cérebro, portadoras de nossas emoções e de nossas memórias, são solidamente responsáveis pela imagem que temos do mundo. *Nós somos o que aprendemos.*

A ***quarta etapa*** de nossa subida na Árvore do Saber-Aprender, é o ***saber-arraigar***, ou seja a aptidão para interpretar, criar

[10]. Em "Nós somos nossa visão", cap. IV, 4.

sentido, um sentido que emerge a partir do que somos, do que fomos, do que desejamos ser. O enraizamento do sentido não pode ser feito se um espaço/tempo não foi previamente organizado de maneira que nossas memórias, nossas emoções, nossos sonhos, nossa imaginação, nossos desejos, nossas expectativas participem da emergência do sentido (o nosso).

Logo, uma etapa capital. Sem ela, o saber é rapidamente esquecido. Enquanto acreditarmos que a informação é externa a nós mesmos, que ela nos é transmitida e que devemos tratá-la como faz o computador, essa etapa não poderá fazer parte das etapas (pedagógicas ou não) de *compreensão*. Atualmente, o "culto" de uma informação considerada como uma entidade em si, causa estragos em muitos campos, no da linguagem, no da biologia, da medicina, das mídias.[11]

O cortejo de consequências desse desconhecimento da emergência do sentido pode se chamar dificuldade escolar, imagem negativa de si, conflitos de comunicação, declarações falsas, conclusões erradas. Tantos problemas inventados por ignorância ou por negligência, portanto, inutilmente. Um arraigamento que, não feito (por ignorância, falta de tempo, submissão a uma verdade recebida cegamente, submissão a um código imposto, uma definição homologada...), abre caminho para a imitação. É assim que se instalam os conhecimentos não vividos, que constituem encenações, infelizmente reconhecíveis, do *prêt-à-penser* (pronto-a-pensar), do *prêt-à-dire* (pronto-a-dizer), e o pior de todos, do *prêt-à-croire* (pronto-a-crer). É dessa maneira que nossas verdadeiras leituras, verdadeiras escutas, verdadeiras palavras deixam de existir e que outros aproveitam para pensar, falar e crer em nosso lugar.

Onde estão as armadilhas desta quarta etapa? Evidentemente, existe o risco de "hiper-arraigamento", mas, eles são

11. Cf. E. Andreewsky e col. *Systemique et Cognition* (Sistema e Cognição), Dunod (1991), principalmente cap. 3.

muitos mais raros, pelo menos no mundo educativo, do que os riscos causados pela ausência de conexão entre quem aprende e o que está sendo aprendido. Uma concepção monolítica da cognição que não leva em conta os níveis e as durações de compreensão, que ignora a inscrição do pensamento no corporal, que, por sua vez, desconhece o plural de nossas memórias, de nossas leituras, de nossos olhares, de nossas escutas, tal concepção imobiliza o processo mental numa não ocupação do espaço e do tempo, e bloqueia qualquer desenvolvimento orientado para a liberdade e toda validação de uma escolha rumo à inovação ou à troca. Portanto, elas são etapas destinadas a acompanhar a construção da autonomia de quem aprende.

Cada sessão de trabalho ("frontal" ou em autonomia) é uma etapa biográfica para o aprendente. Ela comporta sempre um "antes" e um "depois", um ponto de partida, um objetivo a ser alcançado e um trajeto. Ela deveria também incluir o meio de identificar onde se encontra aquele que "cria seu caminho, caminhando".[12]

As quatros primeiras etapas necessárias ao acoplamento do organismo aprendente com seu meio ambiente, correspondem, na visão sistêmica, a uma *lógica de regulação* e de funcionamento no curto prazo (há sempre urgência). É o primeiro andar de um foguete de dois andares, segundo a metáfora proposta por Boris Cyrulnik para ilustrar a ideia de que a construção psíquica é feita desde o primeiro instante em que precisamos descobrir a lei da natureza, respeitá-la "para melhor se substrair à lei da atração terrestre".[13]

As etapas seguintes permitirão ao aprendente apropriar-se de suas descobertas, transformá-las em novos conhecimentos, adaptá-las às suas relações com os outros e tornar-se, não somente ator, mas autor de sua aprendência. Nós entramos numa outra lógica, a de *adaptação*, que precisa de ações a curto prazo.

12. Segundo a frase que se tornou célebre do poeta A. Machado, em "Cantares".

13. B. Cyrulnik (1997), p 10.

A quinta etapa é a etapa do ***saber-escolher.*** Vimos que a natureza, a função e o estatuto de nosso cérebro (e de nosso corpo) fazem de nós seres que vivem plenamente as consequências de uma seletividade que desafia qualquer tipo de cálculo. Selecionar significa escolher, ou seja, engajar-se de preferência numa direção entre tantas outras, logo estabelecer prioridades no que se refere ao contexto. Essa seleção exige que se entre em relação com seu próprio sistema de valores e que se renuncie a certas soluções em nome desses mesmos valores.

Acompanhar, nessa etapa, é criar condições para que se possa escolher. Se a etapa de emergência do sentido não foi percorrida, o saber-escolher será, evidentemente, bloqueado ou, muito mais grave ainda, ele será substituído pela escolha que um outro terá feito em nosso lugar.

Nesse nível, as armadilhas se encontram, principalmente, nos espíritos que temem que, dando o direito de escolha a cada aprendente, seja impossível para o responsável educativo "administrar" o grupo. Trata-se do mesmo erro de raciocínio que se encontra no argumento segundo o qual "os grupos não sendo homogêneos, ... os alunos não tendo o mesmo nível... logo o ensino será muito difícil, e até impossível...". Se aceitarmos a ideia de que cada ser humano é portador de sua própria história, que o torna diferente e único, o problema da heterogeneidade dos grupos será visto sob um outro ângulo e se buscará soluções em outras direções. Minha experiência na área de ensino de línguas deu-me a oportunidade para descobrir que, desenvolvendo o saber-escolher, eu entrava numa metodologia muito mais eficaz para organizar (e não desorganizar) o grupo de aprendentes. A escolha de um tema, de um material, de um assunto definido, de um campo de dados, de uma pesquisa que deve ser elaborada; a escolha da ordem na qual dois ou três exercícios devem ser feitos; a escolha do parceiro ou da equipe; a escolha das etapas que devem ser seguidas, da duração necessária, dos critérios de autoavaliação, todas essas escolhas podem se tornar oportunidades para se entrar num verdadeiro percurso, e são razões para um contrato,[14] mas, sobretudo, para um diálogo pedagógico autêntico, para uma troca, para um questionamento, que abre o horizonte em vez de fechá-lo.

Toda escolha comporta limites e é feita de acordo com critérios pertinentes. A escolha deixada ao aprendente é limitada pelas condições, pelo tempo e pelos recursos de que dispõe o sistema. Escolher não exclui, de forma alguma, a prática de uma metodologia, de um procedimento e de um engajamento balizado com referências. Em compensação, a ausência de escolha leva diretamente à dependência em relação ao modelo. Ela priva quem aprende do benefício que ele pode retirar do ato que o coloca no centro de sua própria evolução. *A arte da decisão se aprende*. Ela exige uma metodologia clara, que ensina como escolher em função de um objetivo a ser alcançado, dos recursos disponíveis ou a serem descobertos, em relação com um sistema de valores que se ousa interrogar com a pergunta fundadora: "em nome de que eu faço o que faço como eu faço?".

A falta de acompanhamento nesse nível é muito grave, porque essa é a etapa durante a qual se desenvolve o investimento pessoal na relação com os outros. Na verdade, a partir desta quinta etapa, o sistema vivente se organiza numa lógica de adaptação, que corresponde a instalação, no prazo médio, dos três "*savoir-faire*" (saber-fazer) cognitivos complementares: decidir (escolher), inovar e trocar. Na Árvore do Saber-Aprender, o saber-escolher situa-se no meio do percurso entre o enraizamento (o fio terra) de nossa sensoriedade e a copa da árvore (a aptidão para comunicar, no sentido pleno da palavra[15]). Essa posição sugere que o crescimento exige um eixo mediano, uma verticalidade que religa o solo (nosso contexto) à nossa cabeça (nossa

14. Com sua significação etimologica de "puxar juntos" e não "coagir, obrigar".

15. Do latim: *communico*, colocar em comum.

finalidade, nossos valores).[16] Para poder comunicar plenamente é preciso ainda percorrer as etapas da inovação e da troca.

Saber-inovar constitue a ***sexta etapa***. A escolha de se investir e de se engajar, se for autêntica, não é feita em vão. A dinâmica da aprendência convida-nos a inovar, criar, ou seja, prolongar o que foi percebido e aceito, na sua complexidade. "O *ser humano*", para Hannah Arendt, "*mesmo tendo que morrer, não foi feito para morrer, mas, para inovar.*"

Inovar é criar o novo. Lá ainda é o próprio do vivente. Essa sexta aptidão cognitiva consiste em reagir, inserindo movimento e duração na matéria; prolongar, questionar o caráter inalterável das coisas, integrar o aleatório e o inesperado. Essa etapa exige flexibilidade, porque é preciso aceitar o inesperado e a presença do "ainda não" no seu mistério e sua dimensão potencial. É a etapa das descobertas e da emergência de novos conceitos, novos pontos de vista, novas posturas, novas realizações, novas atualizações.

Descobrir. Descobrir que aprender não pertence ao âmbito da aquisição, mas ao da esfera de ação do ser. Descobrir que a primeira inovação é a que nos faz entrar no caminho de nossa própria transformação. Descobrir que o objeto criado deve viver e que é nossa responsabilidade deixá-lo viver. Descobrir que por trás do obstáculo aparece sempre um caminho. Descobrir que a inovação também consiste em se interrogar ("o que eu fiz de meus erros?"). Na paisagem educativa tradicional, as estratégias de inovação são, inúmeras vezes, proibidas, porque se receia que elas "quebrem a simetria" daquilo que foi simplificado para ser mais facilmente "assimilável".

A armadilha por excesso de saber-inovar também é frequente. Ela apresenta-se sob vários aspectos: criar por criar, criar para dominar, criar para agir, criar para possuir. Nessa perspectiva, a inovação engana-se de lógica, ela alimenta o or-

16. "A educação das escolhas" (EDC) torna-se felizmente uma preocupação compartilhada: por exemplo, o método canadense ADVP (Ativação do Desenvolvimento Vocacional e Pessoal).

ganismo no "curto prazo". Logo, é preciso, continuamente, recomeçar, visto que esse tipo de criação se desgasta, consome-se rapidamente, envelhece ou se imobiliza, porque suas raízes permanecem na superficie e não nutrem o organismo.

Em compensação, criar na perspectiva de entrar numa dinâmica de emergência do sentido, é dar lugar para o olhar do Outro, é compreender que, para além do "querer dizer" do criador, existe o "poder dizer" de sua criação, de seu gesto, de suas palavras. Mais adiante, abre-se o espaço do questionamento, o seu e o do Outro.

A ***etapa seguinte***, na lógica do vivente, é ir ao encontro do Outro. O vivente só pode sobreviver, evoluir, criar uma linguagem, se existe o Outro. Trocar é realizar a vocação do vivente. O trocar e o compartilhar que tratamos aqui não se enquadram numa economia da doação ou do "dando/dando", segundo os dizeres de Pierre Bourdieu.[17] O câmbio, a troca de certezas que, com frequência, é somente uma confrontação de verdades, a permuta de dons que "obrigam" o devedor, não tem razão de ser na construção do ***saber-trocar***. O saber-trocar consistem em ver a face do Outro, apesar e além da sua aparência. Essa troca permite re-conhecer um mundo comum, querer uma ação conjugada, dar uma ajuda dentro da reciprocidade para aceitarmo-nos únicos e diferentes. Fazendo-o, nós nos reconhecemos como interlocutores legítimos. Nós atualizamos nossa capacidade de entrar em reciprocidade, sem condições. O papel da Escola encontra-se aqui, neste momento preciso: no acompanhamento daquele que aprende, até este limite. É também de sua responsabilidade ter consciência que a ausência de troca é uma forma de violência, porque é a negação do Outro e de Si.

A reciprocidade do olhar, no que se refere ao mistério do Outro, precisa de dois instrumentos indispensáveis: a escuta e o questionamento autêntico, aquele que diz respeito ao Outro, o

[17] P. Bourdieu, *op.cit.*, p 229 e s.

que se engaja numa resposta a ser descoberta, num "dizer" com o qual se aceita entrar em ressonância, por um tempo, o da troca, de onde surgirá o sentido, desse momento preciso, sentido que não pode ser erigido como verdade definitiva, porque ele pertence a um encontro da história, a minha e a do Outro.

A grande armadilha é colocarem movimento o círculo "dar/receber" numa "economia da doação". O quantitativo introduz-se: dar em excesso sem receber ou, ao contrário, receber em excesso sem dar, cria um desequilíbrio flagrante em certas práticas pedagógicas que dão (para não dizer "jogam") uma imensa quantidade de informação, mas não propõem ao aprendente um tempo de reação, de questionamento, de arraigamento que ele precisa, imperativamente, para estruturar o que ele aprende, explorar o ainda não conhecido, para respeitar (etimologia: "voltar a cabeça para") as durações do trabalho cognitivo que está sendo feito. Na aprendizagem de uma língua, seja ela materna ou estrangeira, o tempo de maturação é aquele que, precisamente, organiza a transição e o equilíbrio entre compreensão e expressão.

Uma grande violência consiste em deixar a troca se desenvolver de maneira superficial, sem que ela seja verdadeiramente construída sobre um ponto de vista, um posicionamento, uma opinião aberta sobre a realização social, a reciprocidade de um trabalho comum ou conjugado. A prática da verdadeira troca ajuda-nos a nos reeducar dentro do respeito do Outro, e também abre o caminho para a *autonomia* (etimologicamente "a gestão de si"), muitas vezes confundida com independência. Para o biólogo François Jacob, o organismo, quando se torna mais autônomo, é obrigado a aumentar suas trocas com o exterior. Para isso é preciso que "*desenvolver tanto as estruturas que ligam o organismo a seu meio, como também, as interações que coordenam os constituintes do organismo*".[18] Logo, a autonomia é construída por um trabalho feito exteriormente e in-

[18] F. Jacob (1981).

teriormente. É o que se pode chamar, de um termo emprestado da arquitetura naval, a "autoportância".[19]

A dinâmica e a qualidade da troca entre os diferentes parceiros da situação educativa vão condicionar a "subida da seiva" do percurso do aprendente. Duas observações são indispensáveis: a autonomia manifesta-se e se estrutura graças a três "*savoir-faire*" (saber-fazer) *fora do tempo pedagógico*. O acompanhamento, de fato, deve parar no momento em que o aprendente passa a ter o controle, no centro de sua própria dinâmica de aprendizagem, numa lógica de evolução que é só sua. A segunda observação: a autonomia não exclui a interdependência.

Nós não nascemos autônomos, tornamo-nos autônomos. A autonomia é construída utilizando três tipos de relações: com o meio ambiente, com outros e a relação, na qual se pensa raramente, que diz repeito a si mesmo. No alto da Árvore entramos *no longo prazo*, na relação S ↔ Si, numa lógica de evolução, a nossa e a da humanidade na qual e da qual participamos. Três atos cognitivos contribuem para a estruturação de nossa identidade autônoma.[20]

Primeiro, o ***saber-compreender*** (etimologicamente "pegar com"). O processo de compreensão é particularmente maltratado pela pedagogia da impaciência, que busca, ante de tudo, verificar os resultados de um ensino considerado como "dado", "transmitido", "emitido" para quem aprende. Os assuntos, que foram tratados em "Fermatas para uma vida aprendente",[21] permitem descobrir uma outra visão do que é o trabalho cognitivo e do que chamamos "compreender".

Compreender é atualizar nossa capacidade de *entrar em relação*, de refletir, de reenviar nossa própria representação do real. Essa aptidão exige uma estruturação do meio ambiente, coerente com nossa história pessoal e com nosso sistema de valores ou de referências. Compreender é construir o mundo, nosso mundo, e

19. É graças a essa técnica que foi construída a gruta de Lascaux II.

20. No sentido de "ipseité" (ipse: si) e não de "mêmeté" (idem: idêntico, semelhante).

21. IV. 4 "Arqueologia dos Recursos".

não descrevê-lo ou explicá-lo como se ele fosse um e definitivo. Compreender é um processo em direção às coisas, movimentando-se para a *vida*. A duração para compreender faz parte de um percurso de aprendência autônoma, mas não independente.

O ***saber-integrar*** constitui a etapa seguinte na lógica da autonomia. É o espaço/tempo do *criar relações*, após a entrada em relação da etapa precedente. É recusar o encerramento num sentido único, uma direção única e uma significação única. É a entrada em itinerância do fazer. É uma viagem ao encontro da perfectibilidade e não da perfeição, porque é a ruptura definitiva com os limites da lógica do finalizado.

Integrar não significa absorver um conteúdo, mas entrar numa outra relação com as coisas, com os outros e consigo mesmo. É ficar atento ao momento propício, ao momento oportuno (como dizia Jankélévitch). É o tempo de abertura, da entrada numa dinâmica de acolhimento, que exige um senso profundo do conjunto, da globalidade do real, descoberta no nível da segunda etapa do saber-aprender, que agora pede para ser aceita. É o tempo da consciência do tempo favorável e do momento justo (Kairos, para os gregos).[22]

A última etapa da Árvore do Saber-Aprender é o **saber-comunicar**. Evidentemente, não se trata do sentido que geralmente é dado à comunicação (transmissão de informação de um emissor para um receptor) mas, do primeiro sentido,[23] que traduz a modelagem recíproca de uma realização social por um ato de linguagem, um ato de escuta, um olhar, um gesto, capazes de construir um espaço/tempo comum. Essa capacidade última que, porém, não é final nem definitiva, insere-se numa progressão procurada, querida, desejada para a realização ou a plenitude do ser. Ela não é um resultado, um fim em si.

Ao contrário, ela é o recomeço, a renovação, o renascimento.

---

22. Três concepções do tempo são propostas em *Nascemos para escolher*, 5° filme de *Nascemos para aprender*, *op.cit.* (Kairos, Aion e Chronos).

23. A etimologia: "*communico*" (latim "colocar ou ter em comum") tem uma raiz comum com "*communio*" (latim: "fortificar, construir").

7. Engenharia do ofício de aprender

Natureza, papel e estatuto da engenharia

A palavra "ingénierie" (engenharia) foi reintroduzida na língua francesa, após ter sido tomada emprestada e incorporada pela língua inglesa. Ela é empregada aqui para designar o conjunto constituído pelas etapas, as técnicas e a confirmação do que foi definido, nas páginas precedentes, como elementos de estruturação do ofício de aprender. A relação é evidente com duas outras engenharias, usualmente aceitas nos meios universitários e nos meios empresariais: a engenharia da didática e a engenharia da formação que administra as necessidades, o projeto de formação, a negociação e a análise dos cargos, das funções e as especificidades de uma ação. A engenharia do ofício de aprender vem antes delas.

Para facilitar sua entrada na paisagem educativa é preciso dar uma definição mais clara. Nenhum dicionário fornece uma definição operacional desse novo conceito, nascido de uma nescessidade recente, provindo do terreno da formação. Três aspectos permitem ter acesso a um conceito de maneira mais eficaz do que uma definição clássica: sua natureza, sua função e o estatuto que lhe é dado no contexto em questão.

Na base da engenharia do ofício de aprender encontram-se *três postulados*:

1. O ato de aprender não pode ser o resultado de um diktar*. Cabe a cada um construí-lo, logo, construir-se, estando o ser humano em constante devenir e em constante busca de sentido.
2. Não podemos nos construir sozinhos. São necessários uma mediação e um acompanhamento.
3. Existem caminhos obrigatórios e exigências por causa das leis da vida. Observar e aceitar essas leis é a maneira de chegar à autonomia.

* diktar = decisão unilateral contra a qual nada se pode, coisa imposta.

A engenharia do ofício de aprender concerne a todos os atores da situação educativa. Ela corresponde a uma busca de equilíbrio entre estabilidade e movimento, entre continuidade e mudança. Ela inclui uma modelização do funcionamento mental e das operações cognitivas ativas naquele que aprende. Ela analiza o acoplamento do homem aprendente com seu contexto e sua história, sua motivação e as condições de emergência do sentido. Ela leva em conta as diferentes interfaces criadas pela situação de aprendência.

Seu objetivo é ser coerente com a lógica do vivente e para isso, ela faz um levantamento e organiza as necessidades, os meios, os lugares e os tempos que correspondem melhor ao projeto de "d'entreprende d'apprendre"[1] (empreender a aprender). Ela fornece as condições ideais para que o ato de aprender possa ocorrer.

Ela faz com que o aprendente e aquele que o acompanha se tornem conscientes do potencial de aprendência presente em cada ser vivo. Ela contribue para identificar as potencialidades de cada parceiro (inclusive a instituição), e também localiza e avalia as pressões às quais o ato de aprender está exposto.

Ela organiza a evolução das operações cognitivas rumo à autonomia, esclarecendo a funcionalidade e o comportamento dos atores em cada etapa, estabelecendo assim um Caderno de Encargos ou uma Carta. Ela faz com que sejam evitadas as disfunções e as armadilhas.

Ela estrutura e articula os diferentes tempos de aprender. Ela organiza a complexidade dos dados pertinentes. Ela explora os processos e as estratégias dos diferentes atores e contribui para a busca de equilibrio entre a dupla necessidade de adaptar e de integrar, e a de continuar e mudar.

Seu papel é ser, simultaneamente, uma matriz de estruturação dos atos de aprender e um método de avaliação das ações pedagógicas. Isto inclui a identificação das condições nas quais

[1] Uma expressão de Henri Desroche e o título de um de seus livros (1990).

o aprendente pode atualizar suas potencialidades e a identificação dos dados pertinentes, no que diz respeito a suas estratégias, suas atitudes, suas aptidões, seus comportamentos, suas capacidades, suas motivações.

Ela articula-se através de um duplo contrato com a engenharia de formação e a engenharia da didática da área ensinada. Ela permite integrar num organismo, numa empresa, numa instituição (sistemas fechados), o projeto de aprender do indivíduo (sistema aberto) cujo motor é a autonomia, a memória, a afetividade. Ela pode dar garantias para que os atores e parceiros educativos participem realmente de um projeto de aprender e não de um produto de formação. Essa garantia é a que dá ao aprendente os meios para exercer seu ofício de aprender, não somente durante seu percurso escolar, mas ao longo de sua vida.

A engenharia de aprendizagem, tal como ela é apresentada aqui, permite propor aplicações concretas sob formas de etapas ou tramas metodológicas. Ela propõe, dentro do respeito da complexidade do ato de aprender, estimular uma pesquisa participativa entre os diferentes parceiros, para chegar a respostas pedagógicas "*ad hoc*", onde cada parceiro (mesmo a instituição) é beneficiário. Trata-se de estimular uns e outros a deixarem a lógica única de performance e de validação para entrar numa lógica de busca e de partilha de significação.[2] Assim, o sistema educativo poderá, enfim, avaliar de outra maneira, ensinar de outra maneira e levar em conta o "ainda não realizado" daquele que, por essência, está construindo "seu caminho, caminhando".

Favorecer o ato de aprender, evitar as violências e a desertificação

As condições favoráveis ao ato de aprender foram abordadas diversas vezes num trabalho precedente.[3] Na realidade, elas

[2] Cf. nota 3, p 34.

[3] Cf. *J'apprends, donc je suis*, no índice temático, "Aprendizagem".

devem ser restabelecidas em cada etapa do saber-aprender, levando em conta as pesquisas que nos mostram o funcionamento de base de nossa vida cognitiva. O inventário dessas condições favoráveis seria muito longo e fastidioso. É mais eficiente (eficaz e com menor custo) identificar o que deve ser evitado. Em cada etapa do referencial do ofício de aprender foi mostrado a quantidade de energia que podemos economizar se tivermos consciência do excesso ou do adormecimento dentros dos quais se aloja tanta energia, inutilmente.

A experiência mostra que a evocação de alguns números representando o potencial de nossa vida cognitiva e de seu funcionamento de base[4] permite evitar que se entre no "pântano da deploração" onde se encontra, frequentemente imóvel, a imagem que temos de nós mesmos e dos outros. Se, por exemplo, a vida escolar, as condições de exames, as condições de trabalho em empresas, não levarem em conta a grande necessidade de oxigênio de nosso cérebro, é óbvio que o que é pedido ao aprendente, ou a quem fornece um trabalho, parece mais uma resistência à anoxia do que a atualização de uma competência. Os números representando as possibilidades para se conectar, criar redes e associações diversas entre nossas diferentes lógicas cerebrais[5] são ocasiões para se buscar novas respostas aos problemas pedagógicos que se tornam cada vez mais cruciais.

As exigências de nosso corpo em matéria de luz natural, de alimentos variados, do respeito dos ritmos fundamentais, contribuem também para construir o quadro da engenharia do ofício de aprender.[6]

As pesquisas que constituiram as "fermatas para uma vida aprendente", nos ajudam a identificar o que se pode recensear, *a contrario*, como violências contra nosso cérebro, a ser evita-

---

4. *Op.cit.*, p 196.

5. Cf. acima, IV, 4, "Fermatas para uma vida aprendente".

6. *J'apprends, donc je suis*, p 111 e s.

do, a qualquer preço, num percurso educativo, seja ele familiar ou escolar. Essas violências, por carências ou falta de mediação, de escuta, de acompanhamento, são muito mais terríveis pelo fato de não serem perceptíveis logo à primeira vista. Elas são reconhecíveis quando os estragos já foram feitos.

Recordemos, a título de indicação, que elas se traduzem pela perda da dimensão plural do ser humano; pela perda do sentido da complexidade e da diversidade (portanto as crianças as possuem); pelo encerramento do Outro (e de si mesmo) numa categoria ou sob uma etiqueta definitiva; por uma rejeição do estatuto de estar em devenir; pela submissão aos "*prêt-à-porter* (pronto-a-usar) cognitivos" (pronto-a-pensar, pronto-a-dizer, pronto-a-fazer); pela dependência a um projeto exterior, ou seja, a demissão de seu próprio projeto de aprendência; pela perda da capacidade de inovação e de invenção de si; pela rejeição da troca e a opção pelo solitarismo e todas as suas consequências.

Essas violências podem ser evitadas com um verdadeiro trabalho de conscientização.[7]

Lugar de nascimento da engenharia: a interface

Durante muito tempo (tempo demais) se pensou que o processo de aprender era a resultante da relação unilateral

professor → aluno

Depois, com a ajuda da teoria da comunicação, essa relação foi representada por um círculo, ou melhor, um "bouclage" (um caminho circular) no qual cada um emite e recebe:

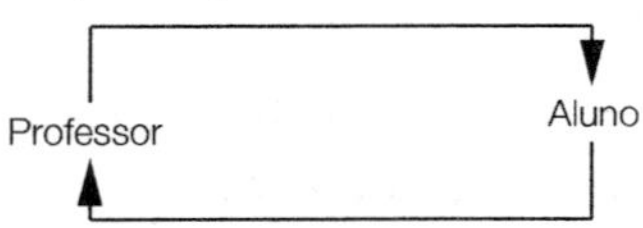

Uma visão do tipo sistêmico permite estender a problemática educativa aos três campos de *expertise* presentes, na re-

[7] Esse trabalho é proposto na Parte VI, cap. 8, 9, 10, e 11.

alidade, dentro da situação de aprendência: do campo ou da matéria ensinada, a pedagogia e a aprendência. É na interface desses três campos que pode ser atualizado o potencial de aprendência. É essa interface que se revela ser o lugar de *emergência* da engenharia do ofício de aprender.

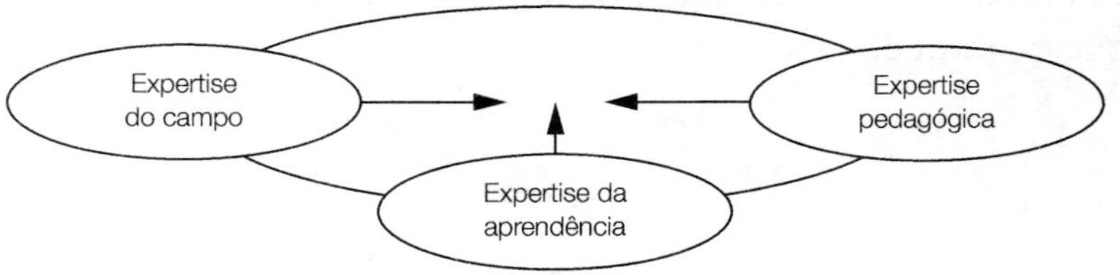

Figura 6: Três expertises *e uma interface*

A *expertise* dentro do campo ou da matéria ensinada comporta conhecimentos factuais, as regras de base da disciplina, os saberes e os saber-fazer específicos, o raciocínio indutivo, dedutivo, analógico, heurístico.

A *expertise* pedagógica abrange a didática e a engenharia de formação, e consiste em colocar o aprendente em condições favoráveis para aprender, por exemplo: escolher o exercício apropriado, o modo de aprendizagem (livre, forçado, guiado), avaliar a progressão do ensino (o que falta fazer, como fazer), indicar os erros de estratégia, procurar as razões, explicar, adaptar a explicação, indicar claramente os objetivos, as consequências, as aplicações

A *expertise* da aprendência leva em conta os conhecimentos sobre as operações mentais (perceber, memorizar, controlar, formar novas ideias, comunicar, experimentar novas emoções, ter consciência de si mesmo...); do tipo de pilotagem empregado pelo aprendente (organização do fluxo de conhecimentos...); de sua gestão dos tempos de aprender, de seus critérios de autoavaliação, suas capacidades a autoposicionar-se, questionar-se, explorar Trata-se, principalmente, de identificar as estratégias utilizadas (associação, imitação, tentativa/erro, impregnação, treino, "*insight*") mais do que os pontos fortes e fracos.

Entrar numa metodologia de religância, círculos e fluxos invertidos

É possivel desenvolver ainda mais a problemática educativa, abrindo o questionamento aos componentes da situação de aprendência: quem aprende o que, onde, quando, como, por que, para quê?

Figura 7: O conceito aprender está no centro de um contexto (as relações devem ser feitas, de acordo com a situação educativa)

Efetivamente, esses componentes, que constituem um contexto de aprendência, posicionam-se numa dupla relação com o centro (aprender): do centro para a periferia se a escolha do componente (o lugar, o momento, o procedimento, as etapas, o objetivo) for a escolha do aprendente; da periferia para o centro se a situação for imposta (o assunto, o momento, o objetivo etc) e o ato de aprender “cativo”:

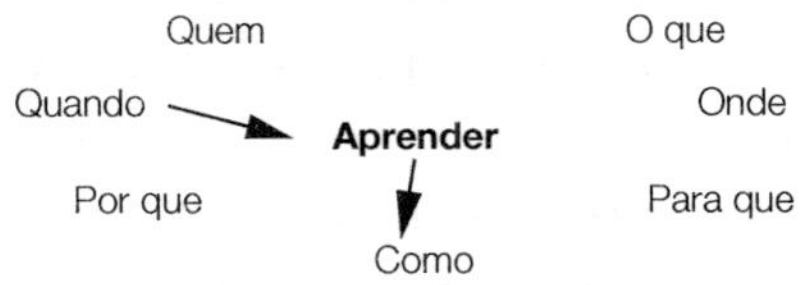

Figura 8: A dupla relação ao conceito

No exemplo acima, o momento do ato de aprender é imposto (flecha para o centro); a estratégia é escolhida pelo aprendente (flecha do centro para a periferia) num procedimento heuristico, de exploração e de descoberta.

O esquema acima serviu numerosas vezes de instrumento de avaliação para as situações educativas, quando os formadores e professores queriam comprender a ou as causas de disfunção. O mesmo esquema serviu de matriz para criar uma nova situação de aprendência: fazer evoluir uma situação existente, ou fazer uma nova leitura das relações do aprendente e do formador. Nesse caso, as flechas são colocadas de maneira que correspondam ao projeto pedagógico: repartir os polos impostos ou oferecidos para a exploração do aprendente.

Desenvolver ainda mais

As etapas de resolução do problema inserem-se habitualmente num círculo cibernético que parte da constatação (1) da situação problema, passa pela análise da situação (2), vai para uma hipótese (3), para chegar a uma proposta de solução (4) que se confronta com a situação do início, de maneira que se avalie a pertinência e a eficácia da solução proposta (5).

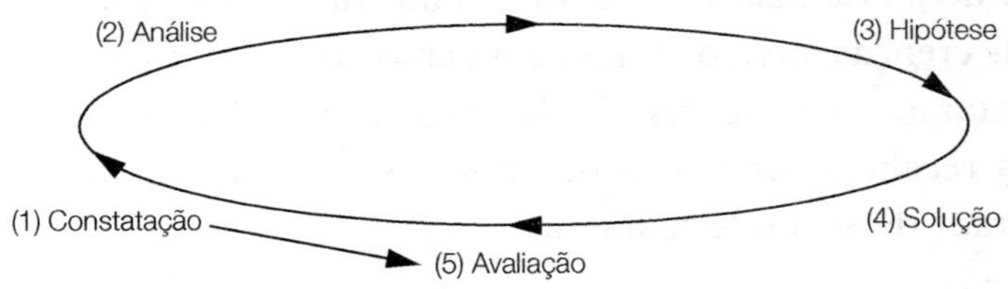

Figura 9: Círculo clássico de resolução de problema

Traduzindo as palavras do esquema em atos pedagógicos, temos:

(1) "Considerando que"..., "observo"..., "constato que" ...

(2) "Analiso as causas, as consequências, as relações, as interdependências, a presença de, a ausência de..."

(3) "Exploro", "interrogo", "questiono-me", "e se...?"

(4) "Reformulo", "adapto", "reajusto", "proponho", (em curto prazo, médio prazo, longo prazo).

(5) "A solução traz uma resposta?" Se a resposta for sim, eu consolido. Se a resposta for não, recomeço do (1) e coloco novas indicações, procuro outras causas, exploro outros possíveis, proponho uma outra solução etc.

Nesse círculo clássico, faltam dois elementos que, portanto, intervêm em cada etapa, de (1) a (5). Trata-se, de um lado, da influência do sistema de valores (ou de referências) da pessoa ou do grupo que deseja resolver o problema, e por outro lado, do impacto do sistema de representação, comum ou não às pessoas envolvidas na situação problema. A palavra "sistema" não é bastante forte, porque em ambos os casos, trata-se de uma estrutura organizada para funcionar de maneira operacional e coerente. Os dois sistemas são inclusive, algumas vezes, estreitamente religados, e mesmo encaixados um no outro, como no caso do racismo que se alimenta de "representações" e de preconceitos ou de generalizações ("os jovens de hoje").[8]

Como já observamos várias vezes, nossa visão, nossa percepção, nossa linguagem, nossos pensamentos, não estão separados de nossa história, de nossa cultura, nossos preconceitos, nossas crenças, nem de uma carga emocional da qual nem sempre estamos conscientes. Cada polo da problemática descrita acima recebe a influência dos dois sistemas, que podemos representar da seguinte maneira:

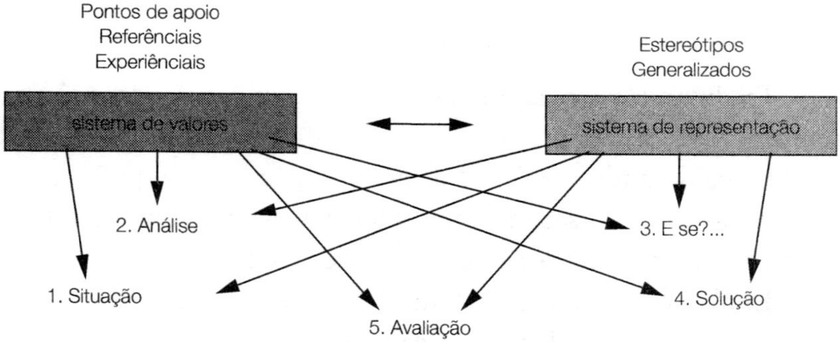

Figura 10: Influência dos sistemas de valores e de representação

Os diferentes elementos do círculo de resolução de problema são influenciados pelo sistema de valores e pelo sistema

[8] Obrigada a B. Texeraud, engenheiro formador, por ter começado essa reflexão.

de representação. Tomar consciência permite escapar aos dois círculos de retroação muito curtos que representam dois tipos de encarceramento (entre outros):

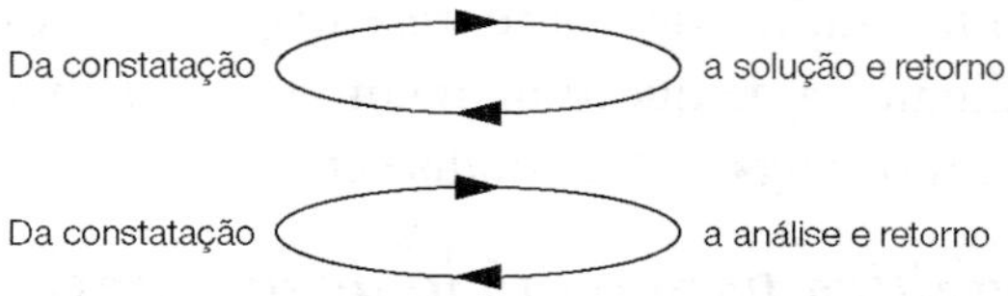

O esquema abaixo, como o precedente, pode tornar-se uma matriz na qual os fluxos são revertidos de maneira a ir questionar os dois sistemas:

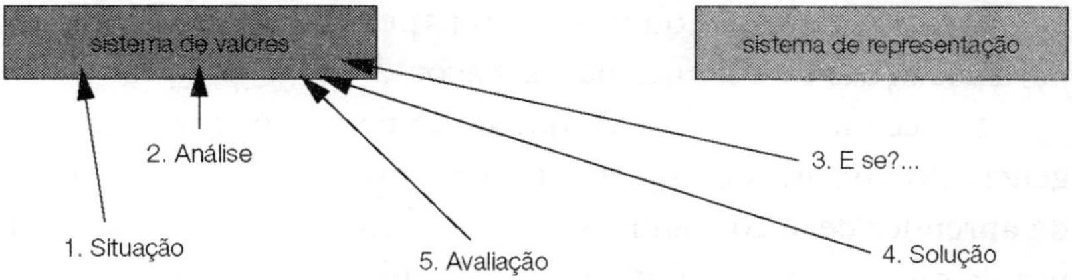

Figura 11: Questionar o sistema de valores

A flecha 1 (da constatação ao sistema de valores) sugere que o estado da constatação provoca um questionamento em direção aos pontos de apoio, referências (neurociências) em busca de constribuições que permitam observar melhor, 2.compreender melhor, 3.elaborar uma nova hipótese, 4. propor uma nova solução, 5. propor um outro tipo de avaliação.

Uma operação similar é feita em direção do sistema de representações:

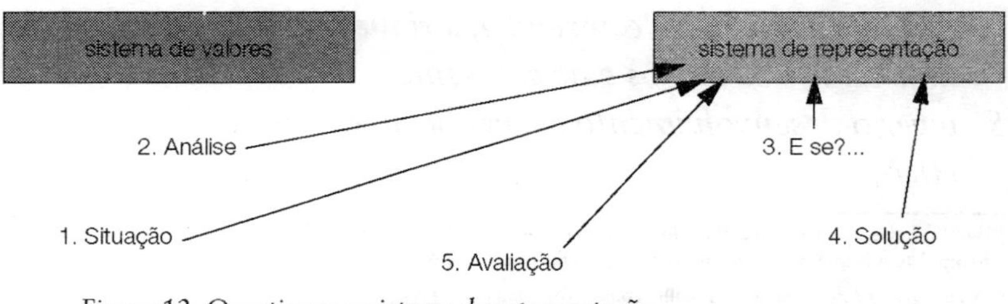

Figura 12: Questionar o sistema de representação

Interrogar o sistema de representação permite descobrir o peso das decisões prematuras, das ideias fixas, dos preconceitos, das generalizações..., em cada nivel da problemática. Trata-se de fazer um inventário dessas representações, para fazê-las entrar numa dinâmica de questionamento quanto ao seu impacto sobre (1) a constatação, (2) a análise etc.

Carta Cognitiva para o ofício de aprender

O mundo educativo ainda não se deu conta da utilidade de elaborar uma Carta estabelecendo as regras e os valores sobre os quais os diferentes parceiros se apoiam para trabalhar juntos, para esclarecer os objetivos e o papel destes, para determinar suas ações e os limites de suas ações.

Se aceitarmos a ideia de que o ato de aprender é uma exigência do vivente, compreenderemos porque a Carta do ofício de aprender deve concenir *os deveres daquele que aprende. Na versão que é proposta* aqui, um Preâmbulo lembra, em primeiro lugar, os direitos daquele que aprende.[9]

Preâmbulo:

Todo ser humano tem direito a:

1. *atualizar seu potencial físico, cognitivo, afetivo e espiritual;*
2. *desenvolver sua inteligência,*[10] *seja qual fora sua idade e sua condição;*
3. *desenvolver o respeito de si mesmo e adquirir os meios para construir sua autonomia material e econômica, através de uma formação adaptada às suas necessidades;*
4. *descobrir o prazer de aprender, a riqueza da diversidade e da unicidade dos outros e de si mesmo;*
5. *viver o desenvolvimento e a evolução de seu ser físico, social ético;*

[9] Esse Preâmbulo deve muito a Malcolm Knowles e Howard Gardner, cujos trabalhos, desde uma de quinzena anos, foram determinantes para minhas próprias pesquisas sobre o ato de aprender.

[10] A inteligência é definida neste trabalho como a *capacidade para religar*.

6. *cooperar na decisão, no que se refere ao conteúdo, a metodologia, o lugar e o momento para aprender;*
7. *sentir-se livre para praticar a itinerância;*[11]
8. *ser responsável pela aplicação de seus direitos.*

Esse preâmbulo é, por si só, um programa de formação e de reflexão, porque sugere uma metodologia destinada a:

– aceitar "revisitar" certos conceitos com os quais o mundo educativo ainda funciona com frequência, como as noções de objetividade, compreensão, competências, informação, inato/adquirido;

– aceitar formular os problemas de outra maneira;

– aceitar introduzir em sua própria metodologia novos dados sobre o potencial, a evolução, a busca do sentido;

– aceitar interrogar-se sobre os fundamentos e os objetivos das ações que já foram engajadas: em nome de que, esse programa? Que competências são desenvolvidas? Quais são os efeitos esperados? Qual o caminho a ser procurado por trás do obstáculo? O que fazer do erro? Que duração deve ser prevista? Que avaliação deve ser praticada?

A Carta Cognitiva propõe articular as profissões de aprendente e de professor. Ela resume e se apoia sobre os capítulos "O conceito de aprendência", "Os fundamentos", "Aquitetura e materiais". Ela constitue uma trama para elaborar outras Cartas ou Caderno de responsabilidades, específicas a cada contexto educativo. Ela diz respeito aos atos a serem levados em conta pelos própios parceiros.

Cada artigo deve ser traduzido, por cada um dos parceiros, em atos de aprendência para aquele que aprende, em atos de acompanhamento para aquele que acompanha, em atos de engenharia para o responsável institucional.

Cabe a cada parceiro da situação educativa ajudar a:

---

11. Itinerância: neste caso, ação de divagar, vaguear no caminho da descoberta de si.

1. *ficar atento às ciências do vivente e às ciências da natureza;*
2. *favorecer a emegência dos plurais: motivações, necessidades, inteligências, memórias, estratégias, ritmos, pontos de vista, linguagens, avaliações;*
3. *semear cada etapa do saber-aprender;*
4. *abrir um espaço de questionamento, dando ao ato de aprender, autenticidade, dimensão e duração;*
5. *praticar a transdisciplinaridade e levar em conta as interações, inter-relações e interdependência dos fenômenos;*
6. *arraigar as ações de aprendência, de acompanhamento e de organização numa história que pertence a todos, um reconhecimento recíproco ou um triplo contrato (aprendência, pedagogia, engenharia);*
7. *construir a relação de mediação até o limite, a partir do qual o aprendente torna-se responsável por seu devenir.*

Essa Carta e seu Preâmbulo oferecem meios para ajudar a lutar por uma "democracia cognitiva", segundo a expressão de Edgar Morin.

A ética educativa não pode fazer economia de regras que convêm lembrar aos parceiros e que devem ser colocadas em vigor claramente, para que cesse a exclusão e o êxodo das competências cognitivas do qual a Escola participa. Essa ética se baseia sobre:

– o direito ao respeito da diversidade e o dever de manter essa diversidade;

– o direito à inteligência sob formas diversas e o dever de desenvolvê-la;

– o direito de descobrir o potencial de nossa vida cognitiva e a ardente obrigação de atualizar nossas capacidades de religância;

– o direito e o dever de aprender durante a vida inteira;

– o direito de cada um de ser aquele que é e o dever de reconhecer esse mesmo direito ao Outro;

– o direito de livre acesso aos equipamentos culturais e de lazer (em grego "lugar de lazer" se diz "skolé", a escola!) e o dever de ter acesso à leitura do livro da vida.

Um exemplo de "deontologia cognitiva" para o aprendente e o formador/professor

O exemplo que é apresentado aqui foi escolhido no nível da primeira aptidão do Saber-Aprender, o "Saber-descobrir".[12] O aprendente e o formador, entrando numa metodologia de contextualização, são obrigados a adaptar suas respectivas posturas ("como ser") e seus procedimentos ("como fazer") nesse pimeiro nível do percurso de aprendência.

Os "como ser" do aprendente e do formador entram em diálogo estreito (com verdadeiras perguntas e verdadeiras respostas).

Posturas do aprendente que devem ser desenvolvidas e consolidadas: aceitação do "ainda não", flexibilidade (mudança de ponto de vista e de canal sensorial), abertura aos cinco sentidos, espontaneidade, imagem positiva de si, mobilidade e corporalidade, confiança face ao desconhecido, sincronização com o acontecimento, espera e busca do prazer de conhecer.

Posturas do formador que devem ser desenvolvidas e consolidadas: acolher as diferenças, tolerância com as divergências e os erros, capacidade de considerar o Outro em devenir, capacidade de mudar de canal sensorial com frequência, potencial de escuta, reconhecer a presença do ainda não, aceitar e administrar o inesperado, praticar a transdiciplinaridade, nomear seus próprios valores (dizer "de onde se fala"), prazer em trocar, busca da congruência, da compatibilidade.

O *"como proceder" do formador/acompanhador* deve desencadear, encorajar, consolidar o "como fazer" do aprendente.

---

12. A primeira etapa é a etapa de enraizamento no mundo físico, graças aos nossos sensoriedade. Cf o capítulo 6 "Uma profissão, um referencial", p 96.

Ele consiste em:

– anunciar, esclarecer, explicitar, negociar os objetivos;

– ajudar a ter consciência das representações;

– fazer descobrir a diversidade dos parâmetros do mundo físico,

– diversificar os suportes;

– introduzir referências de autoavaliação;

– estimular, encorajar provocar o questionamento;

– admitir diversos pontos de vista e metodologias;

– fazer descobrir o contexto, o quadro, os elementos do contexto;

– eliminar as barreiras e elaborar esquemas recapitulativos;

– ensinar e fazer emergir a complexidade, as inter-relações;

– criar laços entre o que é novo, o que já é conhecido e o desejo de conhecer;

– encorajar a enraizar e dizer o que foi descoberto, identificado, sentido;

– treinar para descontextualizar e recontextualizar.

O "como fazer" do aprendente, fortemente dependente do "como fazer" do formador consiste nesse primeiro nível do saber-aprender, em:

– identificar a postura inicial e a metodologia utilizada, de maneira a calcular a distância e o caminho percorrido;

– confrontar suas representações com as dos outros e aceitar as diferenças;

– utilizar os cinco sentidos de outra maneira e aceitar fazer funcionar um outro modelo (guardando o objetivo presente);

– levar em conta os pontos de vista diferentes e aumentar o ângulo e o campo;

– mudar de contexto, de nível, de escala, de vetor (dizer de outra maneira que não seja usando palavras);

– encontrar analogias, imagens, comparações;

– evocar (com os olhos fechados), antecipar, associar;

– buscar conhecer os critérios de uma conexão coerente com meio ambiente, e utilizar referências para avaliar o que "funciona".

Existem armadilhas de ambos os lados. Para o formador são: a rotina, as consequências do hábito que entorpece; os *diktat*s, as intruções imprecisas, o curto prazo, toda concepção linear, simplificada previamente, banalizada, homogeneizadora e redutora da complexidade.

Para o aprendente, a armadilha é estagnar no descritivo, encerrar-se num único contexto, isolar um elemento da globalidade, de sua história ou de seu devenir, imobilizar-se no curto prazo, privilegiar o imediato, preferir a relação direta, uma relação por procuração.

A Parte (VI) "Habitar *a* e *na* aprendência" dará exemplos de como aplicar os printcípios da Carta Cognitiva nas diferentes situações de aprendência.

Habitar a *e* na *aprendência* VI

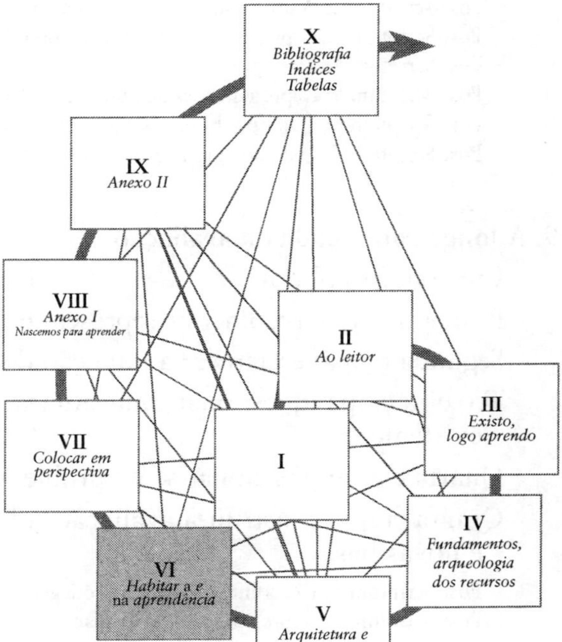

VI

Habitar a e na *aprendência*

8. Entrar em nossas representações
Um ato de conscientização

Na primeira linha

Nós já colocamos em evidência a força que exercem nossas imagens mentais na construção de nossa visão do mundo, nossos conhecimentos e nossas crenças.[1] Por isso é inútil pensar que umanova situação educativa venha simplesmente se acrescentar a outras situações vividas anteriormente e que ela "traga" novos conhecimentos. É toda a biografia de quem aprende que entra em relação com o novo campo de conhecimentos, o novo "*savoir-faire*", a nova competência. Logo, é na primeira linha da nova situação de aprendência que se encontram nossas construções mentais, nossos esquemas de percepção, de pensamento, de ação. Essas representações passam despercebidas porque saem de nossas categorias habituais, mas elas participam, de maneira intensa, da "luta cognitiva" que travamos incessantemente a respeito do sentido das coisas.

Muitos autores se interessaram pelas representações mentais nestas duas últimas décadas. Graças às suas pesquisas conhecemos melhor a natureza, a função e o estatuto de nossas representações. Para Michel Denis, trata-se de uma forma de atividade cognitiva "que consiste em produzir símbolos ou imagens mentais substituindo outras entidades". André Giordan distingue a "concepção" (o conjunto de ideias coordenadas e imagens coerentes, explicativas, utilizadas para raciocinar face a situações problemas) do "*construct*", elemento motor que entra na construção de um saber. Ele mostra como orientar o aluno para que este evolua além de sua própria concepção para o conceito científico. Jean Claude Sallabery diz que a re-

[1] Cf. "Fermatas para uma vida aprendente" (Parte IV), 4.

presentação pertence ao "já existente". Ela é "ao mesmo tempo processo e resultado". Francisco Varela distingue duas noções de representações: uma comumente admitida, é pragmática, como a do mapa geográfico que representa (ou seja, interpreta) um território, sem incidência ontológica ou epistemológica. A outra noção, mais forte, é a resultante de uma generalização e contém incidências ontológicas e epistemológicas, consistindo em formular uma teoria: o mundo, por exemplo, é pré-definido e pré-existente; nosso sistema cognitivo "capta" o mundo e trata a informação exterior ao indivíduo. Jean-Didier Vincent diz que o cérebro não trata objetos materiais, mas somente objetos mentais. As representações constituem um sistema construído pelo indivíduo e funcionam obedecendo regras.[2] Para Boris Cyrulnik, a incapacidade de sair de seu próprio modo de representação é uma forma de violência.[3]

Elas traem e traduzem

É evidente que nossas representações nos traduzem e nos traem, sendo diretamente ligadas aos nossos hábitos, às nossas experiências, às nossas lembranças e às nossas crenças. Seu papel é primordial nos processos de compreensão e de aprendência. Saídas de nossa história individual, familiar e social, nossas representações trazem também uma forte marca cultural. Isso é extremamente aparente quando se aprende uma língua estrangeira: antes mesmo de começar seu percurso, o aprendente tem uma sólida representação da língua que ele vai aprender, do país, de seu clima, hábitos alimentares das pessoas que falam essa lingua. Todos esses elementos influenciam a "postura" do aprendente e vão encorajá-lo ou freir os seus esforços. Para se conhecer toda a dimensão do peso de nossas representações, basta fazer a experiência que consiste em descobrir o que os es-

2. M. Denis (1989). A. Giordan, *op.cit.* J. Cl. Sallabery (1996). F. Varela (1996).

3. M. Denis (1989). A. Giordan, *op.cit.* J. Cl. Sallabery (1996). F. Varela (1996).

trangeiros pensam de nosso próprio país, nossos hábitos, nossa idioma e do "temperamento nacional".[4]

Como nossas representações são a minifestação de um processo ativo de "restabelecimento" ou de "reconstituição", segundo os termos de Francisco Varela, e como elas participam ativamente no processo conceituação (no centro de nossa vida cognitiva) estruturando-o, bloqueando-o ou paralizando-o, a metodologia proposta aqui consiste em incluir, no percurso do aprendente, momentos de *conscientização* que, ao mesmo tempo, respeitam as representações que ele construiu e colocam em movimento essas representações em direção de um horizonte, integrando os conceitos "revisitados". Desse modo, o aprendente é levado a fazer uma reflexão, cujo a função é iniciar um questionamento que, como tivemos a oportunidade de mencionar, permite abrir um vasto espaço de ressonância e de tolerância, evitando, desse modo, a quem aprende, se estagnar em generalizações sob influência dogmática ou se paralisar na "coloração" afetiva de suas emoções.

Lembremos que não existe teoria unificada do conceito e, por consequência, do processo de conceituação. Britt Mari Barth lembra os diferentes pontos de vista dos filósofos e os tipos de conceitos (conjuntivos, disjuntivos e relacionais) estabelecidos por Jerome Bruner. Seu ponto de vista de pedagogo leva-o a insistir sobre os diferentes níveis de complexidade, de abstração e de validade de um conceito. Ela propõe identificar sua "estrutura operatória" através de três de seus aspectos: sua etiqueta (sua denominação), seus atributos (as características que permitem classificá-lo) e exemplos concretos oferecendo a mesma combinação de atributos.[5]

Outros enfoques são necessários, os do físico, do neurobiólogo, do psicólogo, do pintor. Eis alguns exemplos. Para o

4. Cf. Post-Scriptum 1, as representações sobre a França, recolhidas junto a adultos britânicos.

5. B.M. Barth (1987), p 21 e s.

físico Michel Paty os conceitos são estruturas inventadas pelo ser humano. Eles são determinados pelas influências culturais, que "contém pressuposições metafísicas". Eles são tributários de conceitos anteriores e utilizam um material comum a vários campos. Por exemplo, o conceito de complementaridade (N. Bohr) pressupõe o de inseparabilidade.[6] Para Basarab Nicolescu, físico também, o conceito é uma forma de energia que tem como suporte o cérebro. É uma parte constitutiva da realidade.[7]

Para o neurobiólogo Jean-Pierre Changeux, ao contrário, tanto o conceito como a imagem são objetos de memória, porém, só possuindo um fraco componente sensorial, e talvez nem issi. "O teste da realidade consiste em comparar um conceito ou uma imagem a um "*percept*" (percepção sensorial). A experiência poderá ser realizada pela entrada "em ressonância" ou, ao contrário, em "dissonância" "dos dois agrupamentos de neurônios confrontados".[8]

Para um psicólogo holístico,[9] um conceito pode ser assimilável a uma entidade cognitiva não analisável porque as características, que permitem descrevê-lo, não podem ser separadas. Por outro lado, exixtem aqueles que consideram que os conceitos são analisáveis em características semânticas, relativamente autônomas, porque descrevem propriedades perceptíveis. Para Piaget, existem conceitos abstratos, concretos, de noções de número, de classe lógica.

Acrescentemos, ainda, a esses exemplos, o ponto de vista do pintor Georges Brunon: "*sentimos a necessidade de conceituar o que foi vivido para conhecê-lo bem e reproduzi-lo. O conceito, que parece nos dar as coisas, tranquiliza. Mas, após tê-lo evocado, não posso expulsá-lo de meu pensamento segun-*

6. Intrevistado por Michel Casenave, France Culture de 23.01.91.

7. Essa ideia transparece em sua obra. Cf. B. Nicolescu (1985, 1994, 1996).

8. J.P. Changeux (1983), p 169-176.

9. M. Denis, op.cit. p 132 e s oferece uma descoberta das diferentes visões da psicologia.

do a minha vontade. Ele abriga e encarcera; eu desejo o emocional, mas é ele que aparece. Fonte petrificadora que fixa as coisas."[10]

Utilizar as representações para encorajar a mudança conceitual

Que estejamos em situação educativa ou comunicativa, não é um mistério para ninguém que o obstáculo número um é o que Ellen Langer chama de maneira elegante nossas "escolhas cognitivas prematuras",[11] que também podemos chamar o "*prêt-à-penser*" (pronto-a-pensar). Quer se trate de fórmulas bem estabelecidas como os ditados ou que tenhamos forjado nós mesmos um "*prêt-à-dire*" (pronto-a-dizer), tudo se transforma rapidamente em "*prêt-à-faire*" (pronto-a-fazer). As representações que entram nessa categoria de escolhas cognitivas prematuras devem ser integradas *com precaução*, no processo de compreensão e de aprendência. Efetivamente, levar o aprendente para um salutar "conflito cognitivo" exige que sejam evitados os conflitos de tipo territorial e afetivo, prontos a surgir da diferença dos pontos de vista, por natureza egocêntricos, visto que forjados a partir de uma história pessoal, mas raramente reconhecida como tal. Em situação educativa, as representações mais correntes – e mais incômodas – concernem essencialmente a imagem de si, a tarefa a ser realizada, o procedimento a ser utilizado, as causas do fracasso e a relação com o professor.[12]

Nossa metodologia consistirá em várias etapas. A primeira etapa propõe que seja feita uma sondagem (qualitativa, não estatística) junto ao público visado através de uma metodologia pedagógica, em torno de conceitos chave tais como "aprender", "compreender", "animar", "avaliar", "erro", "autonomia". A

10. G. Brunon (1986), p 66-77.

11. E. Langer (1990).

12. Cf. as representações gráficas dos conceitos "aprender" e "autonomia", no Post-Scriptum 3.

ideia é que, exprimindo suas representações, os próprios participantes elaborem seu material de trabalho, abordem diretamente a problemática de aprendência nos diferentes níveis de suas preocupações, tomem consciência que outras representações existem e, finalmente, deixem-se convidar a explicitar e comparar suas próprias representações fora de qualquer julgamento ("não é que eles não compreendem, mas, eles compreendem outra coisa").

Um método é então elaborado para identificar os diferentes níveis de posicionamento das formulações e fazer aparecer os critérios e indicadores dos diversos posicionamentos. A função desse método é, principalmente, fazer emergir um questionamento e iniciar um percurso no centro da problemática, afim de ultrapassar a constatação e ver a dimensão da complexidade do problema.

Elaborar os meios

As instruções da pesquisa são simples e se destinam aos diferentes parceiros da situação educativa (aprendentes, professores, pais, responsáveis institucionais e até mesmo, os políticos!)

Quando você pensa... (aprender, autonomia, compreender...)

1. *A que outras palavras você as associa?*
2. *Como representar o ato de (aprender, compreender) graficamente, através de um desenho, em poucos segundos e alguns traços?*
3. *Através de que analogia ou imagem representar (aprender, é como...)*
4. *Que indicações ou sinais fazem você dizer que... aprender é (1), o desenho (2) ou a analogia (3), é...*[13]

O método de decodificação abaixo é um plano,[14] os melhores métodos sendo, *ad hoc*, elaborados para e com os pró-

13. Cf. Post-Scriptum 2, 4 e 5, o resultado das pesquisas sobre "aprender" e "autonomia".

14. O Post-Scriptum 2 (A pesquisa sobre as representações do aprender) é analisado com esse método.

prios participantes, a partir de suas preocupações, face a uma problemática específica. Pode-se identificar:

1. Os termos citados pelos diferentes parceiros (aprendentes, professores, pais, responsáveis institucionais)
2. Os termos citados por uma única categoria.
3. Os termos positivos, negativos ou os que propõem uma terceira alternativa (as opiniões divergem, por exemplo, "ser insaciável" pode não ser considerado como positivo)
4. Os termos que, traduzindo um posicionamento em relação ao ato de aprender, referem-se:
   - ao procedimento (como fazer para aprender): *recitar, olhar, fazer os exercícos, refletir, responder...*
   - ao objetivo (a finalidade a ser alcançada): *instruir-se, realizar-se, ser inteligente, adquirir conhecimentos...*
   - ao resultado aspirado (concretamente): *desenvolvimento, ter um ofício mais tarde, adquirir diplomas...*
5. Os termos que traduzem uma relação:
   - ao meio ambiente: *descobrir, experimentar...*
   - aos outros: *escutar, compartilhar, transmitir...*
   - a si mesmo: desenvolver-se, *construir-se, revelar-se*
6. Certos termos indicam que se produziu uma transformação da forma verbal (infinitivo: aprender) exprimindo a ação, para um substantivo concreto ou abstrato, exprimindo um resultado ("aquisição"), um comportamento ("acompanhamento"), uma atitude ("curiosidade"), um processo ("análise") ou para uma forma adjetival que indica um posicionamento emocional ou afetivo ("difícil").

É sempre importante insistir que as respostas a uma sondagem desse tipo não podem ser consideradas como boas ou ruins. As razões de ser de uma sondagem são múltiplas:

- fazer descobrir a multiplicidade de pontos de vista sobre um mesmo objeto ou acontecimento

- proporcionar uma troca, uma partilha e um diálogo entre os parceiros, numa busca unânime de esclarecimento sobre nossos critérios ("o que nos faz dizer que...")
- permitir "paradas sobre a imagem" e introduzir um complemento de informação científico sobre...
- comparar as respostas de um público a outro (educação/empresa)
- concretizar em atos de aprendizagem um dado aspecto, ("aprender é crescer")

Procedendo assim, colocamo-nos num procedimento plural de autoposicionamento e autoavaliação, e iniciamos uma busca de critérios, marcadores e esclarecimentos das indicações. Estendendo a sondagem às representações gráficas (rubrica 2 das indicações acima) e à representação metafórica (rubrica 3) damos os primeiros passos para uma pesquisa sobre a análise "actancial"[15] da situação de aprendência. Atualmente somente a metodologia do imaginário tirou proveito do modelo atancial sistêmico de Yves Durand.[16]

Novo olhar

O ponto de vista da Semântica Geral e de seu fundador Alfred Korzybsky permite explicar a importância das representações no nosso estilo de pensamento. Depois de Bertrand Russell, de Alfred Whitehead e de Benjamin Lee Whorf, Korzybsky nota que através de nossas pressuposições inconscientes e nossas inferências, avaliamos o acontecimento como se ele fosse o próprio objeto que percebemos. Nós "objetificamos" e classificamos o que pensamos ser propriedades e qualidades de um objeto, de um acontecimento ou de uma pessoa. Erigimos

15. NR: Nesta frase, o termo "actancial" parece remeter para o do esquema de Greimas (1966), que pressupõe a existência de "três pares de categorias actanciais que, tendo por base a oposição binária (Sujeito/Objeto, Destinador/Destinatário, Adjuvante/Oponente), articulam três relações distintas – de desejo, de comunicação e de ação".

16. Y. Durand (1998). Cf. também o trabalho coletivo *Introduction aux méthodologies de l'imaginaire* (Introdução às metodologias do imaginário), Ellipses, (1998).

em postulado o rigor do "ou/ou" (cf. nossa expressão preferida: "uma, entre duas coisas"!). Não sabendo como sair da rotina desse pensamento bivalente, acreditamos em uma forma única de relação ao mundo, do tipo "sujeito/predicado" ("isto é amarelo"), que é a própria fonte de nossas reduções e de nossas projeções. Nas línguas de origem indoeuropeia, o verbo "ser" parece ser o grande culpado, porque o utilizamos para atribuir uma propriedade ou uma qualidade ("amarelo") a um objeto, enquando que exprimimos simplesmente o que o cérebro vê, e reconhecemos que "a rosa é uma flor", quando é o nosso cérebro e nossa cultura que se encontra na origem dessa classificação e na implantação do que cremos ser uma paridade absoluta, acentuando as similaridades e negligenciando as diferenças. Nossas representações são, para Korzybsky, a consequência de nossas orientações "ou/ou".

Como se liberar? Com uma nova etapa que orienta o aprendente para a ideia, conforme as descobertas da física e das ciências do vivente, segundo a qual *não existe percepção sem interpolação e interpretação*. O que se produz à nossa volta e em nós mesmo são processos silenciosos, invisíveis, interdependentes que só podem ser apreendidos com uma orientação "e... e" e não mais "ou... ou". Para Korzybsky, aí se encontra a única condição de se liberar de uma estrutura de pensamento aristotélico e "ver o mundo com um olhar novo" e "o ser humano como um organismo-como-um-todo-num-meio ambiente".[17]

O trabalho sobre as representações mostram até que ponto as fronteiras de um conceito são "flexíveis". Por isso, é indispensável abordar o ponto de vista do próprio conceito científico fora das preconcepções ou erros de conceituação. Os aprendentes dizem (ou pensam) que conhecem um conceito, por exemplo, eles afirmam que "a terra é esférica". Mas,

17. A. Korzybsky (1966). Cf. também M. Saucet (1988).

quando eles fazem um desenho da terra, eles representam um superfície plana... É o dever do professor entrar numa lógica que consiste em "ver com os olhos deles" *e semear, por etapa, a mudança conceitual.* No exemplo da "Terra plana", três perguntas subsidiárias são feitas:

(1) e você, onde você se encontra?
(2) como você representa o céu?
(3) como você representa um objeto que cai?

A mudança conceitual consiste em ampliar a visão do aprendente:

(1) de uma Terra plana para uma Terra esférica,
(2) de um céu horizontal para um céu sem limite,
(3) de uma trajetória paralela de um objeto que cai para uma trajetória radial, para o centro da Terra.[18]

Este exemplo mostra que a função de uma estratégia pedagógica consiste essencialmente em fazer evoluir uma visão egocêntrica para uma visão ampla, criando novos laços entre o mundo físico e o mundo psico-cognitivo do aprendente.

18. Essa experiência foi feita em Jerusalém, em 1986, por J. Nussbaum.

Post-Scriptum 1: A França e os franceses vistos pelos ingleses[19]

Mulher (consultora, 40 anos)

"Os franceses são conhecidos por seus perfumes, mas eles não acreditam nos desodorantes... Eles têm um senso incrível do "*comme il faut*" (como se deve) (em francês no texto). Eles são irracionais. Se você fala um francês correto, eles o deprezam. Eles não podem suportar isso. Eles podem ser tolerantes quando você fala mal a língua deles... Eles são capazes da maior cortezia, mas os parisienses podem ser extremamente grosseiros... As classe superiores (sic) empurram-se para pegar um taxi sem respeitar a fila... Os franceses passam de um extremo a outro, da passividade à violência...".

Mulher de origem neozelandesa (contadora, 30 anos)

"Os franceses, é o mundo de Colette, amável, sofisticado... Eles falam muito rápido, fazem gestos rápidos. Seu idioma é difícil."

Homem (estagiário na empresa Reuter, origem cipriota, 20 anos)

"A língua francesa é rígida. Eles não aceitam facilmente os dialetos, mas eles utilizam facilmente os adjetivos, as descrições e a retórica. Alguns franceses têm o espírito estreito, por exemplo, eles pensam que a França foi predestinada a ser uma República. Alguns são bem amigáveis... As crianças são muito bem educadas. O interior da França possui paisagens maravilhosamente variadas. Paris é bem mais arejada e aberta que Londres. As cidades do interior têm uma arquitetura interessante, mas não se tem nada para fazer."

Homem (consultor de empresas, 40 anos)

"Os franceses são muito mais chauvinistas do que os ingleses. Perdôo-os pelo interesse que eles têm pela comida. Não é justo que os jovens franceses falem francês maravilhosamente, mas, que nunca empreguem o subjuntivo que me ensinaram... É só dar um apito para um francês, para que isso lhe suba à cabeça. Que placa é essa "Todas as direções". Eu não a encontro nunca no mapa. Eles não são tão anárquicos como eles gostariam que acreditássemos. Um pouco de anarquia em seus organismos administrativos lhes faria muito bem. Eles constróem veleiros muitos bonitos."

19. Obrigada a Jill Johnson, Hatfield (GB), por ter recolhido essas opiniões.

Artista (designer gráfica, 40 anos)

"Todos os franceses encolhem os ombros e têm cheiro de alho. Os parisienses não são tão amáveis e prestativos. *Le merveilleux esprit de Tati pour rafistoler, ça marche* (O maravilhoso espírito de Tati para remendar, funciona) (em francês no texto). No que se refere às interdições, os ingleses pensam em respeitá-las, os franceses pensam que elas estão lá para serem ignoradas."

Consultor de Informática (30 anos)

"A França? Alho, as moreninhas, o charme, as bicicletas e as cebolas. Eles são arrogantes em se tratando da gastronomia deles e são avarentos."

Casal (empresário e consultor de informática, 35 anos)

"Eles se recusam a compreender o meu francês. Contrariadores. As mulheres são elegantes. A França é Maurice Chevalier. Eles se vangloriam. As crianças são agressivas com suas motocicletas. Come-se bem no interior da França. O francês é uma língua cuja pronúncia é impossível."

No contexto de um curso de inglês destinado a estudantes em marketing, essa sondagem serviu, ao mesmo tempo, de detonador (que infâmia pensar isso de nós!) e de esboço para uma reflexão sobre o papel dos estereótipos nos diferentes aspectos da língua estrangeira estudada.

Post-Scriptum 2: Pesquisa sobre as representações

(respostas na rubrica 1 das instruções da pesquisa/sondagem, p 124)

O que significa "Aprender"?

(pesquisa semântica, não estatística, os números indicam apenas uma tendência)[20]

	alunos	pais	professores
acompanhar	2	1	
adquirir		1	
adquirir conhecimentos		27	16
agir	1		
ajudar	1		
ir mais longe		1	
analisar			1
aprender a aprender		1	
aprofundar		1	
avançar		1	
ter vontade de fazer os deveres		1	
ter um objetivo		1	
ter um diploma	1		
ter um ofício	16		
mudar		1	
comparar/ deduzir		1	
compreender	19	10	4
conduzir		1	
conhecer	10		1
construir			2
adquirir um hábito			1
descobrir	6	10	
desenvolver		2	

	alunos	pais	professores
ler,escrever, contar	8	3	
memorizar	12	9	6
dominar as bases		2	
mostrar			1
não ficar na ignorância			1
compartilhar os (conhecimentos)		1	1
praticar		1	1
progredir			1
recitar	1		
refletir	4	2	
olhar	1		
reinvestir			2
ir ao encontro dos outros		1	
repetir (com seu corpo)	1	1	
responder sem errar	5		
ter sucessso	1		
rever	1		
saber (só...)	63	9	
saber viver		1	
adaptar-se		1	
construir-se		1	
instruir-se		5	
formar-se profissionamente			3

20. Obrigada aos participantes (professores do UNAPEC) pela contribuição.

	alunos	pais	professores
desenvolver capacidades			1
desenvolver predisposições			1
tornar-se inteligente	9		
ouvir	10	6	1
educar		5	
registrar		1	
ensinar	1	5	1
cuidar da saúde	1		
realizar-se		1	
tentar	1		
ficar atento	1	2	
ser curioso		3	
ter força na vida	1		
estudar	1	8	
despertar		1	
explicar			2
experimentar			3
fazer (exercícios)	5	2	
fazer saber			1
crescer	3		
iniciar		1	

	alunos	pais	professores
enriquecer-se		7	1
enganar-se			1
despertar-se		1	1
realizar-se	1	1	1
informar-se	1	1	1
instruir-se	4	9	3
interessar-se		1	
abrir-se para o mundo		1	
abrir-se para o espírito		1	
transmitir		4	3
trabalhar	1	3	1
utilizar		1	
querer	1		
ver	1		
e ainda mais...			
é maçante			
é beleza			
é normal			
é melhor do que aprender só ...			
...			

Este precioso material, elaborado pelos próprios parceiros da situação educativa, permite, de relance, descobrir o potencial dos recursos presentes e colocar em movimento as representações, evitando que elas sejam a causa de bloqueio, de encerramento numa alternativa única e em muitos casos, numa orientação "ideologizante".

A metodologia proposta é: 1) pesquisa de campo, 2) compartilhar e elaborar um instrumento de análise, 3) trabalho de esclarecimento do conceito com a ajuda de pontos de apoio científico, 4) questionamento: e agora?

Post-Scriptum 3: Exemplos de representações gráficas

(cf a rubrica 2, instruções da pesquisa/sondagem, p 124)[21]

Aprender (desenhando rapidamente)

21. Obrigada ao Serviço Pedagógico Interuniversitário de Recursos para a Autoformação em Línguas (SPI-RAL), Polo Universitário Europeu de Estrasburgo, por sua participação neste trabalho.

Autonomia (desenhando rapidamente)

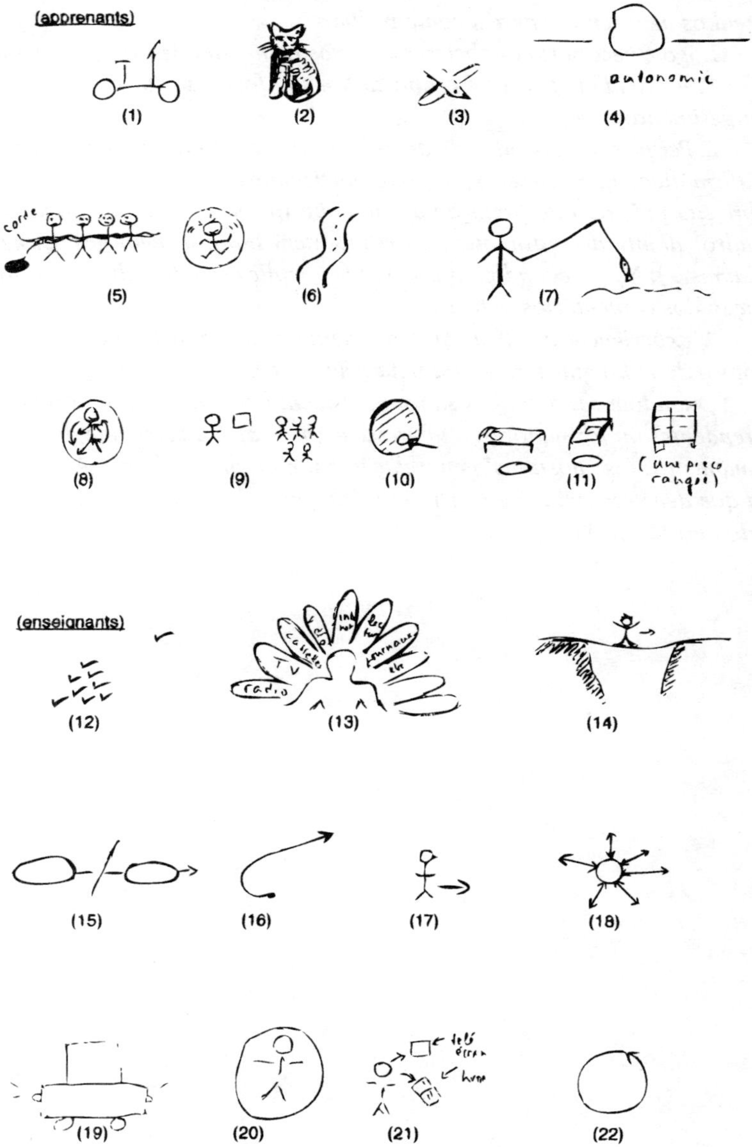

N.B. Essas representações gráficas são propostas aos participantes sem exigências, nem obrigação, porque elas são, de alguma maneira, "testes projectivos" que podem manifestar reações profundas que o autor dos desenhos nem sempre deseja compartilhar.

Logo é necessário estabelecer algumas regras simples mas, rigorosas:

1. A atividade gráfica é proposta por um formador/professor que já a experimentou;

2. Pergunta-se ao autor do desenho se ele aceita mostrar seu desenho. Se afirmativo, num primeiro tempo os participantes do grupo se exprimem sobre sua própria interpretação do desenho (projetado ou desenhado no quadro) diante do autor que não reage (nem mímica, nem gestos, nem palavras...). Num segundo tempo, o autor explica seu desenho e a contribuição dos comentários feitos;

A experiência mostrou que, frequentemente, o autor descobre seu próprio desenho graças a leitura feita pelos outros participantes;

Quando esses desenhos são simplesmente mostrados a um grupo de aprendentes ou formadores, o interesse é observar a diversidade dos posicionamentos (as "posturas") em relação a um mesmo conceito. A armadilha que deve ser evitada é cair num julgamento de valores ("bom / ruim, certo / errado...").

Post-Scriptum 4: Analogias

(respostas na rubrica 3 da pesquisa/sondagem p 124)

As analogias que fora coletadas junto a diversos públicos mostram toda a força da etimologia grega da palavra: ana <+> logos. O sufixo "ana", quando ele contrubui na construção de uma palavra, significa "de baixo para cima" e mesmo "fazer o novo" (reviver, renascer).[22] As imagens escolhidas pelos aprendentes e professores, autores dessas analogias, exprimem, efetivamente, o sentido de outra maneira. Seja qual for o conceito proposto, a imagem traduz uma dinâmica, na maioria dos casos, para uma abertura.[23] No trabalho coletivo, as imagens são simplesmente aceitas, sem julgamento algum. Elas podem ser o ponto de partida de um trabalho para colocar em relação as imagens entre elas ou sobre as indicações que fazem dizer que...

Aprender é como...

(Aprendentes adultos): – um lugar organizado – uma viagem na escuridão em direção à luz – colocar a faísca – preencher o vazio.

(Professores): – uma bola (*porque ricochetea*) – um arco-íris (*porque é bonito, uma transposição*) – o pão (*quanto mais envelhece, mais fica duro*) – um sol (*interior, em seguida, uma irradiação em direção aos outros*) – uma flor que se abre para a vida – o voo lento mas seguro de uma grande ave de rapina (*ergue-se progressivamente, traçando grandes círculos*) – uma caixa d'água (*enche-se e distribui*) – uma crisálida que se transforma em borboleta – um aperto de mão – cultivar a terra – sair de seu ovo – pescar.

Meu potencial é como...

(Formadores): – uma enseada aberta sobre o mar – uma farândola de joviais duendes e elfos numa floresta florida e perfumada sob o olhar divertido e confiante dos animais – uma fonte – uma nova estrela que cintila – um balão de oxigênio.

Compreender é como...

(Professores): – um raio luminoso – a água – transpor uma fronteira – cultivar um jardim.

(Aprendente adulto): – uma pedra de vau – (Aprendente criança): – como uma luz – o fim do túnel.

---

22. A. Bailly, Dicionário Grego Francês, Hachette, 1950, p 116.

23. Obrigada a C. P., professora em Gattières, (06) e a todos que aceitaram contribuir com essa colheita.

O erro é como...

(Professores): – uma armadilha, um trampolim (*dependendo se ele é considerado como o signo de uma carência definitiva ou provisória*) – uma casca de banana – a noite – um passo falso – a passagem que se deve transpor antes de conhecer um novo país – pegar um desvio.

(Aprendente adulto): – um impasse – o nevoeiro.

Avaliar é como...

(Professores): – orientar-se com a ajuda de uma bússola e de um mapa.

(Aprendente adulto): – uma realização.

Criar é como...

(Professores / Formadores): – o nascimento de uma criança – uma nascente – transformar em paisagem um terreno inculto (tudo é passível de mudança) – viver e respirar – virar as páginas de um livro desconhecido.

Post-Scriptum 5: Critérios implícitos das representações da autonomia[24]

(Respostas na rubrica 4 da pesquisa, p 124. Os números permitem identificar as correspondências entre a imagem ou a definição da representação e os critérios subjacentes. Ver que a noção de "critério" nem sempre é compreendida. Ela é muitas vezes confundida com a noção de causa ou de consequência).

Respostas de professores: de 1 a 12.

Respostas de aprendentes: de 13 a 15.

O que me leva a dizer que autonomia é:

1. avançar com seu próprio ritmo;
2. uma forma de maturidade;
3. crescer, responsabilizar-se;
4. independência, autarquia, autogestão, liberdade, autodeterminação (o dia em que a criança consegue andar sem ajuda);
5. a capacidade para fazer suas próprias escolhas (individualmente);
6. = multimédia, estudo, lazer;
7. estar num túnel muito longo, decidir construir um outro para sair mais rápido! ou: ser como um peixe dentro d'água, ou: vencer o tabagismo;
8. levantar voo. Dar-se conta que é possível escolher, decidir e que isso funciona;
9. ser como um comandante de navio;
10. seguir numa estrada e poder mudar de direção;
11. apoiar-se sobre para ir em direção de (como o pássaro que levanta vôo);
12. voar com suas próprias asas, andar sem muletas;
13. independência, liberdade, solidão (exemplo da pilha elétrica que tem um certa duração de vida);
14. a liberdade de agir individualmente;
15. o que vivem os bebês tartarugas, entregues à sua própria sorte desde o nascimento;

...

24. Fonte: SPIRAL, Estrasburgo.

é (que)... (indicações e referências correspondendo às respostas enumeradas acima)

1. faz-se o que se quer com seu próprio ritmo sem ser dependente de alguém;

2. o indivíduo deve ser capaz de agir como adulto, sem ajuda externa;

3. isso necessita que tomemos uma decisão, na qual nos mantemos;

4. podemos passar sem ajuda de outros;

5. a autonomia exige responsabilidade face ao que se faz;

6.? (sic);

7. a ideia de obstáculos a serem superados, a noção de exigências a serem integradas e o apoio sobre sua própria dinâmica "energética";

8. a condição para que funcione uma sociedade democrática composta de cidadãos capazes de autodeterminar-se;

9. isso representa ter a confiança em si que permite fazer escolhas prudentes;

10. a autonomia permite escolher, orientar-se num caminho, retornar, partir de novo pegando outro caminho, tendo-se a si mesmo como centro de decisão;

11. a autonomia é uma dinâmica e não um estado; quanto maior for a amplitude da progressão, mais o apoio deverá ser sólido; esse apoio dinamizador não se aprende sozinho mas, com o meio social;

12. o prazer de não precisar de ninguém para avançar, de vencer as dificuldades por si mesmo, não ficar submetido às manias ou aos ritmos dos outros;

13. um paralelo é possível em um nível humano, no nível dos sentimentos e a da necessidade do ser humano;

14. ela é adquirida com dificuldade!

15. a autonomia induz o individual para o todo;

16. a capacidade de adaptar-se, assumir, agir como adulto. Profissionalmente, é a confiança.

Post-Scriptum 6: Que tipo de aprendente sou? Que tipo de aprendente gostaria de ser?

Um trabalho de conscientização desse tipo foi feito durante quinze anos com estudantes e formadores. Ele permite esclarecer a imagem que o aprendente tem dele mesmo e liberar a expressão de seu imaginário.[25]

O exemplo abaixo é o do estudante que se dizia "nulo" em inglês.[26] Graças ao primeiro desenho foi possível identificar os elementos presentes e ausentes da situação de aprendência, tal como esse estudante a representava a si próprio. O segundo desenho permitiu dar ao aprendente um enfoque sobre o que ele estava pronto para ouvir *porque ele mesmo* o tinha representado: a importância do contexto humano, cultural e histórico numa aprendizagem linguística, a função do corpo e, principalmente para franceses que aprendem inglês, a importância do movimento, da flexibilidade, da postura (a descontração: as mãos nos bolsos!). Graças a esse desenho, uma aula de fonética comparada pode ser ensinada e aprendida de maneira agradável, duravelmente, com a participação ativa do interessado, que fez verdadeiros progressos a partir do momento em que pode contribuir no seu próprio ato de aprender.

25. Falta ainda fazer uma verdadeira análise actancial da situação de aprendizagem. Wanted: pesquisador interessado...

26. Apareceu no *J'apprends donc je suis* (Aprendo, logo existo), (1987, 1994).

Post-Scriptum 7: Quando aprender deixa de existir... (pesquisa/sondagem)

Essa pesquisa foi feita com uns quarenta estudiantes e a mesma quantidade de professores universitários.[27] A formulação foi elaborada a partir de respostas obtidas nas pesquisas precedentes, que convidavam os aprendentes de diferentes meios educativos (escolas, liceus, empresas, universidades, CAT) a nomear as dificuldades que eles encontravam. O que é impressionante nas respostas obtidas, é que, por um lado, elas desenham em filigrana as representações subjacentes dos conceitos/chave (aprender, compreender, erro),[28] e por outro, elas contém o começo de soluções esboçadas pelos próprios interessados, sem eles se darem conta.[29] Essas pesquisas preliminares, cuja função é conscientizar o aprendente sobre suas dificuldades (ex: "eu não distingo o essencial do não essencial"), permitem propor ao autor de uma frase negativa retomar sua formulação acrescentando a expressão "ainda não", o que permite ampliar sua própria representação para um futuro realizável.[30]

O objetivo dessa nova pesquisa é ultrapassar a compilação de dados e colocar em movimento uma reflexão sobre o que pode constituir os espaços de exploração do gigantesco continente que é o não dito da aprendência.

Esse tipo de pesquisa só tem interesse se tivermos tempo para analisar *com os interessados* as respostas deles e as dos outros. A comparação de diversos pontos de vista faz emergir o respeito pela diversidade, a tolerância face a diferença e os pontos que permite iniciar o diálogo pedagógico.

Logo, a pesquisa é destinada a ser prolongada e articulada com uma metodologia de posicionamento, e a conscientização, por parte do aprendente e do professor, de que a maioria dos nossos "problemas" (principalmente quando eles não encontram uma saída) é totalmente inventada a partir de nossas representações e ignorância de nosso próprio funcionamento![31]

O tema geral da pesquisa era "*Aprender na Universidade*". Duas perguntas preliminares tratavam dos (1) pré-requisitos para ser estudante na Universidade (quais aptidões, conhecimentos, competência, comportamentos...?) (2) o que um estudante espera da Universidade (mesmos parâmetros).

27. Obrigada aos professores e estudantes das Universidades e Institutos que aceitaram responder às perguntas (La Rochelle, Paris III, Beirute).

28. Por exemplo, sobre "o que é preciso fazer". Exemplo: concentrar-se...

29. O exemplo de dificuldade encontrada: "escrever sem conhecer o destinatário" mostra a importância em saber endereçar o que se escreve.

30. Esse trabalho foi praticado inúmeras vezes com aprendentes e formadores. A colocação em movimento das representações é garantida!

31. Cf. o cap. 10 "Acompanhar a emergência", na VI Parte.

A terceira pergunta, verdadeira finalidade da pesquisa, e a única que deu ocasião à contagem, foi formulada:

Quando a aprendizagem não ocorre, as causas são atribuídas a...
(dar uma ordem de prioridade)

- falta de memória
- falta de método e de organização
- falta de trabalho e de esforço
- falta de conhecimentos de base (quais?)
- incompreensão das instruções ou do assunto da prova
- não conhecer o objetivo a ser alcançado
- diculdade em adaptar os conhecimentos teóricos às situações práticas
- medo de se enganar, de ser mal sucedido
- tratamento de informação[32] insuficiente
- uma não passagem ao ato
- outra causa ...

Os parceiros interrogados tiveram em comum três prioridades (na ordem):

1. falta de método e de organização
2. falta de trabalho e de esforço
3. dificuldades em adaptar os conhecimentos teóricos às situações práticas.

Em quarta posição foi mencionado a falta de conhecimentos de base. Em quinta posição, não conhecer o objetivo a ser alcançado, e depois um tratamento da informação insuficiente.

Um resultado surpreendente: a falta de memória foi classificado em último lugar pelos estudantes da Universidade, enquanto que com um público de aprendizes ou estagiários em CAT, uma memória fraca foi citada como a primeira causa de fracasso.

N.B. Quando uma pesquisa trata das dificuldades de aprender, é importante, após um trabalho em profundidade sobre o inventário recolhido, pedir aos autores das frases que exprimem uma incapacidade ("eu não sou capaz de..."), ou às pessoas encarregadas delas, de repeti-las, introduzindo, ao lado da negação, a palavra de abertura "ainda". Exemplo:

> *"eu não consigo gravar regras de gramática"* ⇒ *"eu **ainda** não consigo gravar regras de gramática"*

Esse simples acréscimo é, de fato, uma verdadeira alavanca para mudar a imagem que se tem de si mesmo, numa situação que paralizamos, com uma expressão generalizando um estado, que, por natureza, está em devenir e destinado a atualizar um potencial presente, já que ele contém a vida!

---

32. Essa formulação é uma concessão à linguagem corrente (cf. Fermatas para uma vida aprendente)... É evidente e importante insistir sobre o fato de que nossa vida cognitiva não funciona como um computador.

9. A longa caminhada da avaliação

"Julgar os resultados é coisa perigosa, porque se permanece sempre voltado para o passado."
Gaston Bachelard

"A causa profunda do erro não está no erro de fato (falsa percepção) ou erro lógico (incoerência), mas na maneira de organizar nosso saber em sistemas de ideias, teorias, ideologias. Esses erros têm uma característica em comum que é a consequência do modo mutilante de organização do conhecimento, incapaz de reconhecer e apreender a complexidade do real."*
Edgar Morin

Um conceito plural

A problemática da avaliação foi amplamente analisada, descrita, explorada.[1] Os numerosos modelos propostos orientam-se para a medida, ou a descrição, a confrontação dos objetivos e dos resultados, a decisão, o julgamento, as recomendações, a negociação ou o questionamento. Essas práticas interpelam um sistema educativo obsediado como seu meio socioeconômico, pelo quantitativo e o competitivo. O ideal de perfeição, herdado de uma dicotomia secular entre o bem e o mal, inventou a dupla infernal êxito e fracasso que presidem nossas avaliações, escolares ou não. Nessa perspectiva, a solução não é simples e a problemática particularmente obstruída.

O conceito de avaliação é plural. A origem da palavra (do latim "valeo", eu vou bem) justifica essa pluralidade que apa-

* Erro que tem como objeto uma causa material.

1. Cf. principalmente Astolfi, J.P. (1997); Ricardo Zuniga (1994); J.M. Barbier (1985); J. Aubégny (1987); Ch. Delorme (dir) (1987); J. Ardoino (1989); G. Berger (1992); Ph. Desgraupes e M. Lhomme (1994).

rece de maneira clara quando abordamos três dos aspectos que permitem uma tentativa de definição: *sua natureza* (como descrever suas características), *sua função* (seu papel dentro do sistema) e *seu estatuto* (o quadro e os limites que lhe atribuímos).

Sua natureza: dependendo do caso, avaliar procede de uma metodologia que pode ser normativa, certificativa, formativa, diagnóstica, prognóstica, quantitativa ou qualitativa. A avaliação quantitativa (que é praticada com mais frequência) mede as perfomances, os resultados, os gestos ou os comportamentos (exemplo: as provas...). Ela compreende etapas, limites, referenciais elaborados para uma situação específica. A avaliação qualitativa, muito mais difícil de ser aplicada, é praticada muito raramente, porque a coerência dos critérios (subjetivos) com sua concretização (sob forma de indicadores) é uma operação extremamente delicada. Quando a avaliação é certificativa ou que valida, sua ética exige que os objetivos, os critérios, as condições para passar a prova sejam conhecidos dos "avaliados", o que é muito raro acontecer. Quantos júris de entrega de diplomas (organizados, muitas vezes precipitadamente, de acordo com a disponibilidade de seus membros) se preocupam em esclarecer esses parâmetros para transmiti-los, oportunamente, aos formadores encarregados de preparar os candidatos? Quantos candidatos conhecem, quando se engajam num percurso de formação, os critérios com os quais eles serão avaliados e os indicadores que lhes permitirão saber se estão longe ou perto do objetivo desejado? Trata-se, portanto, de ética e de deontologia educativas.

A função da avaliação também é plural porque, de acordo com o objetivo do projeto educativo, trata-se (na maioria dos casos) de verificar ou de apreciar, examinar, calcular, ajudar, orientar, analisar, antecipar, controlar, decodificar. Mas, se a função não for claramente definida, como determinar a natureza da avaliação?

Quanto ao *estatuto* da avaliação, ele é indissociável do estatuto do ato de aprender. Ato de sobrevivência e de progressão (tácita, explícita, individual, social...), "aprender" entra nas diferentes lógicas do vivente, ou seja, nos três tipos de relação que um organismo vivo mantém com seu meio ambiente, com os outros e com sua própria busca de sentido. Porque uma avaliação coerente, pertinente, eficaz e eficiente "se constrói, andando", ela entra, em consequência, nas diferentes durações do percurso do aprendente. O primeiro ato dos atores da situação educativa deveria consistir em interrogar sua própria problemática de avaliação. Cinco etapas são propostas abaixo e elas introduzem elementos de questionamento e levam a uma análise de uma dada situação de avaliação. Esse instrumento de análise de dados pode também servir de matriz para elaborar uma avaliação refletida, compartilhada, negociada entre os diferentes parceiros.

Primeira etapa: recolher as representações

O impacto das representações sobre as atividades educativas (sejam as do aprendente, do formador, dos responsáveis institucionais ou mesmo das autoridades) já foi anteriormente posto em evidência como sendo, na maioria das vezes, uma causa de bloqueio, de interrupção ou de conflito. Mas, sendo também uma construção pessoal, essas representações encerram muita energia que é possível reconhecer e utilizar para avançar.

No que se refere à avaliação, as representações transparecem nas palavras associadas à palavra "avaliar".[2] Essas palavras revelam uma concepção implícita do saber. Elas também mostram o posicionamento dos diferentes parceiros, no que se refere à relação com o ato de aprender. Logo, os inventários que foram recolhidos junto a diversos públicos constituem um material extremamente precioso, do fato dele pertencer a esses

[2] Devem ser recolhidas desde os primeiros instantes de uma reflexão organizada com um público. Cf. Post-scriptum 7 e 8, os inventários recolhidos com crianças e adultos. Para uma metodologia de utilização, cf. cap. 8 "*Entrar em nossas representações*".

públicos e poder ser reconhecido por eles. Três perguntas permitem entrar nesse material e organizá-lo:[3]

(1) Que palavras utilizar para descrever a avaliação, indicar suas características e sua natureza?

(2) Que palavras utilizar para indicar a função da avaliação (seu papel dentro do sistema)?

(3) Que palavras utilizar para indicar o estatuto da avaliação (suas regras, seus limites)?

Segunda etapa: esclarecer a intenção de avaliar

O que se deseja avaliar?

– Os resultados?

Quais? Em que momento(s) do percurso?

– Uma *performance*?

Em relação a que regra, valores, referências? Qual a duração? Com que fequência? Qual o nível de exigência solicitado?

– Um método?

Qual o ponto de partida, para alcançar que objetivo? Quais são as etapas? Os limites? As condições impostas, escolhidas?

– Um processo?

Trata-se de uma transformação, uma evolução, uma progressão? Existem níveis?

– uma aplicação?

Quantos exemplos foram dados? Qual foi o treino para descontextualizar e recontextualizar? Para transferir? Adaptar?

– Uma participação?

Houve treino para deduzir, induzir, colocar em relação...?

– O imaginário?

Que espaço lhe foi reservado no percurso do aprendente?

---

[3] Outros métodos podem ser utilizados. Os três aspectos (natureza, função, estatuto) permitem elaborar uma definição do conceito.

– Uma atitude, um comportamento, uma postura?

Houve conscientização por parte do aprendente, busca de explicação do papel do seu "como ser" antes, durante, depois da atividade?

– Uma competência?

Que tipo de saber-fazer, que tipo de saber, que tipo de conhecimento foi pedido para a atividade?

– Uma aptidão?

Que aptidão deve ser desenvolvida na atividade? (Cf. as etapas do saber-aprender): descobrir, reconhecer a complexidade, selecionar e organizar, fazer emergir o sentido, escolher e decidir, inovar e imaginar, trocar e entrar em reciprocidade, entrar em relação, integrar numa dinâmica de evolução, comunicar.

Terceira etapa: questionar uma situação de avaliação existente

As perguntas dizem respeito, primeiramente, aos componentes da situação de avaliação. Elas desencadeam, além do nível descritivo, um nível de questionamento muito mais importante porque ele suscita problemas de engenharia (⇒) e pergunta quem faz o que, no dispositivo educativo:

– *Quem avalia quem?* O aprendente? O formador? A instituição? As autoridades?

⇒ *Quem avalia tem os meios, as capacidades, as competências para avaliar?*

– O *que é avaliado?* A atividade? O método? A utilização do potencial? A capacidade de mudança? A capacidade de decisão?

⇒ *Onde começa a avaliação? Foram determinados os pré-requisitos? Explicitados os objetivos? Indicado os efeitos esperados? Foi mostrado como ter acesso às capacidades disponíveis? Houve uma preparação prévia para a mudança, para a flexibilidade, para a escolha, para a decisão?*

– *Quando a avaliação será feita?* Antes da atividade (trata-se de um posicionamento, de um inventário, do estado do questionamento)? Durante a atividade (é um controle?) depois da atividade (é uma validação)?

⇒ *Uma reflexão foi organizada com os diferentes parceiros, houve contrato, clarificação, mediação?*

– *Onde se passa a avaliação?* Num contexto? Fora de contexto? No próprio lugar? Atuando? Fora de situação? Na instituição?

⇒ *há coerência entre o lugar, o objeto, o momento, a intenção, o objetivo?*

– *Por que se avalia e para quê?* Quais são as motivações, as intenções, os desejos implícitos da avaliação? Quais são os objetivos?

⇒ *Os objetivos foram claramente anunciados? Quais são os valores implícitos, quais os critérios que são dados, quais os indicadores que são propostos?*

– *Como se avalia?* Com que meios, quais são as estratégias, quais são os instrumentos (que engenharia)? Que tipo de ajustamento (das exigências) foi praticado? Que ponderação foi prevista?

⇒ *Os meios,as estratégias, os instrumentos são coerentes com os objetivos, o lugar, o momento e as motivações da avaliação praticada?*

Quarta etapa: posicionar-se na problemática de avaliação

As etapas precedentes permitiram que nos situássemos numa prática pessoal ou institucional, mas deixam, certamente, zonas de questionamento "trabalharem": a questão que foi colocada fica, provisoriamente, sem resposta: melhor assim! a resposta está amadurecendo...

Perguntas preliminares impõem-se:

– *Será que tudo pode ser avaliado?*

– *A avaliação é um fim em si?*

– *Quando começa e quando termina a avaliação?*

Percebe-se rapidamente que o conceito avaliar, decididamente plural, compreende vários parâmetros que entram em jogo para dar um sentido diferente a avaliação praticada: segundo seu objetivo, a intenção subjacente, os meios utilizados, o objeto avaliado. Em situação escolar, três grandes "destinos" ou categorias são geralmente praticados:

1. A medida (calcular a capacidade, sondar)
2. O controle
3. A validação

Essas três formas de avaliação se diferenciam uma da outra no que se refere aos sete parâmetros que as definem de (a) a (g):

(a) O sistema de referência implícito

(b) O objetivo que se quer alcançar (em termos de capacidade, de aptidão ou de competência)

(c) O critério de referência (a qualidade que permite dizer que o objetivo foi alcançado)

(d) Os indicadores desse critério (os sinais, as indícios, referências concretas)

(e) A forma da avaliação

(f) A natureza da avaliação

(g) O momento da avaliação

(1) Avaliar = medir

(a) Sistema de referências é, neste caso, a *dinâmica do erro*: "o erro é fecundo", diz Bachelard. Ele indica a estratégia utilizada pelo aprendente, o raciocínio que ele seguiu, a escolha que fez.

(b) O objetivo é *regular* as atividades, ajudar, orientar quem está aprendendo a integrar o desconhecido no que já é conhecido

(c) O critério de avaliação é a viabilidade do que é proposto ao aprendente, a coerência com o objetivo visado ou o projeto.

(d) Os indicadores são as marcas, os sinais *do método/caminho* utilizados, os *inventários* do posicionamento, do questionamento e da avaliação; os indícios de progressão no que se refere ao ponto de partida e o objetivo; as etapas que já foram percorridas e as que estão por percorrer

(e) A forma dessa avaliação é uma interação entre os parceiros: diálogo pedagógico, questionamento mútuo

(f) A natureza e as características: interna, diagnóstica, formativa, indissociável das atividades de aprendizagem; não tem referencial pré-existente (imposto).

(g) Quando avaliar: *quando* a ocasião se apresenta e sobre...

(2) Avaliar = controlar

(a) Sistema de referências: a *norma* é institucional, o nível é imposto.

(b) Objetivo: *verificar*, medir as distâncias, reajustar.

(c) Critério: *conformidade* com um modelo existente, conformidade com as regras (obrigação de verificar que essas regras são conhecidas do aprendente).

(d) Indicadores: *quantitativos*, exigências padronizadas, numeradas, codificadas.

(e) Forma: intervenção *esporádica*, datada, impessoal.

(f) Natureza e características: *normativa*, quantitativa, instrumental, a mesma para todos, tabela (deve ser conhecido do aprendente).

(g) Quando: *durante* o percurso, num momento preciso.

(3) Avaliar = validar

(a) Sistema de referências: *norma e cultura* institucionais.

(b) Objetivo: *validar*.

(c) Critério: *conformidade* com o nível exigido (comunicado com antecipação).

(d) Indicadores: elementos de um *referencial* (já conhecido) sobre o fundo, a forma, o método, as etapas, as aptidões.
(e) Forma: intervenção *exterior*, institucional.
(f) Natureza e características: *normativa*, somativa, certificativa.
(g) Quando: *no final* do percurso.

Quinta etapa: construir sobre novos princípios e novas bases a avaliação

As etapas precedentes permitiram esclarecer o conceito de avaliação, questionar as situações existentes, definir os diferentes tipos de avaliação. Falta agora propor um quadro que permita construir uma avaliação coerente, na qual os meios e as ações se adaptam aos objetivos, e pertinente porque os objetivos e as ações deverão ser adaptados ao público e ao meio ambiente. Esse quadro tem duas características: (1) ele deve ser construído pelos próprios interessados. Ele é proposto sob forma de questionamento; (2) as perguntas são feitas numa ordem lógica, indo do sistema de valores (o Grande Por que) até a realização concreta (a forma atualizada), passando pelos meios colocados à disposição para alcançar o objetivo.

As etapas desse trabalho de elaboração são em número de dez e se dividem em três fases, cada fase tendo uma lógica.

A *Fase I* corresponde à lógica da evolução, no longo prazo. É o lugar de ressonância para a busca do sentido. A *Fase II* entra numa lógica de adaptação, no prazo médio. Não se trata mais de valores, nem de referências como na etapa precedente, mas de adequação com o meio social e cultural no qual se vive. A *Fase III* insere-se numa lógica de regulação, ainda mais concreta, no curto prazo, porque nos colocamos na relação com o meio físico.

As etapas 1, 2 e 3 fazem parte da lógica de busca de sentido e se situam em torno da finalidade da avaliação. As etapas 4, 5 e 6 esclarecem os meios, as estratégias e os limites da avaliação. As etapas 7, 8 e 9 explicam as condições de atualização da avaliação. A etapa 10 é a etapa da realização, do lugar, do momento onde ocorre a avaliação.

As Fases I, II e III são apresentadas sob forma de exploração, porque evidentemente, nenhuma resposta pode pré-existir a uma situação de avaliação autêntica.

Fase I: Finalidade, destino, enfoque

1. *Qual é a finalidade da avaliação: medida, controle ou validação?*

O que se busca: fazer um inventário? Facilitar? Acompanhar? Regular? Fazer emergir o sentido? Medir a rentabilidade? O investimento?

2. *Para quem se avalia? O que se avalia?*

Quem é o cliente que fez o pedido? O aprendente? As autoridades? A instituição (em que nível)?

Avalia-se o resultado? O processo? O potencial de desenvolvimento? A construção do saber? A progressão? A capacidade para adaptar-se? Para criar?

3. *Em que momento da formação se está?*

No início? No meio do percurso? No momento da utilização do saber? Quais são os processos cognitivos que entram em jogo: sensoriais? Perceptivos? Afetivos? "Memoriais"? Imaginários? Verbais? Não verbais?

Esses três primeiros pontos devem ser totalmente esclarecidos antes de continuar o questionamento.

Fase II: Meios, estratégias, limites

4. *Como se poderá reconhecer que houve êxito ou erro?*

Que engenharia foi aplicada? Quais os materiais, quais os tipos de dados que foram utilizados? Quais as referências, quais os indícios que foram dados? Quais são os critérios para alcançar êxito? Eles são coerentes com os objetivos anunciados?

5. *Que estratégias são colocadas à disposição do aprendente?*

Que exercício foi proposto: memorizar? Intervir, tomar notas? Que percurso é proposto, de onde até onde? De que ponto de partida, para realizar que tarefa? Qual o funcionamento/desenvolvimento cognitivo, quais os pré-requisitos? Quais as capacidades preliminares?

6. *Onde colocar o nível de exigências, dificuldades?*

Qual é o contrato (etimologicamente: o que permite puxar juntos)? Quais são os critérios de aceitabilidade: legibilidade, audibilidade, padrão de excelência, conformidade, domínio, flexibilidade, adaptabilidade?

Quando essas três perguntas forem esclarecidas será possível passar para a fase seguinte.

Fase III: Realização da avaliação

7. *Quais as condições de realização que foram previstas?*

Onde se passa exatamente a dita avaliação? Em que contexto? Com que equipamento?

8. *Duração e data*

A data foi anunciada? A avaliação é feita de surpresa? Quanto tempo depois da atividade estudada? Com que frequência? Em que fase do percurso: antes, durante, depois? O aprendente conhece a duração, ele aprendeu a fazer a gestão do tempo da prova?

9. *Que forma tem a avaliação?*

De acordo com que procedimento? Quais são as instruções? É um questionário, um exercício escrito? Uma prova oral? O aprendente está só? Em grupo? Houve uma preparação sobre a forma?

10. *A avaliação realiza-se*

Ela é coerente com a finalidade, o objetivo, o fim, o alvo que foram propostos e que são conhecidos dos interessados?

Post-Scriptum 8: Decodificação de uma sodagem sobre o erro

A problemática da avaliação não pode ser abordada sob o ângulo das representações do erro. Faz uma dezena de anos que a pergunta

"Quando você pensa 'erro', em que outras palavras você pensa?"

foi feita para diversos públicos: aprendentes, professores, pais, responsáveis educativos. Centenas de palavras foram sugeridas, desde *absurdo, anacronismo, aberração, burrice, anomalia*, até *estupidez, trampolim, engano, vício, zero*, passando por *incoerência, falta de conhecimento, negligência, punição, incapaz, responsabilidade*

O método abaixo mostra que as respostas (em itálico) revelam os posicionmentos divergentes e correspondem a diferentes níveis de análise. Nos inventários de palavras associadas a "erro":

1. certos termos são citados por todas as categorias (e seja qual for a cultura!): *falta, besteira, confusão, inatenção, esquecimento, enganar-se*, outros por uma só categoria: *apreensão, escolha, cólera, erratum, fraqueza, trampolim, zero.*

2. Certas palavras sugerem um estado: neutro: *diferente*; negativo: *incompreensão*; positivo: *trampolim*, ou uma ideia de abertura: *inventário.*

3. Certas palavras apresentam uma modalidade sensorial, visual: *referência*; auditiva: *dissonância*; cinestésica: *distância*; não específica: *incerteza.*

4. O substantivo "erro" é representado por uma outra categoria sintática: um verbo (predominância ação): *enganar-se*; uma outra palavra (predominância objetivação): *omissão*; um adjetivo (predominância afetiva): *grave*; um advérbio (predominância posicionamento): *ao lado.*

5. A palavra de substituição dá um estatuto ao erro: a causa: *inatenção*; a co

6. A palavra equivalente faz referência à norma: *anormal*; a um código: *incorreto.*

7. A palavra sugerida faz referência a uma fase do ato de aprender:

– antes do ato, quando ele se prepara: *falta de formação*

– durante o ato, durante o percurso: *má escolha*

– depois do ato, no momento do resultado ou de efeito produzido: *falso, fracasso*

8. A palavra faz referência a uma atitude, um comportamento (aspecto psicológico): *ansiedade, negligência.*

9. A palavra designa um processo mental (aspecto cognitivo): *esquecimento, mal raciocínio, confusão.*

10. A responsabilidade do erro é atribuída a alguém: *falta de documentação.*

11. A palavra designa a função do erro: *meio de progressão.*

...

Esta lista de elementos para analisar não é exautiva, nem definitiva. A pergunta mais importante é:

"*O que fiz dos meus erros?*"

Post-Scriptum 9: Representações da avaliação

O procedimento é: "quando se diz "avaliar, avaliação", que outras palavras vêm à sua mente?

Os inventários das palavras que foram recolhidos, permitem neutralizar o julgamento binário e imediato da avaliação, fazendo aparecer o posicionamento dos atores da situação de avaliação, em relação aos diferentes parâmetros que nela intervêm. Por isso, um espaço de diálogo é instaurado para tratar a diversidade ou a convergência das respostas e, a partir de um material que pertence aos atores, fazer surgir um questionamento se referindo às quatro etapas vistas anteriormente; descobrir a pertinência da avaliação praticada; comparar com outros tipos de avaliação; construir um inventário para analisar; organizar as etapas que permitam integrar a avaliação no percurso pedagógico.

(1) Para crianças de 10 a 13 anos,[4] avaliar é:

(Verbos): adicionar, aumentar (sua memória), amar (se somos fortes), aprender avançar, confessar (que esquecemos, trapacear, que não sabemos), calcular, buscar, escolher, cochichar, comparar, compreender, contar, concentrar, conhecer, continuar, controlar, gritar (os pais, a professora) decifrar, decodificar, pedir, adivinhar (a solução, o que espera o professor), dever, dizer, disputar (os pais), trocar, escutar, enraivecer (a professora, os pais), tentar, evoluir, evocar, fazer, remexer, crescer, inspecionar, inspirar, interrogar, ler/escrever, medir, dar notas, falar, pensar, propor (soluções), refletir, olhar, levantar, entregar, conseguir, ajudar-se, sublinhar, trabalhar, encontrar, verificar.

(Substantivos): atitude, inventário, calculadora, número, complicação, concentração, controle, dicionário, esforço, avaliador, evolução, examem, exercício, expressão, folha, interrogatório, matemática, matérias, missão, nota, ortografia, peso, pesquisa, silêncio, esporte, teste, trabalho.

(Adjetivos): complicado, difícil, duro, alto, importante, pessoal.

(2) Para os professores da Escola Elementar, avaliar é:

(Mediação): acompanhar, analisar o erro, dar um ponto de vista, propor um método, compreender, dar o sentido, trocar, guiar, informar, motivar, observar.

---

4. Obrigada a R.M., professor em Gattières (06), pelos três primeiros inventários, feitos com os seus alunos e de outros professores (fevereiro/abril). Obrigada a todos que aceitaram contribuir com essa pesquisa.

(Percurso): adaptar, começar a prever, conhecer as capacidades de um aluno, consolidar, progredir, dirigir-se para, olhar-se pedalar (fazer esforços), questionar-se reconsiderando o que foi feito, investir-se, ver uma evolução. Aquisições, capacidades de reinvestimento, competências individuais.

(Referência a um valor): apreciar, contabilizar, julgar, medir, dar nota, testar.

(Referência à norma): procurar saber em que nível se está, controlar, corrigir, formar, interpretar, conformar-se, situar, tirar conclusões. Inventario, controle, nível.

(3) Para um grupo de professores da Educação Nacional, CFA e um Conservatorio de Música, avaliar é:

(Verbos, substantivos): apreciar, autoavaliar, classificar, comparar, compreender, critérios, escutar, examinar, funcionamento, interação, calcular a capacidade, julgar, medir, medir a evolução, pessoa, pesar, posição atual, remediar, saberes, os "saber-fazer", situar no espaço e no tempo, testar, tolerar, verificar.

(Imagem: avaliar é como...)

– *uma colheita* (avançamos, apalpamos, procuramos, encontramos o que não estávamos procurando, não encontramos o que procuramos, escolhemos, guardamos)

– *uma regra* (é preciso a cada instante conhecer a distância que nos separa do objetivo)

– *uma balança* (pesamos o bom, os avanços e os atrasos)

– um rio que deve ser atravessado (é o obstáculo que devemos ultrapassar para podermos continuar)

– *uma interseção de várias vias* (determinamos as coordenadas antes de escolher o caminho)

– *o martelo de um magistrado* (existe um lado irremediável na avaliação – julgamento)

– *um cutelo* (idem)

– *uma bolsa cheia de ouro* (calculamos a "riqueza " (o valor) da pessoa avaliada)

(4) Para formadores em empresas,[5] *avaliar é:*

Analisar, calcular, classificar, comparar, considerar, constatar, controlar, corrigir, cotar, criticar, descascar, determinar, diagnosticar, definir, dar uma escala de valores, levanta um perfil, estimar, padronizar, estudar, evocar, fazer um inventário, determinar a orientação, administrar, interpretar, qualificar, julgar, justificar, medir, dar nota, observar, perceber, pesar, posicionar, refletir, repertoriar, sancionar, situar, apreciar o valor, testar, valorizar, verificar.

Esses diferentes inventários constituem um material que permite discernir os posicionamentos religados ao conceito de avaliação. Eles são também um ponto de partida para perceber outros pontos de vista e construir uma avaliação de um novo tipo: além da única preocupação em assinalar uma "falta", uma disfunção, um desvio, uma carência, trata-se de abrir o horizonte para a avaliação de um potencial que continua se atualizando.

[5] Obrigada aos formadores e professores da AIFC (Associação para a Inovação em Formação para Cabeleireiro), Seminário 1997 (Blois).

10. Acompanhar a emergência

A palavra “emergência” apareceu várias vezes nas páginas precedentes. Efetivamente, somos exortados a compreender que perceber o mundo através de nossa história, exige reajustar as relações educativas à sua relação com a cognição. O sentido não existe em si, a informação também não, tanto um como a outra emergem. Segundo a expressão de Francisco Varela, “*a pedra angular da cognição é sua faculdade de fazer emergir a significação*”.

Se aceitarmos a ideia de que o aprendente é ator e autor da atualização de suas diferentes capacidades potenciais, poderemos compreender que as circunstâncias que permitem a esse potencial de se atualizar não são todas da responsabilidade de quem aprende e age. Vimos a importância de criar uma engenharia da aprendência. Um exemplo foi dado, do que incumbe a cada um dos parceiros para que o mesmo leve em conta a “deontologia cognitiva”. Trata-se agora de propor um quadro metodológico de acompanhamento, transponível qualquer que seja a área ou o suporte de formação.

Uma metodologia ternária: o terceiro a ser procurado[1]

A cultura ocidental encontra uma certa dificuldade de se liberar da forte impregnação do ritmo binário e da lógica linear, ambos herdados de uma cultura milenar. Não é o nosso propósito, aqui, fazer o histórico, a análise, nem o processo. O que importa é saber que os diferentes ritmos do vivente são, na maioria dos casos, de estrutura ternária: ritmo cardíaco, ritmo respiratório, ritmos cerebrais (vigília, sono, sonho)... O ternário permite o ritmo. O ritmo (do verbo grego *ρεῖν* (rhein), “fluir, escorrer”) permite à duração “fluir”.

1. Certos aspectos da metodologia ternária foram propostos no livro com os videogramas *Nascemos para Aprender*, *op.cit.*

A metodologia de acompanhamento do aprendente, que será tratada aqui, foi elaborada sobre um ritmo ternário. Proposta a muitos formadores e professores, ela adapta-se a diversos públicos, a diferentes tipos de atividades, indo da projeção de um filme ao estudo de um texto, passando pela atividade em línguas estrangeiras, a preparação de uma reunião ou de um projeto etc.

As pesquisas mencionadas nas "*Fermatas para uma vida aprendente*"[2] constataram uma mobilização da atividade cerebral nos dois segundos precedendo um ato visiomotor. Outras pesquisas mostraram que a intenção tinha um correlativo neurofisiológico, ou seja que a intenção de agir estava presente na ativação cerebral um ou dois segundos antes do ato acontecer. O "antes" faz parte integrante do ato. Quanto ao "depois", cada um de nós já experimentou o impacto das consequências de uma ação sobre nosso psiquismo, ou porque receávamos suas consequências ou porque desejávamos ou esperávamos o que ia ocorrer "depois".

O procedimento em três tempos ("T menos um", "T", "T mais um") permite estruturar o trabalho cognitivo, colocar as marcas, traçar a memorização, fornecer uma trama de reflexão conceitual e favorecer a troca verbal em grupo.

– O "T menos um":

Trata-se, essencialmente de identificar de onde partimos, para que se possa avaliar realmente o caminho percorrido. Uma avaliação somativa, a mais usual no sistema educativo, não pode ter nenhuma significação se ela não tiver feito um inventário, antes da atividade avaliada. Retomando a imagem do instrumento de música que vai se associar a outros, ou então ao indivíduo que se prepara para interpretar uma obra, é preciso um lapso de tempo tanto para afinar o instrumento como para se preparar para entrar na obra. Essa etapa se faz em três tempos:

---

2. Cf. Parte IV, cap. 4.

(1) inventário dos conhecimentos (reflexão individual)
ex: *o que eu já sei sobre*.... (as palavras, as regras, os "como se faz para"...)

(2) inventário dos hábitos (só ou em binômio)
ex: *como utilizo..., o que prefiro..., o que evito...*

(3) inventário do questionamento (subgrupos de 3 ou 4)
ex: *o que gostaria de saber, explorar..., pergunto-me se...*

A fase 1 dura alguns minutos. O objetivo é permitir que cada um tente fazer um levantamento prévio sobre o que ele sabe ou crê saber dentro de uma área, sem o peso (para não dizer a ameaça) de ser avaliado por uma autoridade exterior. Para encorajar esse inventário (frequentemente pigmentado por uma imagem negativa de si ou da atividade solicitada), dar-se-á uma trama de exploração, sob forma de esquema ou "mapa mental", contendo três ou quatro ramificações a serem desenvolvidas, indo de uma ideia a outra, de uma relação a outra:[3]

Figura 13: Fase 1, inventário precedendo uma atividade de formação

A fase 2 é procurar as palavras desconhecidas numa lista que recensea os termos lexicais (do documento) considerados mais importantes. Para os participantes, trata-se simplesmente de localizar as palavras ainda não conhecidas (sem pedido de explicação da parte deles).

A fase 3 é um inventário dos hábitos, das "gestões" preferenciais, das áreas de utilização daquilo que se sabe. É uma fase que se faz a dois, porque, em geral, ousamos trocar lateralmente

3. A técnica do "esquema heurístico" ou "mapa mental" será apresentada no cap. 11 (Parte VI). Cf. Bibliografia, as duas obras de T. Buzan.

o que é difícil exprimir na frente de um grupo inteiro. Depois da exploração individual, essa organização dois a dois (A e B) tem também uma função de "quebra-gelo". Pede-se para A para falar 3 minutos e a B para anotar o que disse A, sem interromper, nem questionar. Os papéis mudam, em seguida as anotações são trocadas e a partilha se efetua: sobre o tema, sobre o conteúdo, sobre o que se ressentiu, sobre a diferença ou os pontos semelhantes das anotações.

A fase 4 é, na realidade, o verdadeiro objetivo desse inventário preliminar. É um momento e uma técnica de conscientização e de mobilização da atenção, facilitando e, na maioria das vezes, fazendo emergir o questionamento,[4] *descobrir* o desejo de conhecer, o apetite de explorar, a necessidade de escutar e exprimir seu interesse (ou falta de interesse) em aprender.

Uma fase 5 permite reunir o questionamento. Cada subgrupo escolhe no máximo 3 perguntas que ele submete ao grupo. Pode-se, a partir dessas propostas, sugerir 2 ou 3 formas de questionamento que figuram como prioritárias, que manteremos presentes durante a etapa seguinte "T".

– A fase "T":

(Projeção de um filme ou análise de um documento ou de um dossiê)

Essa fase é um verdadeiro trampolim para lembrar que uma leitura, uma projeção, uma escuta, são oportunidades para perceber (visualmente, auditivamente, cinestesicamente) com o que somos nesse momento preciso, oportunidade histórica, biográfica, evidentemente única, que participa na estruturação do processo de compreensão, dentro da duração necessária ao enraizamento.

---

4. Para a significação da palavra "questionamento", referir-se à Parte IV, cap. 2.

– *A fase "T mais um":*

Ela compreende inúmeras atividades de aprofundamento, que solicitam novas leituras do documento da fase "T". Essas novas leituras são seletivas porque se referem à exploração de um único aspecto de cada vez. Essa fase tem como finalidade fazer com que nos conscientizemos da lenta instalação do processo de compreensão.

Por exemplo:

- Primeira atividade: localizar de memória, após a primeira leitura do filme ou do texto, um dos pontos importantes: perguntas feitas; números/datas; nomes próprios, de lugares, de pessoas; acontecimentos.

  Em seguida verificar e completar numa segunda leitura.
- Segunda atividade: primeiro de memória, depois numa nova leitura identificar os *novos dados*. Comparar com um parceiro.
- Terceira atividade: primeiro de memória, depois numa nova leitura fazer a lista das frases/chave ou ideias/força *que você gostaria de compartilhar com alguém* (determinar o público). Dizer por quê.
- Quinta atividade: retomar a lista distribuida em "T menos um", fase 2 e identificar as palavras que (ainda) não foram reconhecidas. Com a ajuda do contexto será *que você as compreende melhor?*
- Sexta atividade: é o momento de arraigar o que foi explorado em sua prática pessoal ou profissional, tomando uma decisão:

  Em tal situação, em tal momento, em tal lugar, para alcançar tal objetivo, com tais meios, eu saberei que alcancei meu objetivo a partir de tais indicações.

Três ferramentas indissociáveis

A ferramenta, diferente de um instrumento que é essencialmente utilitário, prolonga, cria, tranforma o gesto. Ela tem uma relação singular com a pessoa que a utiliza. Ela favorece a apropriação progressiva do processo de aprendência pelo próprio aprendente.

As três ferramentas propostas aqui são: o autoposicionamento, o autoquestionamento e a autoavaliação. Elas têm como função desenvolver uma relação dialógica, uma palavra eloquente, longe do que já foi dito ou do pronto-a-dizer, um pensamento significativo, ainda não pensado, construído sobre seu próprio sistema de valores. A experiência mostrou que elas facilitam de maneira espetacular a passagem do tácito[5] ao explícito, e do individual ao coletivo.

1. O autoposicionamento pode adotar diversas formas

O inventário, que acabamos de ver na fase "T menos um" é um exemplo entre muitos. Numerosos métodos, "*check-lists*", levantamentos, questionários são propostos nos trabalhos de técnicas de expressão ou de avaliação formativa, nos quais se pede aos participantes para examinar tal ou tal situação, e se posicionar em relação a uma série de concepções, ações ou citações.[6]

Essas ferramentas têm como papel facilitar a passagem do implícito ao explícito e vice-versa. A passagem do tácito ao explícito é elaborado, pedindo-se, por exemplo, a cada participante de um grupo, para desenhar, com poucos traços e em alguns segundos, o que para ele, para ela representa tal ou tal conceito: aprender, erro, autonomia, ensinar.[7] É necessário uma regra para o jogo: se o autor do desenho aceitar mostrá-lo ao grupo, ele aceitará ouvir as observações e as " leituras" de seu desenho sem reagir verbalmente, nem por mímica, nem por gesto. Num segundo tempo ele dirá sua intenção e explicará o que o seu desenho pretende exprimir. Muitas vezes o autor do dese-

5. "Tácito" é utilizado aqui no sentido do latim "que se cala".

6. Existem numerosos métodos e inventários de posicionamento e de avaliação: Cf. *Compilação de instrumentos e processos de avaliação formativa*, Tomos I e II, INRP (1980); J.E. Eitington (1990); G. Robin (1992); H. Trocmé-Fabre *Nascemos para aprender*, textos de acompanhamento, especialmente *Nascemos para escolher*; Cf. Post-Scriptum 10, 11 e 12 deste capítulo.

7. Cf. Parte VI, cap. 8, "Entrar em nossas representações".

nho percebe que as observações dos outros lhe fazem descobrir seu próprio desenho! Esse posicionamento compartilhado não é destinado a ser um teste projetivo, mas a solicitar a leitura interpretativa do olhar dos outros, sem julgamento por parte deles. A dificuldade é ficar no posicionamento sem ir até a avaliação: um treinamento é indispensável!

Quanto a passagem do explícito ao tácito, mais raramente praticado, ela permite, a partir do que foi apresentado a alguém, oralmente ou por escrito, consolidar a memorização do que foi dito graças à escolha de uma estrutura organizada, utilizando um mínimo de meios verbais. Utiliza-se, para isso, um esquema heurístico, um "mapa mental", um esquema em forma de árvore, que se possa ler de relance, de acordo com uma técnica que já foi abordada. Essa forma é "tácita" porque foram guardados unicamente o sentido (o do autor graças a algumas palavras chave que ele escolheu) e as relações feitas (pelo autor) entre essas palavras.

2. O *autoquestionamento* exige que um espaço de ressonância seja organizado pelas motivos que foram expostos anteriormente.[8] É uma verdadeira ferramenta de engenharia porque facilita de maneira considerável o percurso de quem aprende, convidado, pela fase de questionamento, a mudar de perspectiva, abrir-se para outras possibilidades e aceitar entrar numa nova situação cognitiva.[9]

Esse verdadeiro questionamento, que não espera a resposta de um professor e que ousa enfrentar a singularidade e a expectativa do imprevisto, intervém em diferentes níveis do percurso. Antes (vimos na fase "T menos um"), durante a leitura ou a projeção de um documento (neste caso será preciso anotá-lo senão ele corre o risco de desaparecer) e na fase "T mais um", quando, após o documento ter sido lido ou visto, o impacto

8. Cf. Parte IV, cap. 2.

9. A expressão "situação cognitiva" é de J. Schlanger (1990). Ele propõe a ideia de que toda situação cognitiva é um fenômeno mental sobre o qual o *eu* conhecedor pode agir (p 12).

do que foi descoberto, reconhecido, explorado, compreendido, deve também ser integrado.

O questionamento é feito em três níveis:

(1) a constatação de início: quais os novos centros a serem explorados (onde? quando? como? com que finalidade?).

(2) a orientação dos "fluxos": que parte deve ser dada à escolha do aprendente ou à aceitação das pressões? Com outras palavras, foi previsto um espaço de liberdade ou se estar numa "passagem obrigatória"?[10]

(3) o sistema de valores: sobre que pontos de apoio fundamentar os atos de aprender e as ações pedagógicas?[11]

No nível das diferentes durações, as ações de aprendência e de acompanhamento devem ser empreendidas a curto, médio e longo prazo. Retomando o esquema proposto na figura[12], o questionamento pode tomar a seguinte forma:

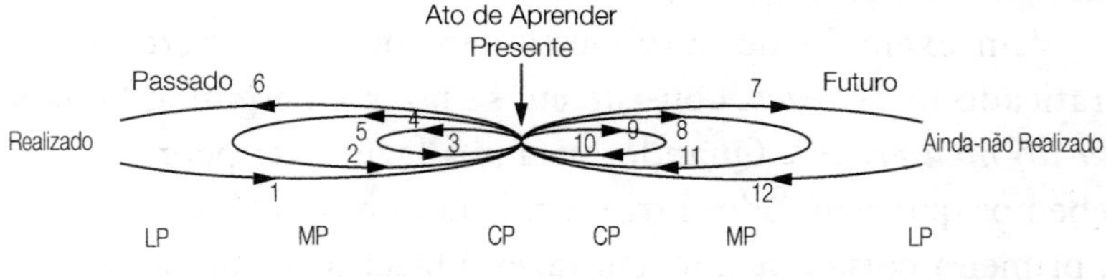

Figura 14: Posicionamento do questionamento relativo às ações (aprender e acompanhar)

CP = Curto Prazo, MP = Prazo Médio, LP = Longo Prazo

1, 2, 3 (do PASSADO ao PRESENTE) que ações devem ser feitas para:

– reconhecer a existência de um potencial ainda não atualizado?

– reconhecer os "conhecimentos" que foram adquiridos?

– identificar as competências (capacidades + intencionalidade)?

– inventariar as experiências (biografia dos "savoir-faire" (saber-fazer), métodos, estratégias utilizadas)?

4, 5, 6 (do PRESENTE ao PASSADO), como proceder para fazer:

– o inventário dos recursos para uma ação presente e futura (valores, referências)?

– o inventário dos saberes, conhecimentos (autoposicionamento, autoavaliação)?

10. Cf. Parte V, cap. 7.

11. Cf. este capítulo, Post-Scriptum 12, "o Grande Questionamento".

12. Cf. Parte V, cap. 5.

– o inventário do questionamento (pergunto-me se, por que, como) no que se refere à experiência sobre a área que deve ser explorada, as estratégias que devem ser adotadas, os meios que serão utilizados?
7, 8, 9 (do PRESENTE ao FUTURO), como elaborar:
– a colocação em perspectiva do projeto (finalidade, objetivos, fins, alvos)?
– os limites: até onde, quanto tempo, com quem, com que (materiais)?
– a posterioridade do projeto ("T mais um")?
10, 11, 12 (do FUTURO ao PRESENTE), como prever:
– os pré-requisitos do projeto, seus preliminares, um "T menos um"?
– a organização, a agenda?
– o investimento (tempo, recursos, trabalho)?

O autoquestionamento permite, tanto quanto o autoposicionamento, a passagem do implícito ao explícito e a passagem da reflexão individual a uma reflexão compartilhada. Na verdade, o fato de propor que o questionamento seja formulado e destinado a ser compartilhado permite ao aprendente (e a quem o acompanha) escapar da obsessão do resultado e entrar num movimento de projeção/construção que coloca em cena a realidade incessante dos parceiros da situação educativa.

Um exemplo de autoquestionamento, que mereceria ser praticado mais vezes, consiste em se fazer a pergunta: "*que fazer do meu erro*?". Quando ousamos fazer essa pergunta, percebemos que nem todos atribuem a mesma significação ao erro. A primeira coisa que convém fazer é fazer a pergunta "*o que é um erro*?". Pesquisas feitas com professores, alunos, pais, responsáveis institucionais, mostram uma importante variedade de respostas que permitem iniciar o diálogo sobre um assunto delicado e propor um método para decodificar as reações [13]

3. *A autoavaliação* é a terceira ferramenta, também útil, desde os primeiros instantes de um percurso de aprendência, ou seja desde o momento antes do ato de aprender propriamente dito. Certamente deveríamos lembrar, de maneira incessante, por um lado a etimologia do verbo "avaliar", que vem do latim "valeo" ("*sou robusto, vou bem*") e por outro lado, a necessidade urgente de reconstruir

[13] Cf. Post-Scriptum 8 e 9 do cap. 9, uma proposta de método e um exemplo de resposta a uma pesquisa/sondagem desse tipo.

o sistema de avaliação, para que ele seja coerente com o que sabemos sobre o ato de aprender e sobre a situação cognitiva.

O importante é tornar menos vunerável aquele que aprende, face a uma avaliação da qual, na maioria da vezes, ele ignora as regras, os critérios e os indicadores desses critérios. Trata-se de permitir àquele que aprende reconhecer os indícios de seu próprio procedimento, ajudá-lo a explicitar suas escolhas e nomear os valores aos quais ele se refere. A prática de autoavaliação está estreitamente ligada à prática das duas ferramentas precedentes, porque ela precisa, para se construir, do recuo oferecido pelo posicionamento (de um inventário) e o questionamento referindo-se à constatação do início, a análise que pode ser feita, as necessidades apresentadas, a solução procurada. A autoavaliação tem sua razão de ser em cada etapa ("antes", "durante", "depois") do percurso do aprendente. Este precisa conhecer as indicações que lhe permitirão saber se ele alcançou seu objetivo. Isso deveria ser uma regra de deontologia pedagógica.

Existem numerosos métodos de avaliação que podem ser utilizados em autoavaliação,[14] mas é bem evidente que as melhores ferramentas são as que são feitas *ad hoc*, com a ajuda do professor ou do formador, em cada etapa do saber-aprender e em relação direta com o objetivo que se deseja alcançar.

Um exemplo. Na fase "*T menos um*", o aprendente alcançou o objetivo de "terraplanagem" preliminar quando ele puder apresentar um inventário de seus conhecimentos, de seus "*savoir-faire*" (saber fazer), de suas gestões e estratégias preferenciais; quando ele puder formular seu questionamento e identificar os conceitos desconhecidos ou que ele não conhece bem. Durante a fase "T" da descoberta de um documento, pedir-se-á que avalie como o contexto o ajudou a fazer emergir o sentido de elementos que ele não conhecia antes.

---

14. Cf. Compilação de instrumentos e de processos de avaliação formativa, *op.cit.* Cf. também os métodos propostos por G. Brown (1980), p 139 e s.

Na fase "T mais um", o aprendente avalia sua progressão na atividade que ele escolheu fazer, buscando as indícios dessa progressão, utilizando a frase chave: "o que me faz dizer que... eu compreendi..., eu aprendi... agora sei..." O texto de acompanhamento do videograma *Nascemos para escolher*, *op.cit.*, propõe uma atividade de posicionamento e avaliação sobre o tema "que tipo de aprendente fui, escolhi ser, sou, serei?" (p 13).[15]

Podemos também propor ao aprendente e a quem o acompanha fazer um segundo "inventário" que faz o papel de balanço, sobre uma trama deste tipo:

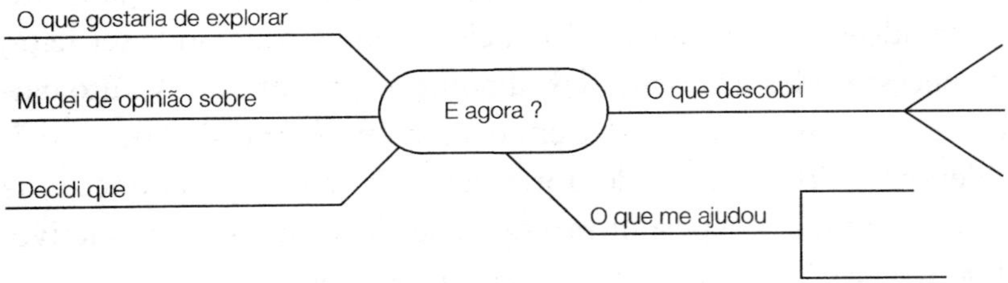

Figura 15: Inventário/balanço

O inventário da Figura 15 é uma ferramenta muito mais eficaz pelo fato de ser feito por cada um dos parceiros da situação educativa e, sobretudo, compartilhado, de maneira a participar na progressão do percurso pedagógico. Para avaliar, como um professor ou um formador poderia se passar dos fatores propostos nessa trama, que representa a análise mínima de uma situação de avaliação?

15. O texto de acompanhamento do videograma *Nascemos para escolher*, *op.cit.*, propõe uma atividade de posicionamento e avaliação sobre o tema "que tipo de aprendente fui, escolhi ser, sou, serei?".

Post-Scriptum 10: Autoposicionamento

Nossas inteligências múltiplas[16]

Lembrando: "inteligência" vem do verbo latino "inter-legere", ler entre, religar, estabelecer relações. Atualmente, pode-se pensar, e se deve pensar, em termos de inteligências múltiplas.

Duas listas são propostas. Elas não são exaustivas e podem ser completadas com proposições dos participantes.

A lista A, mais concreta, propõe uma entrada pelos verbos. A lista B propõe entrar numa atividade pelas categorias de inteligência.

A atividade proposta é feita em 4 etapas (duplicar o documento antes de começar a atividade, 2 exemplares por pessoas):

1. Posicionar-se na lista A (verbos) ou B localizando o que se pratica com frequência (várias respostas).

2. Perguntar "o que me faz dizer que eu sei..." (ex: entrar em relação).

3. Pedir para alguém que se encontra à sua volta para posicioná-lo (no segundo exemplar virgem).

4. Perguntar-lhe: "o que lhe faz dizer que eu...". Comparar as informações dele e as suas. Se ele aceitar, propor que se autoposicione, percorrer as 4 etapas e trocar os papéis.

Inteligências: Lista A (verbos = atos)

Aceitar o que é incontornável (ex: as leis da natureza)
Calcular (inteligência numérica, ex: os números)
Classificar (organizar em categorias)
Procurar o sentido (fora do descritivo)
Escolher (saber renunciar, dar uma prioridade)
Compreender o que foi escrito (inteligência verbal escrita)
Compreender o que foi dito (inteligência verbal oral)
Criar (reinventar algo)
Decidir (passar ao ato)
Desenhar (exprimir graficamente)
Ouvir (perceber os sons, a música, as paisagens sonoras)
Entrar em relação 1 (com os outros)
Entrar em relação 2 (consigo mesmo)
Explorar (procurar descobrir, compreender)

16. Em colaboração com Philippe Barbou, consultor em psicologia industrial.

Fabricar (inteligência mecânica, do processo de transformação)
Fabricar manualmente (relação mão/cérebro)
Administrar o tempo 1 (horários, datas, calendário)
Administrar o tempo 2 (conhecer o momento favorável)
Administrar o tempo 3 (a duração "interior", fora do relógio)
Imaginar (criar imagens)
Observar (identificar)
Organizar (colocar em ordem, estruturar)
Questionar 1 (pedir algo a alguém)
Questionar 2 (questionar a si próprio)
Raciocinar (procurar as razões, as causas, as consequências)
Reconhecer (formas, fisionomias, paisagens)
Redigir (explicar, relatar por escrito)
Exprimir-se 1 por escrito
Exprimir-se 2 oralmente
Interessar-se (sentir-se motivado)
Mover-se (no espaço, no tempo)
Orientar-se (no espaço, no tempo)
Lembrar 1 (lugares, objetos, acontecimentos)
Lembrar 2 (sensações, suas percepções visuais, auditivas, olfativas)
Lembrar 3 (do como, procedimentos, estratégias, meios)
Tocar (reconhecer as formas, as superfícies... graças à mão)
Trabalhar 1 (sozinho)
Trabalhar em equipe (saber colaborar, cooperar)
Utilizar e compreender uma ferramenta

Inteligências: Lista B (capacidades)

Autoquestionamento
Curiosidade intelectual (saber-explorar, descobrir)
Empatia (inteligência do coração, altruísmo)
Equipe (saber colaborar, cooperar)
Imagens (H. Corbin, mover-se no mundo das imagens)
Intuitivo (implícito, não dito)
cinestésico (motriz, táctil, haptonômico)
Leitura (compreensão, interpretação)
Lógica (saber raciocinar acompanhar uma relação causa/efeito)
Manual (a mão obdedece)
Marketing (saber [se] vender, [se fazer] comprar)
Mecânica (saber fabricar, utilizar e compreender a ferramenta)

Memória anterior (memória do passado)1717
Memória sensorial (visual auditiva, cinestésica, olfativa, gustativa)
Memória procedual (saber como, através de que procedimento)
Memória topográfica (lugar, localização)
Memória temporal (saber quando..., a duração...)
Motivacional (daquele que se autoconstrói)
Musical (melodia, harmonia, ritmo)
Numérica (algarismos, números)
Questionamento
Redacional (explícito)
Sensorial (percepção pelos 5 sentidos, combinados ou não)
Social (inter-relacional)
Si (intrarrelacional)
Somático (inteligência do corpo, do sopro)
Temporal 1 (hora, datas, mostrador de relógio, horários, Chronos)
Temporal 2 (o momento propício, favorável, "Kairós" para os gregos)
Temporal 3 (interior, "suspenso", sem limite nem flecha do tempo, "Aïon" em grego)
Transcendental (elevar-se acima de si mesmo)
Verbal escrita (saber-ler, exprimir-se por escrito)
Verbal oral (saber falar, compreender, escutar)
Visuoespacial (exprimir-se através de um desenho, um gráfico, esquema, geometria)
...
+ as nuanças e as combinatórias

17. É feita aqui uma concessão ao uso que ainda encerra a memória em campos específicos.

Post-Scriptum 11: Ousar nomear o potencial (autoposicionamento)

Um potencial não utilizado é um potencial perdido para o ser humano e para a humanidade.

Antes de entrar nesta atividade, explorar algumas questões preliminares (lembrar: não existe boas respostas. O importante é questionar-se):

– Qual é a sua definição de "potencial humano"? Qual a sua natureza? Sua função? Quando e onde ele se manifesta, por que procurar nomeá-lo?

– O que acrescentaria nessa lista? Que questionamento ela desperta em você, nos outros?

Os termos propostos abaixo são palavras chave que traduzem as características de nosso cérebro e do funcionamento de base de nossa vida cognitiva. Certos termos são comparáveis aos das duas listas precedentes. Trata-se, desta vez, de um autoposicionamento em relação às capacidades cognitivas "naturais", onde muitas ainda estão num estado de "ainda não" e das quais é importante lembrar a existência (por isso se repete com insistência a palavra "potencial").

A atividade consiste em:

1. Verificar se outros termos precisam ser acrescentados.
2. Localizar o ou os potenciais que se considera que já foi ou foram atualizado(s):
   a) indicar com exatidão os elementos que permitem dizer que esse potencial foi atualizado, (em tal momento, de tal maneira, com tal objetivo...)
   b) identificar os meios necessários para a "conservação" desse potencial
3. Identificar o ou os potenciais que gostaríamos de atualizar com prioridade:
   a) para si mesmo (em qual projeto, para que finalidade)
   b) na sua relação com os outros (em que contexto, com que objetivo)
4. Inventariar os recursos (materiais, humanos, o tempo, energia...) que permitirão atualizar esse potencial.
5. Construir o modelo de atualização para tal ou tal potencial: o que se deve empreender a curto prazo, a médio prazo, a longo prazo?
6. Abrir a porta ao questionamento: que direção, que campo explorar agora?

Fazendo parte de nossos potenciais humanos...

Potencial de abstração
Potencial de realização
Potencial de adaptação
Potencial de antecipação
Potencial de aprendizagem
Potencial de reunião (conexão)
Potencial de auto (criação, administração, organização)
Potencial de categorização
Potencial de mudança
Potencial de comunicação
Potencial de conscientização
Potencial de desenvolvimento (maturação, transcendência)
Potencial de expressão (linguagens verbal e não verbal)
Potencial de avaliação (auto e hetero)
Potencial de evolução
Potencial de imagens (imaginação + simbólica)
Potencial de gestão (do acontecimento, do inesperado, do desconhecido...)
Potencial de inovação
Potencial de integração (reestruturação)
Potencial de intencionalidade
Potencial de interação
Potencial de interpretação
Potencial de memorização
Potencial de execução (passagem ao ato)
Potencial de ordenação (organização)
Potencial de relacionamento (iniciar a relação)
Potencial de percepção
Potencial de questionamento (auto e hetero)
Potencial de equilíbrio (níveis físico, fisiológico, social, intelectual, espiritual)
Potencial saber-aprender (10 etapas)
Potencial de seleção (critérios de escolha, renúncia, prioridade)
Potencial de significância (busca do sentido)
Potencial de estruturação

... quais os que já atualizei?
... quais os que gostaria de atualizar?

Post-Scriptum 12: O grande questionamento (autoquestionamento)

Este questionamento refere-se à lógica do vivente e a cada etapa do saber-aprender (cf. Parte V, 6). Propõe-se a interrogação em 3 níveis:

(1) quais são os meus recursos nesse nível?

(2) quais são os meus hábitos (como utilizo...)?

(3) quais são as condições que me permitiriam melhorar...?

Relação *Eu e o meio ambiente*

– Saber descobrir

(a) quais são os meus recursos para descobrir meu meio ambiente?

(b) quais são os meus hábitos (o que prefiro...)?

– Saber reconhecer as leis da natureza

(a) quais são os meus recursos para descobrir as leis da vida?

(b) como faço para reconhecer as leis da vida?

(c) como aceitar as leis do vivente (complexidade, interdependência...)?

– Saber organizar

(a) quais são os meus recursos para organizar a complexidade, categorizar, selecionar, conceitualizar, abstrair, comparar?

(b) quais são os meus hábitos, preferências, tendências quando organizo, seleciono...?

(c) como estruturar, organizar de maneira eficaz, que dure?

– Saber criar sentido

(a) quais são os meus recursos para arraigar o que aprendo no meu percurso?

(b) como faço para inserir o que aprendo na minha biografia?

(c) como posso religar o que aprendo, de maneira mais sólida e durável, ao que já sei, construir meu caminho caminhando?

Relação *Eu e os Outros*

– Saber escolher

(a) quais são os meus recursos para escolher, selecionar, decidir?

(b) como faço para escolher? que modelo utilizo, que referencial?

(c) como tomar decisões eficazes, eficientes (com o mínimo custo), coerentes, pertinentes?

– Saber inovar

(a) quais são os meus recursos para criar, inovar, inventar?

(b) quais são minhas reações habituais face ao que existe e a um prolongamento possível?
(c) como posso ser mais criativo, inovador, disponível e aberto ao inesperado?

– Saber trocar

(a) quais são os meus recursos para exprimir, trocar, compartilhar o que tenho para dizer?
(b) como faço para me posicionar, exprimir meu ponto de vista?
(c) como construir uma verdadeira partilha, entrar em reciprocidade?

Relação *Si para Si*

– Saber compreender

(a) quais são os meus recursos para entrar em relação e "construir o mundo"?
(b) como faço para "colocar as coisas em movimento"?
(c) como poderei realmente "ir em direção da vida"?

– Saber intergrar

(a) quais são os meus recursos para entrar na dinâmica do acolher?
(b) como faço para recusar o encerramento num sentido único e "colocar em relação" os acontecimentos, os outros e eu mesmo?
(c) como poderei desenvolver minha consciência do momento "justo", da globalidade, da interdependência, da impermanência das coisas?

– Saber comunicar

(a) quais são os meus recursos para "construir com"?
(b) como faço para construir um espaço/tempo *in*-separável?
(c) como poderei desenvolver meus atos de linguagem e de escuta, meus olhares, meus gestos, para que contribuam mais na construção da humanitude*?

* A expressão é de Albert Jacquard.

11. Religar

"A complexidade é uma pergunta, e não uma resposta."[1]

Religância, uma exigência[2]

A ***religância*** é a resposta ao problema suscitado pela complexidade. É o resultado do que foi "tecido junto".[3] Os exemplos de religância que serão apresentados neste trabalho são verdadeiros amigos. Durante mais de duas décadas eles acompanharam muitos aprendentes, estudantes, formadores e professores. Esses exemplos permitiram-lhes construir novos caminhos, caminhando.[4] As atividades que serão tratadas aqui traduzem a preocupação em religar as diferentes etapas do saber-aprender. Elas também nos ajudam a rememorar que a palavra inteligência[5] é essencialmente uma capacidade de religância que contribui de maneira incessante, no centro mesmo de nossa busca de sentido, a essa "cinegética" solitária que é o processo de compreensão.

Compreender. Uma simples palavra, que é, portanto, "a pedra angular" das descobertas fundamentais para a humanidade,[6] Compreender, como ressalta Jacques Schlanger, é "buscar dentro de si e levar consigo", o que presume uma postura de abertura e de integração,[7] Nossos hábitos, nossas preferências, nossas referências e nossos valores nos posicionam, e, muitas vezes nos encerram num tipo de religância. Eles levam-nos do cognitivo ao afetivo ou ao contrário, e isso determina o que vem depois.

---

1. E. Morin (1995), p 89

2. Existe uma "verdadeira/falsa" religância (muitas vezes de natureza tecnológica) que se recusa a cortar o cordão umbilical, ou (r)estabelecer em permanência uma ligação verbal, sonora ou em imagem, criando assim um passatempo ou uma proteção contra a solidão. Para nós, a religância participa do devenir da vida.

3. Do latim: complexus.

4. Alusão ao poema de Antônio Machado.

5. Etimologia: latim: inter-legere: colher entre, por intervalos.

6. Referência a Barbara McClintock e sua visão sobre os princípios de organização do milho. Ler E. Fox Keller (1988).

7. J. Schlanger (1990), p 133 e s.

Religar, sim, mas... o quê?

Logo, para os aprendentes e para os que os acompanham, prevalece a questão de saber o que se deve religar. Será que o que chamamos, com grande naturalidade de "erro", não seria uma relação que foi feita de maneira inapropriada?[8] A verdadeira avaliação é a que, liberando-se da obsessão da dupla êxito/fracasso, consegue dizer de um aprendente (ou de si mesmo) "não é que ele não compreendeu, simplesmente, ele compreendeu outra coisa". Para Albert Jacquard, aquele que não compreende "compreende que ele não compreendeu. Logo, ele evolue".[9]

Religar-se à atividade solicitada

As dificuldades dos aprendentes são raramente expressas por eles mesmos, exceto em termos gerais que não ultrapassam a constatação global. Percebidas e expressas pelos professores, as dificuldades não diferem de uma disciplina a outra: memorização, motivação, distância entre a teoria e a prática, transferência de conhecimentos, medo do olhar dos outros, falta de espontaneidade (exceto em comportamentos agressivos), não respeito das instruções, imagem negativa de si etc. Essa constatação é "normal" porque suas capacidades são solicitadas em cada atividade, mas surpreendente, porque os professores não exprimem (não exploram?) a dificuldade em contexto. O aprendente não pode fazer economia de se posicionar no que se refere ao que ele aprende, com ferramentas iguais às que foram propostas no capítulo 10: autoposicionamento, questionamento, avaliação. E, como veremos adiante, é o questionamento (auto e hetero) que permitirá colocar em movimento a mudança.

Propor ao aprendente que escolha, exprimindo oralmente, por escrito ou graficamente, o que melhor traduz a dificuldade que ele gostaria de resolver. Isso significa que lhe pedimos

8. Alusão à ligação absurda estabelecida entre o QI da população negra e suas capacidades de inteligência.

9. A. Jacquard (1993).

para contextualizar a situação que ele considera difícil (será o "quem", o "que", o "onde", o "quando", o "como", a causa da dificuldade?).[10] Logo após, sugerimos que procure localizar as relações que existem e as que faltam entre os componentes da situação.[11] Este segundo exercício tem como resultado transformar o olhar sobre a dificuldade, transformando-a numa situação de ainda não, de aprendência possível.

Em seguida, cabe ao professor ou ao formador posicionar as respostas do aprendente de acordo com:

1. A d*ominante da situação* na qual ele se encontra (nenhuma situação cognitiva é simples):
   - é uma atividade onde a compreensão predomina? Nesse caso, de que material se trata: verbal escrito, verbal oral, não verbal oral (paisagem sonora), não verbal visual (imagens, filmes fixos, animados), plural/misto?
   - é uma atividade onde a expressão predomina? Nesse caso, qual é a atividade solicitada: verbal escrita, verbal oral (+ cinestésica, gesto, intonação, voz), não verbal visual (produzir um desenho, uma imagem, uma representação, um símbolo), não verbal auditiva (exprimir com um ruído artificial)?

2. *A etapa do percurso*

   A dificuldade do aprendente aparece antes, durante ou depois da tarefa a ser realizada?

3. O *trajeto que deve ser realizado* (de onde até onde? que tipo de tarefa?)
   - é uma atividade de reprodução, transformação, adaptação, rememoração, reconhecimento?
   - qual é o objetivo cognitivo para a tarefa (que competência ele desenvolve)?

---

10. Utilizando o "QQOQC..." sobre o qual já falamos no cap. 7.

11. Cf. cap. 7, p 109.

– quais os recursos colocados à disposição ou que se deve obter:

⇒ recursos exteriores (auditivo, visual)

⇒ recursos interiores (memória, imaginação)

4. O *grau de exigência ou de escolha*: em que sentido vão os "fluxos" das relações? Existe somente pressões como numa situação cativa de prova? Que liberdade se deixou para o funcionamento? Sobre que parâmetro a escolha do aprendente pode se exercer? etc (cf. cap. 7)

5. *As instruções*
– elas foram dadas de uma só vez? repetidas? sob que forma?
– a compreensão das instruções foi verificada? como?

6. *A avaliação praticada*
– o aprendente conhece os critérios e os indicadores de êxito?
– o momento e o lugar onde ocorrerá a avaliação foram indicados?

Religar a constatação e o questionamento

O posicionamento é uma etapa preliminar cuja função é preparar o terreno. O verdadeiro trabalho de ultrapassagem da constatação da dificuldade será feito, tanto para o aprendente como para quem o acompanha, a partir do próprio questionamento do aprendente (e não o do formador).

Eis três exemplos de uma dinâmica tirada das constatações recolhidas junto a formadores e professores:

1. Diante das frequentes constatações de falta de motivação, heterogeneidade do grupo, dificuldades de compreensão de enunciados simples, falta de atenção etc, foi feita a pergunta:

"*Como restituir a confiança em si a um público (de Liceu profissional)? Como fazê-los compreender que todos têm recur-*

sos que podem ser utilizados? Como ajudá-los a se organizar no momento de redigir?"

A questão refere-se ao procedimento, aos meios, ferramentas, metodologia (como...?) e ressalta a importância da confiança em si. Apesar de uma tonalidade de "pântano de deploração", a pergunta contém elementos de resposta: está implícito que todos possuem um potencial, a solução está na organização. É possível propor soluções bem rapidamente.

2. As dificuldades de "restituição a longo prazo" fizeram emergir a questão: "*como ajudar os alunos a aprender?*"

Pessoalmente, sempre fico feliz com essa pergunta, que leva à exploração do último continente a ser explorado, que é nosso cérebro! Ela exorta a repôr a problemática educativa sob o ângulo do potencial e de sua atualização. Ela também abre o debate sobre o verdadeiro patrimônio da humanidade, sobre o que religa os viventes entre si: sua capacidade de aprender.

3. A influência do consumo de imagens sobre o desenvolvimento dos dois hemisférios cerebrais fez surgir a dupla questão.

"Como se adquiria os conhecimentos em 1997? "Qual (ais) a (as) diferença (s) com as mesmas aquisições em 1967, quando o entorno do adolescente não era submetido às imagens?"

Maravilhosa oportunidade para questionar o termo "aquisições de conhecimentos" e para abrir o dossiê da aprendência (cf. cap. 1), analisar o papel do contexto (cf. cap. 3) e consultar os dossiês do vivente sobre a visão, as imagens e nosso potencial de flexibilidade (cf. cap. 4).

Religar-se ao questionamento do aprendente

Rememoremos: o questionamento na escola é, na maior parte do tempo, unilateral. É o professor que pergunta e o aluno sabe que o professor conhece a resposta. Segunda lembrança: uma constatação, qualquer que seja, perde o sentido se ela não leva ao questionamento. O questionamento, por sua vez, é vão, ou se transforma num encerramento suplementar, se ele não leva à intenção subjacente, que, como vimos, precede o ato.[12] Ele é também um fator de organização da estrutura cognitiva.

As verdadeiras perguntas do aprendente são as que ele faz ao professor. Seu questionamento é muito mais valioso porque ele torna claro a perspectiva em que o próprio aprendente se situa, indica se ele "olha do alto da montanha ou, do vale do alto ou de baixo",[13] e, mais importante, libera a confiança e, graças a ela, a criatividade e a inteligência. A riqueza do potencial que permanece adormecido em alunos considerados como alunos com dificuldades aparece claramente no documento proposto no Post-Scriptum 13. Porque eles acreditavam serem os últimos da escola e rejeitados por todos (exceto por dois professores que viam esses alunos com um outro olhar), nós trabalhamos sobre as inteligências múltiplas e um exercício de "pensamento lateral" de Edward de Bono. Após a reunião, o professor pediu-lhes que apresentassem por escrito ao professor convidado, todas as perguntas que eles gostariam de fazer. Como se constatará, verificando o documento, são verdadeiras perguntas, para quais eles não pedem respostas prontas para serem reutilizadas num dever.[14]

Várias análises do documento são possíveis. Por exemplo o tipo de relações que as perguntas traduzem: "eu e o meio ambiente", "eu e os outros", "eu e eu". Primeiramente foi proposto aos alunos discernir dois grandes grupos:

1. As perguntas nas quais o aprendente se considera no controle para tomar uma decisão, mudar algo e aprender, compreender, trabalhar, interessar-se, gostar... de outra forma.

---

12. Cap. 4 "Fermatas para uma vida aprendente".

13. Expressão de Roger-Pol Droit (1997), p 207.

14. Cf. nossa observação no cap. 8 sobre o interesse das sondagens qualitativas, que se adicionam às pesquisas sociológicas, no que se refere a grandes quantidades.

2. As perguntas nas quais outras pessoas intervêm numa decisão que lhe diz respeito (notas, orientações, ofício) e da qual ele depende, em parte, para que uma mudança se produza.

O documento reagrupando todas as perguntas permitiram aos autores identificar, no meio das outras, sua própria contribuição, e proceder à classificação proposta.

Num segundo tempo, os alunos compararam a decisão deles e buscaram o que os tinha feito classificar uma frase em uma das duas categorias. As divergências ocasionaram trocas sobre as indicações, os sinais, os indicadores, ou seja, sobre as próprias alavanças da avaliação, respeitando a opinião do Outro. *("Dize-me o que é para ti...", "o que te faz dizer que...").*

E como isso se passava durante a aula de francês, foi pedido que se verificasse se as frases manuscritas estavam conforme o documento coletivo "editado". Os erros do vizinho sendo muito mais visíveis que os seus, deu uma nova oportunidade para compartilhar.

Todo esse paciente trabalho juntos, empreendido pelo professor com um grupo de alunos, é apenas um começo de um diálogo que se prolonga e reaparece durante o ano inteiro, porque ele aborda, sob aspectos bem diversos, o gigantesco continente do "ainda não" do aprendente. O importante é que o diálogo seja inicializado a tempo e alimentado.[15]

Religar pensamento, língua e realidade

Nossa relação ao "real" levanta um gigantesco debate plural, onde a filosofia, a física, a biologia misturam suas vozes. Qualquer que seja nosso posicionamento, duas observações prevalecem. Em primeiro lugar, a linguagem ainda é frequentemente concebida, na cultura ocidental, como linear, restrita às funções de emissão e de recepção. Em segundo, a questão da

[15]. Classe de 3° ano de um Colégio de La Rochelle. Obrigada a A.M.S., professora de francês que me convidou para um precioso diálogo com jovens (homens e mulheres) em devenir.

distância entre pensamento, linguagem e realidade é abordada raramente.

Na visão da Semântica Geral de Alfred Korzybski, vimos que o nível verbal se encontra na quarta posição da relação entre acontecimentos (exteriores ou interiores) e nosso comportamento linguístico. Logo, nossa linguagem passa pordois filtros, os da nossa sensoriedade e o das nossas emoções. A sequência abaixo permite compreender a origem do que Korzybski designa, de maneira elegante, nossas "avaliações erradas":[16]

Real → nossos 5 sentidos → nossas emoções → reação da língua

Constatamos diariamente (mas exprimimos raramente em voz alta) que "entre o que pensamos, o que queremos dizer, o que acreditamos dizer, o que dizemos, o que ouvimos, o que o outro quer ouvir, o que o outro ouve, o que o outro acredita compreender, o que o outro quer compreender e o que o outro compreende, existe pelo menos oito possibilidades para não se compreenderem!".[17]

Como já foi mostrado, aprender uma língua provoca um número considerável de problemas de natureza bem diferentes, por causa das funções plurais da linguagem: *nomear, discernir, definir, descrever, narrar, exprimir a temporalidade, estabelecer relações com o mundo exterior, coordenar a ação,*[18] *comunicar, questionar além do aqui e agora, dar sua voz ao código linguístico, prever uma ação sobre o mundo etc.*

São essas diversas funções (perceptivas, cognitivas, afetivas, sociais) que "servem" nossos atos de fala, nossos atos de escrita, nossos atos de escuta e nossos atos de leitura. Mesmo que não haja nenhuma fronteira no nosso organismo nem no nosso cérebro para realizar esses atos neuroculturais, o ato edu-

16. Cf. Parte VI, cap. 8; A. Korzybski, *op.cit.* 4; Cf. também o 3° filme da série *Nascemos para aprender*.

17. Fórmula que deveria ser colocada em todos os lugares de comunicação.

18. "*A linguagem é essencialmente uma maneira de acoplar os indivíduos no centro de uma espécie para a coordenação da ação*" (F. Varela, in *Nascemos para aprender*, *op.cit.*).

cativo ainda os situa no cruzamento de disciplinas separadas (linguística, metodologia, neurobiologia, fisiologia, psicologia), o que complica mais ainda a relação pedagógica que deveria se inserir no que F. Varela chama "neurofenomenologia", unindo a experiência humana e as neurociências cognitivas.[19]

Cabe, evidentemente, a cada um dos diferentes parceiros (inclusive à instituição) procurar tornar a aprendizagem compatível com o que sabemos da linguagem e de nossa vida cognitiva. Não é mais suportável pensar, como ainda é o caso, que o aprendente deve "assimilar" um novo léxico, uma nova fonética e nova regras de gramática. A imagem da relação entre quem aprende uma língua estrangeira e o que ele aprende deve ser esclarecido com extrema clareza, porque nesse campo, os estereótipos estão solidamente arraigados no pensamento educativo.[20]

Gerald Edelman explica a extraordinária complexidade de nosso funcionamento cerebral através de processos de *acoplamento, interconexão e estruturação dinâmica* (ou cartografia). Em sua teoria, o que pode, de maneira específica, despertar o interesse dos lingüistas, é sua hipótese no que se refere aos "mapas reentrantes locais". Esses mapas, de fato, colocando em correlação as diferentes áreas cerebrais mostram que nossa vida cogitiva é complexa dinâmica e auto-organizada. Edelman também recorre ao processo de "*bootstrapping*" para explicar que o sistema neurofisiológico constrói estruturas da linguagem que ultrapassam em poder as estruturas iniciais, graças precisamente ao processo de "reentrada".[21] Através desses processos, os diferentes fatores que participam na elaboração da linguagem (afeto, recompensas, fonética, categorizações) criam conexões e correlações que, por sua vez, contribuem para fazer emergir

19. F. Varela, "Les mystères du cerveau" (Os mistérios do cérebro), in *Qu'est-ce qu'on ne sait pas?* (O que não sabemos?), Découvertes Gallimard (1995).

20. Cf. cap 8, Post-Scriptum 1, *A França e os franceses, na opinião dos ingleses.*

21. O *bootstrapping* é um processo de correlação (correlação ida e volta) que a atividade cerebral estabelece entre diversas áreas (sensoriais, motoras, corticais e subcorticais).

progressivamente a significação, e para constituir um léxico e uma sintaxe. São nossas capacidades para selecionar e para associar que podem explicar a consolidação e o enfraquecimento de nossos comportamentos cognitivos (percepção, memória ou categorização).[22]

Memorizemos, da teoria de Edelman, as palavras chave, correlação, emergência e *bootstrapping*, e coloquemos nossas práticas pedagógicas em face de nossas interrogações.

Religar os quatro "savoir faire" *(saber-fazer) da linguagem*

Quem acompanha um aprendente que estuda uma língua está em busca, constante, de ferramentas que ajude orientá-lo na compreensão da língua estudada e na expressão de seu pensamento, suas intenções, suas emoções, suas experiências sensoriais, seus projetos.

A figura 16 é uma evocação das relações (mínimas) dos diferentes componentes de uma situação ainda muito mais complexa porque ela se efetua na duração.

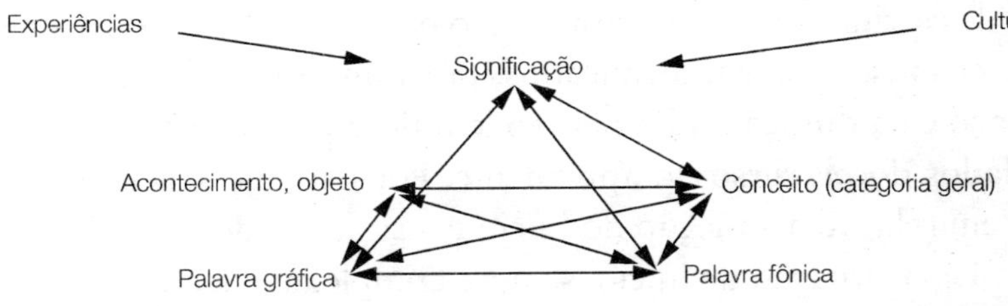

Figura 16: O sentido emerge das relações entre os componentes da situação linguística

O objeto, o conceito, o signo gráfico e a representação fônica estão na língua em relação múltipla e pluridirecional, de acordo com o ato de linguagem (fala, escrita, leitura, escuta). O sentido emerge das relações, estabelecidas parcial ou totalmente. Os diferentes atos de linguagem utilizam diferentes fluxos de orientação.

---

[22] G. Edelman (1992), p 113, 121, 159...

Essa figura permite compreender que certos trajetos serão aprendidos ou preferidos antes de outros. Ela permite também avaliar as relações que já foram feitas, posicionar um eventual bloqueio e localizar o que precisa ser estabelecido. Ela é instrumento de análise e matriz.

Os trabalhos de pesquisas dos neurobiólogos confirmam que é essencial dar à significação, um estatuto de emergência e não de entidade "pré-estabelecida", pré-integrada ao objeto ou ao acontecimento. No entanto, essa concepção ainda transparece em numerosas expressões de nossa linguagem educativa: "dar o sentido", "encontrar o sentido", "transmitir o sentido" e... "perder o sentido". Precisamos pensar de outra maneira nossas capacidades cognitivas e de outra maneira, o acompanhamento de quem aprende uma língua, ou seja, a partir dos conceitos fundamentais de religância e de emergência.

Religar para fazer emergir o percurso

Um raciocínio simples, mas com consequências múltiplas, consiste em observar, antes de tudo, que os quatros "*savoir-faire*" (saber-fazer) linguísticos de base, ou seja, o ato de fala, o ato de escrita, o ato de leitura e o ato de escuta, são objetivos de competência a serem alcançados, precisando ser efetuados no espaço e na duração. Eles não podem ficar, de maneira alguma, isolados do percurso do aprendente. Por isso, é essencial colocar em relação a situação do início e a situação do final.

Uma situação de início, sempre complexa, é feita:

- das experiências precedentes e de sua memória: nossas experiências são um sulco que determina nossa postura face à atividade, a nós mesmos e aos efeitos da atividade: logo surge a questão de como escavar o sulco;
- do modo como se efetua a atividade: verbal, não verbal, mista;

– de uma modalidade sensorial predominante, da atividade (visual, verbal, não verbal, auditiva, cinestésica ou mista) ou do suporte (livro, gravação, imagens fixas, videos);

– das instruções (mais ou menos claras ou compreendidas).

A situação final é uma competência linguística que é o resultado de um trajeto compreendendo várias etapas, rumo às capacidades cognitivas sempre complexas. Um exemplo: quando pedimos a um aprendente para *resumir um texto* que ele leu, estamos pedindo para ele ir de um ato de leitura a um ato de fala. Esse mesmo objetivo (resumir um texto) pode ser alcançado, a partir de um ato de escuta ou de leitura de um documento visual apresentando o mesmo texto, mas com apoio da imagem. Os 4 atos linguísticos de base se dividem:

	situação de compreensão	situação de expressão
língua escrita	1 (leitura)	2 (escrita)
língua oral	3 (escuta)	4 (fala)

Figura 17: Os quatros "savoir-faire" (saber-fazer) da linguagem

Dois aspectos da língua, duas situações linguísticas, mas múltiplas possibilidades de trabalho cognitivo.

Esse primeiro quadro convida os professores a:

1. Fazer um inventário de uma dezena de atividades usualmente solicitadas aos aprendentes.

2. Identificar as relações que essas atividades estabelecem entre os "quadrantes", utilizando uma seta para ir de um quadrante ao outro. Exemplo:

resumir oralmente um texto lido = 1 → 4

resumir por escrito um texto lido = 1 → 2

resumir oralmente um texto que se escreveu = 2 → 4

Percebe-se, de imediato, que a atividade "resumir" não corresponde a uma atividade fora de contexto, que seu sucesso vai depender do trajeto e que sua avaliação deve levar em conta essa realidade.

3. Estabelecer todas as relações possíveis:

– primeiro, relações simples

1 → 1	2 → 1	3 → 1
1 → 2	etc.	etc.

– em seguida "cadeias de relações": 3 → 1 → 4 → 1 etc...

Identificar as relações que, embora sendo muito ricas cognitivamente, ainda não são praticadas.

Quando esse primeiro trabalho for feito, o quadro será aumentado para que sejam analisadas, com atenção, as relações entre língua materna e língua estrangeira nas atividades de sala de aula:

	situação de compreensão	situação de expressão
língua 1 escrita	1	2
língua 1 oral	3	4
língua 2 escrita	5	6
língua 2 oral	7	8

Figura 18: Línguas e situações da língua

Duas línguas x duas situações linguísticas x quatro savoir-faire *(saber-fazer) = uma infinidade de trajetos.*

Esse segundo quadro é não somente um método para analisar uma prática pedagógica, mas também uma matriz para construir trajetos que levam, de maneira mais eficaz, o aprendente rumo ao objetivo de competência desejado.

Graças às relações estabelecidas entre as diferentes atividades da lingua, a noção de situação, envolvendo relação e contextualização, substitui-se a de "tarefa" ou exercício escolar, cuja caráter esporádico e fora de contexto não pode mais ser aceito. De fato, mesmo as "gamas" (que por muito tempo foi o argumento dos que preconizam os exercícios em vão) exigem, para serem eficazes, serem religadas: ao corpo, ao gesto, ao som, ao espaço, ao que precede e ao que segue, ao projeto de quem os representa...

O ato de religar, nas relações em cadeia, não consiste somente em pôr em relação níveis, etapas ou objetivos cognitivos ou da lingua, ele também se manifesta como sendo um ato organizador e estruturador, colocando em movimento uma exigência de aprender rumo a um objetivo concreto de comunicação.

Os dois quadros precedentes precisam ser completados e complexificados, para levar em conta os dois tipos de tarefa solicitadas ao aprendente, no meio educativo tradicional e as duas modalidades verbal e não verbal.[23] Na realidade escolar, as tarefas são atividades de reprodução ou de transformação. As fontes ou suportes utilizados para realizar as atividades sendo também de dois tipos (auditivo e visual), os percursos cognitivos só podem ser plurais. A dimensão não verbal da imagem e do som, principalmente, a "paisagem sonora" como a nomeou tão bem Murray Schafer,[24] é a grande ausente das práticas pedagógicas que sucedem as do jardim de infância. No entanto, o mundo não verbal é um meio para entrar no mundo verbal, como sugere o quadro abaixo. Não se pode negar que certos trajetos são mais ou menos eficazes para alcançar o objetivo pedagógico do professor. Mas, e o ato cognitivo? Embora servindo de base a toda atividade escolar, será que é ele que determina as escolhas dessas atividades?

FONTES		TAREFAS A SEREM REALIZADAS		
FONTE AUDITIVA	VERBAL	1. escutar	2. recitar	3. narrar
	NÃO VERBAL	4. escutar uma paisagem sonora(ruído)	5. reproduzir uma situação sonora	6. interpretar uma situação sonora
FONTE VISUAL	VERBAL	7. ler o texto	8. copiar um texto	9. redigir,resumir
	NÃO VERBAL	10. ler uma imagem	11. reproduzir uma imagem	12. adaptar, prolongar

Figura 19: Fontes, tarefas, percursos (uma estrutura de análise + uma matriz)

Duas fontes x dois tipos de tarefas x duas dimensões (verbal e não verbal) = a uma infinidade de percursos plurais.

23. Esse termo não se aplica ao gesto, nem ao rítmo, nem à intonação que fazem parte integrante do verbal.

24. R. Murray Schafer (1979).

Os três quadros acima são uma demonstração bem simples que o fato de estabelecer relações pode fazer emergir recursos imensos, a partir de elementos que, por muito tempo, foram considerados como independentes. Façamos a experiência: gravemos três "situações sonoras" simples (ruído de chave, papel amarrotado, fósforo friccionado); peçamos a várias pessoas que escutaram a gravação que digam a ordem dos ruídos, em seguida que imaginem uma situação que corresponda a esses ruídos na ordem em que elas os ouviram, isto é, interpretaram. Compreenderemos de imediato (1) que nossa experiência individual está no centro de nossa vida mental, (2) que a situação sonora é maravilhosamente criadora de linguagem, (3) que a imaginação se encontra ao alcance dos que acreditam não possuírem.

Religar o "eu" e o "isso": aprender na primeira pessoa

A imagem que o aprendente tem dele mesmo é um fator importante em sua maneira de proceder. Se essa imagem for negativa, se o interesse e o objetivo da atividade não forem claramente percebidos, se ele tiver lembranças dolorosas das experiências anteriores, ele não poderá ser bem sucedido e progredirá com dificuldade e lentamente. Se, ao contrário, ele se considerar capaz de realizar a tarefa que lhe é solicitada, se ele julgar essa tarefa agradável e útil, ele mobilizará seus recursos, sobretudo se o professor o tiver ajudado a tomar consciência de suas potencialidades e a mudar a imagem que ele tem de si mesmo.

Para o professor e para o aprendente, os principais problemas que precisam ser resolvidos são a resistência à mudança, o papel do corpo na comunicação falada e escrita, a utilização dos diferentes suportes de informação, as interferências da língua materna e estrangeira. Propor, por um lado, uma solução coerente e compatível com as exigências de nossa vida cognitiva, e da língua estrangeira, por outro, foi a razão de ser da metodologia pedagógica elaborada, visando responder aos objetivos do aprendente e do professor.

1. O objetivo do aprendente

- sentir-se capaz de falar a língua estrangeira;
- adquirir uma maneira autônoma de aprender;
- ser capaz de falar com seu corpo inteiro;
- sincronizar a respiração com o ritmo da língua estrangeira (o inglês), significa, por exemplo, respeitar as pausas, o tempo, as hesitações.

2. O objetivo do professor

- consolidar os laços entre o aprendente (francês) e a língua estrangeira (o inglês) para um trabalho de interiorização e de responsabilização;
- propor uma metodologia compatível com as palavras chave do funcionamento cerebral (seletividade, conectividade);
- respeitar a complexidade da língua (não isolar um elemento);
- respeitar a complexidade do aprendente (4 cérebros +++)
- respeitar o processo de "estabilização seletiva" (escolha + memorização).

Um mínimo de equipamento é necessário para realizar essa experiência pedagógica, que nada mais é do que um *playback*, visando conciliar o "eu" e o "isso".[25] A duração total dessa experiência leva umas doze horas, incluindo a preparação, a realização de um documento visual, a visualização do documento e uma reflexão em retrospectiva sobre a experiência.[26] Após assistir ao seu próprio filme, os aprendentes são solicitados a dar por escrito (em francês ou na língua estudada), anonimamente se eles preferirem, suas impressões sobre essa experiência. Elas são, então, reunidas num documento, no qual o professor res-

25. Uma única videocâmera (durante ½ dia), um vídeo (1/2 dia); um gravador para 4-5 aprendentes, uma escolha de gravações de situações gravadas em videocassette, na língua estrangeira (sainetes, diálogos ou monólogos) e os textos escritos correspondentes.

26. Organizadas sobre 3 ou 4 semanas.

ponde às questões que surgiram e dá esclarecimentos sobre os processos em jogo nos nossos mecanismos da língua.[27] O documento distribuído e comentado, o diálogo iniciado continua.

A metodologia de como agir contém duas primeiras fases que deixam ao aprendente várias oportunidades de escolha, de maneira a lhe permitir encontrar o tema, o texto, a voz que ele vai seguir e os parceiros com os quais ele se lança nessa aventura. Ele foi prevenido que após essas diferentes escolhas ele deverá seguir 13 etapas obrigatórias.

PROCEDIMENTO PARA FAZER UM EXERCÍCIO DE *PLAYBACK*

I. Escolher um tema, um dossier, uma situação
(dentro de uma série de gravações e de textos correspondentes)
escutar com os olhos fechados, o texto gravado

II. Escolher um trecho, com o projeto de se responsabilizar totalmente por ele.
Escolher não somente o conteúdo, mas, a voz do personagem que sera representado, "sentir-se" na pele desse personagem e dentro dessa situação. Escolher um, uma ou mais parceiros(as).

III. Seguir passo a passo as etapas:

1. escutar o trecho (com os olhos fechados)
2. escutar novamente, utilizando um método de escuta

	1ª escuta	2ª escuta	3ª escuta
quem			
o que			
quando			
onde			

3. tentar transcrever o texto
4. verificar, elucidar (com a ajuda do professor)
5. escutar novamente (olhos fechados) + "*shadowing*" (seguir o texto ouvido, murmurando as palavras que foram reconhecidas)
6. "*shadowing*" sobre o texto lido
7. "*shadowing*" sobre o papel escolhido, texto lido
8. escutar novamente (olhos fechados) + repetição mental silenciosa do papel escolhido, *vendo-se dizer e conseguir*

27. Cf. Post-Scriptum 14, as reações de aprendentes (considerados "fracos") e as respostas do professor.

9. ensaios em pequeno grupo de trabalho, com *playback* sobre a gravação. Autocrítica e comentários de espectadores privilegiados.
10. gravação frente à camera (decidir sobre a hora e a ordem de passagem)
11. revisar o documento
12. comentário dos aprendentes por escrito, anonimamente
13. leitura do documento editado pelo professor, diálogo e questionamento

A alternância de escolha e de exigências é sempre frutuosa quando o objetivo é claro para quem aprende. A organização do trabalho em subgrupos, indispensável para repartir as responsabilidades, assegura a continuidade da metodologia até o seu término. A responsabilidade dos aprendentes refere-se ao material (gravadores, documentos), a gestão do tempo (duração das fases, organização do tempo de cada um e as pausas), a localização dos problemas que devem ser mostrados ao professor logo que ele se encontre com o subgrupo, o inventário, no final da sessão, do que foi descoberto e aprendido por cada um (sintaxe, léxico novo, pronúncia, fatos de civilização, procedimento). A conscientização pelo aprendente e a prática das diferentes responsabilidades que lhe incumbem são, certamente, o que contribui com segurança para a descoberta do que é a *autonomia*.

Religar para explorar, construir, estruturar e criar

Sabemos que nosso cérebro funciona essencialmente por associação, encadeamento, conexão, relação. Logo, cabe-nos reproduzir o mesmo esquema em nossas atividades educativas, cuja finalidade é (que eu saiba) desenvolver as atividades cognitivas de compreensão, memorização, recordação, reconhecimento, adaptação, imaginação.

Fazem mais de vinte anos que existe uma técnica que já provou o seu valor dentro do mundo educativo e bem além. Ela foi elaborada por Tony Buzan, que durante seu segundo ano de universidade, submerso numa massa de dados a serem devorados, questionou os mistérios do funcionamento do cérebro humano. Descobrindo que uma das principais características de nossos recursos cognitivos era a *conectividade*, ele decidiu colocar essa capacidade em execução e transformá-la em técnica. Sua primeira aplicação foi a tomada de apontamentos e a ajuda na memorização. Rapidamente, como ele mesmo explica,[28] ele percebeu que a técnica dos esquemas "religando" um tema central às ideias (de um artigo, de um livro, de um discurso), era, na realidade, uma técnica de descoberta profundamente "heurística"[29] muito eficaz e que ela constituia uma etapa preliminar para a redação de textos. Essa técnica de religância permite organizar uma grande quantidade de dados. Ela ajuda a tornar claras as ideias exatamente *porque* ela estabelece relações entre elas e o tema central.

Tendo descoberto a técnica dos esquemas heurísticos com Tony Buzan há mais de vinte anos, minha pedagogia, desde então, se encontrou constantemente renovada. A visão relacional tornou-se minha segunda realidade. A análise metodológica, a elaboração de uma conferência, de um livro ou de um artigo, a verificação de uma sondagem, puderam ser feitas com um ganho considerável de tempo e de eficácia. Além do mais, a dinâmica do estabelecer relações serve a memória tal como uma técnica de "manutenção" (= que segura a mão!).

A técnica dos esquemas heurísticos é bem mais conhecida atualmente, muito mais porque ela faz pensar na arte da mandala e numerosos modelos de arquitetura natural (arborescências, cristais, corais, estruturas florais). Ela pode ser aprendida com facilidade.[30] Recordemos aqui algumas regras de base:

---

28. Cf. a Introdução de seu novo trabalho, em parceria com seu irmão com o título *Dessine-moi l'intelligence* (Desenhe-me a inteligência), Les Editions d'Organisation (1993).

29. O termo "esquema heurístico" foi escolhido para traduzir as expressões inglesas "*brain map*" e "*brain pattern*" em *Une tête bien faite* (Uma cabeça bem feita), primeiro livro de T. Buzan, Les Editions d'Organisation (1975, 1994).

30. Nas duas obras de T. Buzan, *op.cit.* e nos estágios organizados pelo serviço de Formação Permanente da Universidade de La Rochelle.

1. Escrever o tema, o assunto, no centro da página, colocada no sentido horizontal.

2. Ligar as ideias principais diretamento com o centro.

3. Utilizar palavras chave, cada uma de uma vez (não utilizar frases).

4. Escrever com letras de forma sobre a linha (releitura global, imediata).

5. À medida que as ideias forem se desenvolvendo, ligá-las do centro para o exterior, os detalhes e exemplos concretos ficando na periferia.

6. Utilizar códigos, setas, cores para fazer sobressair uma ideia ou uma relação.

7. Utilizar as três dimensões para introduzir uma perspectiva e dar livre curso a imaginação.

O exemplo do esquema heurístico proposto no Post-Scriptum 3 ("*Um esquema heurístico sem fronteiras*")[31] é uma imagem da interdependência dos fenômenos, da poderosa dinâmica do processo de religância e do lugar de encontro onde as fronteiras culturais não existem mais.

---

31. Página 158.

Post-Scriptum 13: Os aprendentes nos questionam[32]

A instrução era: "Escrever na margem, na frente da questão:
"N" (Nós) para a primeira categoria,
"O" (Outros) para a segunda categoria".

(A escolha de outras categorias possíveis foi, evidentemente, considerada, mas não foi adotada).

A ideia de incorporar o questionamento dos alunos ao próprio processo de aprendizagem estava no centro de nossas preocupações. Um trabalho precedente tinha sido feito sobre nossas inteligências múltiplas e nossas preferências perceptivas (visual, auditiva cinestésica). O objetivo sendo de constituir um material de trabalho autêntico, as respostas dos alunos foram recolhidas ao vivo e apresentadas por escrito, livremente. Somente o esboço "*pergunto-me*" foi sugerido, mas não imposto. Os erros de ortografia dos alunos foram corrigidos no documento que foi elaborado *para ser distribuído*. Cada frase recebeu um número para facilitar a referência. Certas frases foram reagrupadas para facilitar o aprofundamento do aspecto abordado.

Os alunos puderam:

– *posicionar suas respostas* em relação às respostas dos outros, e, sobretudo, *constatar* que eles não são os únicos a pensar o que eles ousam dizer (por isso que é importante não suprimir as repetições); que seus valores são compartilhados; que os valores dos outros se posicionam de maneira diferente face à urgência;

– compreender *o sentido* daquilo que eles exprimiram;

– *discutir sem se sentir ameaçado* por uma opinião que julga como "verdadeiro/falso" seu questionamento e o questionamento dos outros.

Uma vez mais se percebe que, quando a oportunidade para se exprimir se apresenta, aquele ou aquela que consegue exprimir sua dificuldade já entrevê um início de solução (ex: frase 14). É exatamente uma das características do processo de estabelecer relações do pensamento, da fala e da "realidade" vivida.

Certas reações interpelam o sistema educativo inteiro. Todas as frases são, simplesmente, comoventes: euforia, angústia, confiança tranquila, pedido formulado expressamente de uma ferramenta ou de uma solução... andam lado a lado com um sentido agudo da responsabilidade de ser um aprendente.

O que surpreende é o número de frases onde, como os que os precederam, o espaço de questionamento cede totalmente o lugar a uma opinião ou uma certeza. Prova suplementar, caso fosse, que o questionamento é um

32. Obrigada a A.M.S., de um Colégio de La Rochelle, pela sua contribuição a esse documento e por ter acompanhado os jovens em seu questionamento.

meio de abertura e de ressonância e que o diálogo pedagógico encontra, num documento como este, matéria para continuar o ano inteiro.

Frente à pertinência de certas perguntas ou observações, como permanecer indiferente ou mudo? Argumentar-se-á, certamente, que certas perguntas e observações não são da responsabilidade do professor e ultrapassam os limites do programa da matéria ensinada. Essa observação é do tipo bumerangue. Ela retorna o argumento ao próprio autor, questionando sobre a importância que ele dá a exigência de aprender.

Relembrando: essas frases foram recolhidas junto a alunos de 8ª série considerados "alunos com problemas". Enviadas para mim, interventora exterior, e transmitidas ao professor que pôde, durante o ano inteiro, dar respostas "sobre e no momento favorável", prolongando assim o diálogo iniciado por esse trabalho (por exemplo a pergunta sobre os videogames*). É evidente que cada frase mostra o peso de uma verdadeira preocupação por parte dos alunos e o efeito de um trabalho de reflexão prévia, que certamente repercutiu no meio familiar.*

É impensável não "editar" a totalidade dessas respostas, mesmo sendo a mais simples, porque elas são muito importantes aos nossos olhos e aos olhos deles. Encontrar "suas" frases junto com as outras, faz parte de um jogo muito importante. Nesse dia, o exercício de leitura foi aceito com prazer. Certas perguntas permitem realizar o peso da orientação para os alunos que estão na 8ª série, e cuja escolaridade vai depender da imagem que eles darão a esse ano.[33]

(documento de trabalho: fonte de diálogo e de troca)

1. Gostaria de saber por que certas pessoas aprendem mais rápido suas aulas do que outras?
2. Por que existe pessoas que aprendem melhor do que outras?
3. Eu não compreendo porque alguns são bem sucedidos nos estudos e outros não, já que somos igualmente inteligentes.
4. Por que alguns conseguem fazer longos estudos, com mais facilidade do que outros?
5. Como é possível que existam pessoas que têm mais dificuldade para aprender do que outras?
6. Por que certas pessoas são preguiçosas e outras têm a coragem de trabalhar, por exemplo, sua aula.
7. Existe um meio para que possamos ler nossa lição e conhecê-la?
8. Pergunto-me por que existem matérias em que somos melhores do que outros.

---

[33] A obra de C. Chassagne (1998) é o fruto da longa experiência do seu autor na área de orientação dos alunos no final do 2° grau.

9. Gostaria de saber por que alguns são feitos para os estudos e outros não.
10. Pergunto-me por que existem bons e ruins.
11. Pergunto-me se é possível ensinar algo a alguém, de maneira forçada.
12. Eu não sei se sou capaz de seguir o ensino de segundo grau.
13. Eu não sei me assumir.
14. Eu não sei se as respostas para todas as perguntas feitas se encontram dentro de mim.
15. Eu não sei por onde começar para aprender inglês.
16. Pergunto-me se conseguirei terminar meus estudos normalmente.
17. Pergunto-me se conseguirei realizar minha vida com um bom ofício e uma família.
18. Pergunto-me se conseguirei obter meu diploma de 2° grau.
19. Pergunto-me se conseguirei exercer o ofício que desejo.
20. Pergunto-me se conseguirei ser uma excelente aluna.
21. Pergunto-me se conseguirei ser excelente, e se conseguirei compreender matemática e poder raciocinar.
22. a) Pergunto-me como serei mais tarde e como será o mundo.
    b) Pergunto-me como será o futuro do mundo.
23. Por que alguns são melhores do que outros em certas matérias?
24. Por que existem matérias ou lições que são mais difíceis de aprender do que outras.
25. Por que, às vezes, as lições são tão difíceis ou tão fáceis de aprender?
26. O que acontece quando se aprende uma lição?
27. Como aprender uma lição?
28. Alguns aprendem melhor do que outros. Eu, eu penso que é uma questão de vontade e de coragem, tanto como de motivação.
29. Por que alguns aprendem suas lições de cor e quando vão fazer a prova erram ou esquecem? É injusto. Tem vezes que não compreendo as perguntas da prova.
30. Como se explica que certas pessoas são visuais ou auditivas?
31. Por que somos auditivos ou visuais?
32. Como se sabe se somos auditivos ou visuais?
33. Será que a inteligência pode variar de acordo com a situação familiar?
34. Será que o fato de iniciar o inglês no primário pode ajudar uma criança a aprender o inglês na 6ª série?
35. Quem são realmente os superdotados?
36. Existem pequenos gênios?
37. Será que o *videogame* pode influenciar uma criança?
38. Pergunto-me se a orientação após o primeiro grau é muito importante para nosso futuro e se uma reprovação é um ano perdido.

39. Pergunto-me se um Diploma profissional é melhor que um Diploma Geral e se, conseguirmos passar no Bac, se podemos tentar encontrar um trabalho.
40. Pergunto-me se, algumas vezes, os professores não sentem um certo prazer em nos ver fracassar.
41. Será que um aluno modelo no primário pode, em classe superior, se tornar francamente menos bom e vice-versa?
42. Será que estar numa classe onde se tem muita dificuldade, faz com que o aluno seja rejeitado?
43. Somos todos inteligentes, mas, por que não conseguimos trabalhar? Pergunto-me se todos temos um dom para alguma coisa.
44. Os professores algumas vezes nos punem ou nos dão uma advertência, mas não vejo em que isso lhes pode ser útil.
45. Será que um terceiro trimestre excelente ajuda alguém a passar de ano?
46. Será que todos os professores decidem sobre uma passagem ou sobre uma orientação? Se um professor for contra uma passagem de ano, será que isso poderá influenciar outros professores?
47. Será que um terceiro trimestre médio pode ajudar um aluno a passar ou isso lhe causa prazer?
48. Será que um professor pode reprovar um aluno do qual ele não gosta?
49. Tenho medo de não ser orientado para o que gostaria de fazer porque no meu caso uma reprovação não é necessário. Lá, onde quero ir,`zxsd serei ajudado.
50. Estou em dúvidas se é necessário que eu faça uma 8ª série?
51. Pergunto-me como vai ser o futuro.
52. Todos nós somos inteligentes?
53. Existem pessoas tolas e pessoas inteligentes?
54. Será que todos nós temos a mesma inteligência?
55. O que é a inteligência?
56. Será que teremos todos uma boa situação?
57. Qual a maneira mais rápida para aprender uma lição?
58. Se somos visual, como podemos memorizar uma lição?
59. Como se pode aprender uma lição e guardá-la na memória por muito tempo?
60. Será que conseguimos não ser preguiçoso ou ocioso?
61. Por que, algumas vezes, temos preguiça para aprender uma lição?
62. Se não temos vontade de estudar uma lição que não nos interessa, então, como fazer?
63. Por que, se uma matéria não nos interessa, somos obrigados a nos interessar por ela?

Post-Scriptum 14: Os apredentes comentam (um exercício de playback *pg. 175 e 177)*

Após assistir o documento no qual os estudantes se viram em ação, falando um inglês "sem erros" (era o gravador que repetia no lugar deles), as etapas 12 e 13 da atividade ainda precisavam serem percorridas. Todos os comentários foram reagrupados para que cada um se sentisse engajado a ler a totalidade do documento e encontrar "seu" comentário junto aos outros.

As observações do professor também foram reagrupadas (Parte II). Elas são indicadas por um ou dois asteriscos (* ou ** ou *** etc) no comentário do estudante.

(N. B.: Esse grupo de alunos de 1º e 2º ano de um IUT "Técnicas de Comercialização" era considerado como sendo "muito fraco". Os próprios alunos se achavam "nulos". Graças a eles e a esse exercício, <u>nunca mais duvidei</u> do potencial humano. Tendo sido feito no início do ano escolar, esse exercício "terraplenou" literalmente nosso terreno dos receios, medos e imagens negativas. Ele permitiu imediatamente um diálogo pedagógico que se prolongou durante todo o ano... e mais além)

Parte I. Comentários livres

1. Esse exercício permitiu confrontar-me* com a pronúncia e o ritmo da língua inglesa, reconhecer certos sotaques e, o que é mais interessante, que para se transmitir uma mensagem se utiliza tanto o corpo como a boca.**

2. Gramática: esse exercício deu-me a possibilidade de pronunciar frases gramaticalmente corretas. Novas expressões, novas palavras: isso permitiu que aprendesse expressões usuais como "*costs as little as*". Pronúncia: eu tive que treinar sobretudo no que se refere às contrações,** porque a pessoa que fala no gravador não articula muito bem. De uma coisa estou certo: daqui a vinte anos ainda me lembrarei do texto...***

3. Eu aprendi, sobretudo, a escutar melhor. Realmente, para captar todas as intonações, todos os brancos (mesmo mínimos), toda a pronúnca geral, tive que repassar a fita várias vezes. Aprendi infelizmente* que não sabemos escutar com atenção. Na verdade, existe uma grande diferença entre exercícios orais e exercícios visuais. Se eu sei olhar com atenção alguma coisa, os detalhes, o mesmo não ocorre quando se trata da escuta de um discurso ou de um diálogo.**

Eu ouvi bem, aprendi a dizer, pronuciar, escrever os números. Durante a filmagem, confirmações*** tais como a existência do medo, a dificuldade em aliar gesto, mímica facial e palavras.

* Os asteriscos são retomados na Parte II, Repostas do professor.

4. Primeira escuta: aprender a escutar, concentrar-se, decompor a língua,* compreender o mais rapidamente possível, reconstituir um texto, novas palavras, novas expressões, regras gramaticais.**

Preparação: aprender a fazer uma sequência lógica, encadeamento de palavras nas frases, memorização, aplicar as palavras pronunciadas à nossa própria elocução***, aprender a aplicar instintivamente certas noções gramaticais.

Gravação: descontração, aprender a articular, "do jeito como fazem os ingleses", apresentar-se diante da máquina de filmar para aprender a falar na frente de outras pessoas, principalmente, pessoas desconhecidas, controle de si mesmo.

Representação: autocrítica****, permitindo melhorar o todo (boa presença, articulação, descontração, precisão do *playback* etc)

5. Primeira escuta: supresa (a voz não ia muito bem com o meu personagem, rapidez da fala). Falta de hábito de escutar um gravador.

Preparação: muito tempo passado em transcrever (certamente falta de hábito) mas nos divertimos muito*. Na verdade, ainda não se tinha pensado na máquina de filmar.

Aprender a memorizar: eu não levei muito tempo para aprender o texto porque já o tínhamos ouvido bastante, o inconsciente fez seu trabalho**.

Repetição: uma vez que conhecemos o texto, foi fácil repetir depois de ouvir o gravador. Nada de espelho ou outro coisa desse tipo. No final, isso se tornou um estribilho.

Gravação: foi rápida. Problema: ficar de pé e se esconder atrás de uma cadeira ou uma mesa. Problemas também com as mãos. Falta de hábito de se ver ou imaginar que se vai se ver. Perda da pose natural.

Do ponto de vista gramatical, ou expressões novas: nada a assinalar. De qualquer maneira, enriquecedor***

6. Aquisições: a pronúncia, enfrentar a máquina de filmar falando inglês. Vendo-me, mesmo se isso foi relativamente rápido, pude me criticar e penso que criticar a si mesmo é muito importante para em seguida poder se corrigir*. É um ótimo exercício para aprender a gostar do inglês.

7. Novas expressões principalmente para se situar no tempo ou num determinado lugar.

O *playback* permitiu que me colocasse pelo menos uma vez "na pele de um inglês". O exercício permitiu que me colocasse numa situação semelhante a quando se encontra frente a um auditório.

Representação: pemite que se dê uma imagem de nossa pessoa e sobretudo ver a reação do auditório face à nossa apresentação.

O exercício permitiu que me desse conta do papel do "físico" na apresentação oral**.

8. Eu aprendi principalmente a pronúncia, a construção dos números. Eu captei a entoação do texto. Os números e pronunciá-los foi um obstáculo. Tenho muito menos problemas. É quase um automatismo, agora*. Eu não acreditava ser capaz de falar inglês tão rapidamente**.

9. Esse exercício pode criar automatismo no nível da gramática. Ele proporciona também o conhecimento de novas palavras. Saber empregá-las bem no momento certo. Saber colocar uma entoação*. Esse exercício deu-me uma maior compreensão das palavras que escuto. Separo melhor as palavras mesmo se não as compreendo **.

10. Certas expressões ficaram na minha memória. Exemplo: "it's nice of you", " I'm very pleased". Memorização de palavras novas. Nenhuma aquisição em gramática*. É importante não se bloquear quando se faz *playback*. É necessário falar tanto com sua própria voz quanto com seu corpo**.

11. A pronúncia de certas palavras e sobretudo a entoação das palavras numa frase, o ritmo*.

A maneira de falar inglês, viver o que é dito em inglês. Acho que vivi mais ou menos a cena, pelo menos no pensamento**.

Talvez tenha aprendido a separar as palavras no interior de uma frase. A frase inglesa não é mais um amálgama de sílabas que não se separam***.

12. Gramática: melhor conhecimentos das datas, da pronúncia, do ritmo da pronúncia da frase.

Novas expressões úteis como "*although the technology...*"

*Cultural facts***: todas as datas das intervenções permitiram situar sua criação no tempo.

Pronúncia: graças ao *playback*.

13. O fato de escutar "profundamente", com atenção, repetir uma gravação em inglês, pode ser muito importante no nível da pronúncia. O fato de aprender o texto de cor pode nos dar a oportunidade de trabalhar as mímicas**.

O fato de se ver filmado mostra como é difícil dominar uma situação. Fazendo o exercício, nós nos imaginávamos de uma certa maneira, pensávamos ter insistido sobre tal coisa mas, revendo o vídeo, percebemos nossa timidez, ou então, que não era o bom gesto, a boa pronúncia***.

Além do mais, o fato de trabalhar um texto dessa maneira, de ser filmado, nos permite memorizar coisas, tais como: palavras, gramática***.

14. *Grammar? "send any money you can", "were +... ed (they were donated to us)*

New words: shelter, supplies, for help, for money, for starving.

*Cultural facts**: "a pobreza no mundo, jogo de Bingo".

Preparação: familiarização pouco a pouco com a língua, porque o que bloqueia é o medo de pronunciar mal, de conjugar errado e, logo, não ser bem julgado***.

Isso permite ter consciência de suas próprias possibilidades de falar inglês e de se sentir muito mais seguro de si****

Parte II. Respostas do professor

(Os números e asteriscos correspondem "às observações dos alunos", cf. Parte I)

1. *Sim. Viver os problemas de pronúncia e de ritmo é mais eficaz do que abordá-los teoricamente.

**Descoberta muito importante. Você se lembrará dela?

2. *O modelo, a norma, é útil num determinado momento e por um tempo. Trata-se, principalmente, de saber se servir <u>como referência</u> e criar a partir do modelo. Simular como o piloto do Concorde, antes de assumir o verdadeiro controle do aparelho, em seguida voar com suas próprias asas.

**O inglês falado "reduz", ou seja, contrai numerosas sílabas sob o efeito do ritmo (o mesmo acontece em francês quando se diz "j'te dis" (que se transforma em "ch'te dis", incompreensível para um estrangeiro).

***A memória precisa de repetição mas, sobretdo, de motivação e de contexto. Veremos daqui a vinte anos!

3. O que você descobriu é precioso e jamais "infeliz".

**Nós somos culturalmente orientados para o mundo visual e treinados nesse sentido. O mundo auditivo, por natureza, "passa" e não permanece. Daí a necessidade de aprender a treinar a escuta.

***Outra descoberta importante pela qual lhe felicito. Guarde-a viva.

4. *Decompor a língua? Atenção! Sim, no nível da compreensão se isso não interrompe a produção.

**Para compreender, reconstituir etc... você precisa trabalhar primeiro, captando a totalidade, o contexto, depois a análise deve seguir e não o contrário.

***Sim. Adaptar, assumir, integrar.

****Sim. Condição para ver também o que é positivo, o que foi realizado com sucesso.

5. *O riso permite uma hiperventilação e logo uma oxigenação: excelente para a atividade cerebral!

**Escutar muito para exprimir pouco. Ouve-se mais do que se fala, lê-se mais do que se escreve...

6. *Em todo trabalho estruturado, o benefício é muitas vezes a longo prazo e só aparece depois. O que se aprende duravelmente, muitas vezes foi aprendido "de maneira inconsciente", sem nos darmos conta. Para medir o trajeto percorrido, saber claramente o que se busca e de onde se parte.

7. *Sim. Em língua estrangeira, é importante saber se localizar espaço/temporalmente: os dois eixos fundamentais do espaço e do tempo estruturam uma língua e fazem sua especificidade.

**Nosso corpo (nossa voz, nossa postura, nossos gestos, nosso cérebro) está constantemente presente quando estamos em situação de aprender.

8. *Números e letras do alfabeto são linguagens automáticas: é preciso aprendê-los como tais. Mas, seria absurdo aplicar o mesmo tratamento às outras linguagens que nascem e renascem do inesperado do vivente.

**Você ainda tem muitos outros recursos. E se você fosse em busca deles?

9. *Observação capital. A entoação veicula a afetividade, os sentimentos, as emoções, as nuanças.

**Poderia explicar o que você quis dizer?

10. Tudo é gramática: não existe frase sem gramática. Confirmar uma estrutura também é "fazer gramática".

**Observação fundamental.

11. *Sim. "Você só pode descobrir o ritmo, vivendo-o.

**Você compreendeu bem.

***Tente explicitar essa impressão. A frase "espalha-se", ela não é entrecortada, mas ela "fala" muito mais. É isso que você queria dizer?

12. *O que você enumera não é... exatamente gramática.

**Por "*cultural facts*" se designa feitos de civilização, hábitos característicos de um povo. Os feitos que você cita pertencem à humanidade inteira e são acontecimentos históricos. Melhor assim se o inglês que você aprendeu se associa a fatos reais.

***Sim, mas como? Procure sempre o "*how*" e o "*why*".

13. Expressão magnífica. Meus parabéns.

**Sim. Observação exata. Estar liberado do problema de produzir linguagem permite se focalizar sobre a gestualidade habitual.

***A autocrítica, sim, mas também reconhecimento do que é bem feito.

****Precisa ser explicitado.

14. O "Bingo" é um feito cultural (tipicamente britânico). A pobreza não existe somente na Inglaterra.

** Excelente observação. Sobretudo, não a esqueça!

Vencer o medo, sim (além do mais que o olhar dos outros é problema deles!). E a alegria quando se pronuncia bem? Já que é você que aprende, o único julgamento a ser levado em conta para progredir não é o seu próprio? Logo, ir em busca de sinais que mostram se você está realmente aprendendo. A não dependência (a autonomia) é possível quando se (re)conhece possuir recursos.

****Então o objetivo do exercício foi alcançado? Meus parabéns.

Post-Scriptum 15: Heurística sem fronteiras

Esses esquemas foram realizados por professores do FLE (Francês como Língua Estrangeira) durante um seminário em Lahore, Paquistão, em Outubro de 1997. Redigido em torno do tema escolhido pelos participantes, a primeira versão foi feita em francês pelo grupo de professores, coordenada por Gérard Jolivet. Uma versão em persa foi em seguida elaborada pelos participantes, mostrando assim que essa técnica corresponde a uma estrutura cognitiva *anterior às culturas* e que ela *religa, reconcilia, tece* a riqueza de nosso pensamento e de nossa imaginação quaisquer que sejam nossas diferenças. Uma outra versão foi realizada em árabe. [34]

[34]. Gérard Jolivet coordena, no âmbito do Serviço de Formação Permanente da Universidade de La Rochelle, seminários sobre o tema "Visualizar e organizar suas ideias para expressá-las melhor".
Obrigada a S., Z. e F. da Aliança Francesa de Islamabad, pelo esquema em persa G.W. (intérprete em Beirute) para a versão em árabe.

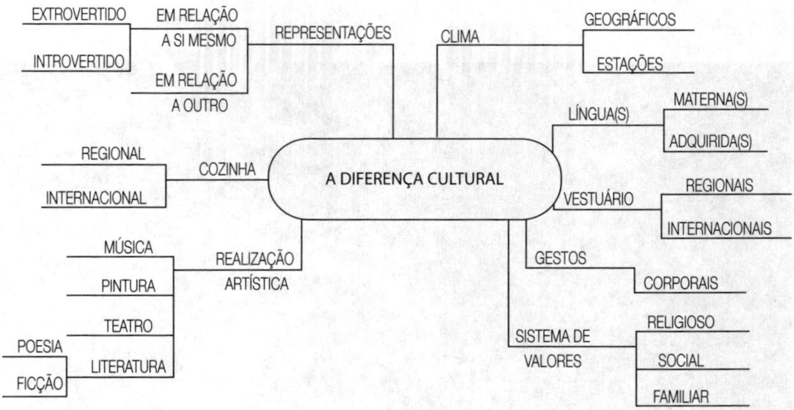
A DIFERENÇA CULTURAL
REPRESENTAÇÕES
EM RELAÇÃO A SI MESMO
EXTROVERTIDO
INTROVERTIDO
EM RELAÇÃO A OUTRO
CLIMA
GEOGRÁFICOS
ESTAÇÕES
LÍNGUA(S)
MATERNA(S)
ADQUIRIDA(S)
COZINHA
REGIONAL
INTERNACIONAL
VESTUÁRIO
REGIONAIS
INTERNACIONAIS
REALIZAÇÃO ARTÍSTICA
MÚSICA
PINTURA
TEATRO
LITERATURA
POESIA
FICÇÃO
GESTOS
CORPORAIS
SISTEMA DE VALORES
RELIGIOSO
SOCIAL
FAMILIAR

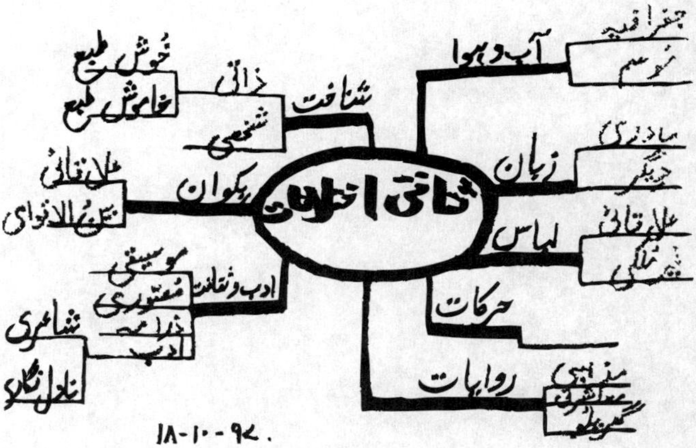

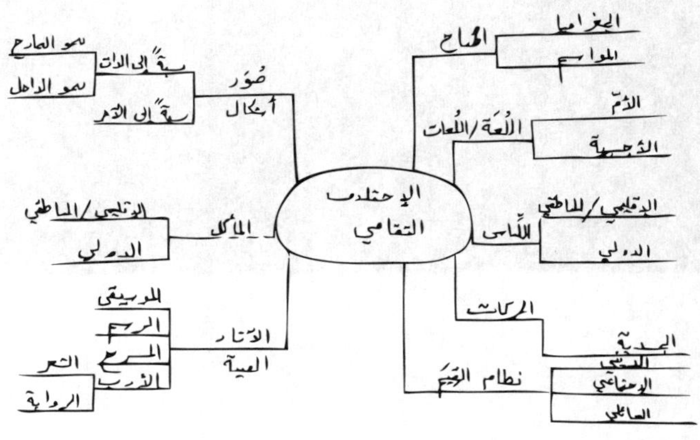

Colocar em perspectiva

VII

12. Reconstruir o tecido educativo

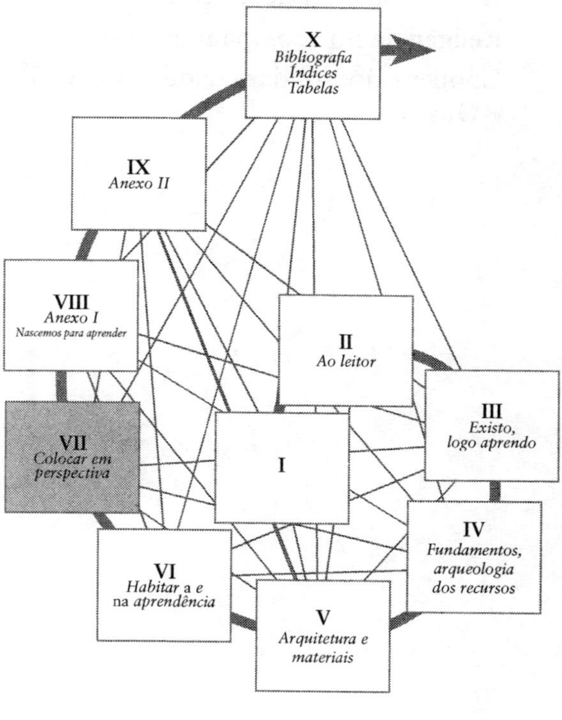

VII

Colocar em perspectiva

Sem evolução, um ser humano, um povo, uma cultura morre de suas convicções. A troca e a mudança constituem a essência da vida de todo ser.

Olivier Föllmi

Olhar para o além...

A perspectiva da ritmo ao espaço pela composição de suas linhas e seus cortes audaciosos. Certos pintores a utilizam para permitir ao visitante uma visão sucessiva, diagonal, frontal e novamente diagonal.

Nas páginas precedentes, o leitor foi convidado a voltar-se à origem da itinerância educativa. Este último capítulo propõe ao pensamento educativo colocar em movimento sua própria visão à distância, para criar o espírito de aprendência, integrar o "ainda não" daquele que aprende e inventar novos pontos de vista e novos gestos.

Entre as numerosas encenações possíveis, foram escolhidas as que permitiam traçar avenidas ainda inexploradas e ir ao encontro das que já se esboçam em outras áreas.

12. Reconstruir o tecido educativo

O sol não para de brilhar,
por que desejá-lo quando as nuvens o escondem?
(pensamento tibetano)

Um ser humano é uma galáxia.
(Edgar Morin)

São de escolas de paz que os Estados precisam.
(Albert Jacquard)

Nem livro branco, nem livro preto, mas, uma urgência: limpar as portas da percepção[1]

A revolução, para Paul Ricoeur, é o preço a ser pago pelas reformas que não foram feitas. A reforma, como ele afirma, precisa mais de coragem do que de revolução. Atualmente, viver uma situação educativa exige muita coragem por parte de *cada um dos parceiros*. Este trabalho é redigido num período de profunda e rápida mutação. A crise que o mundo atravessava é essencialmente uma crise de percepção, que se traduz por uma verdadeira maré de incompreensão de si, do Outro, da Vida. Torna-se urgente investir num imaterial que reside no âmago de nosso patrimônio biológico, social, cultural, espiritual, que nada mais é do que nossa capacidade de aprender. Torna-se urgente ultrapassar nossos diversos limites e, além do mais e inventar a palavra "transaprender"[2].

O ser humano nunca tinha posto tanto em perigo seu próprio patrimônio, a fabulosa riqueza que a evolução nos trouxe, como atualmente. As maiores ameaças vêm de um assistencialismo oferecido ou aceito; exclusões de todos os tipos; mentalidades

[1] William Blake: "if the doors of perception were cleansed, everything will appear as it is, infinite" (se limpássemos as portas da percepção, cada coisa apareceria tal como ela é: infinita).

[2] A palavra existiu na reflexão de Henri Desroche.

saturadas de certezas e do culto da performance. Mas, o abismo entre nossas potencialidades e nossas esperanças de realização só se torna intransponível quando ignoramos essas potencialidades e quando recusamos ser os arquitetos de nossa aprendência.

A revolução das mentalidades tem seu lugar no mundo educativo, da maternidade à universidade. Reinventando o tempo de aprender e o tempo de religância,[3] a Escola contribuirá para abrir o tempo liberado e o tempo escolhido para as atividades destinadas a "busca do sentido", a busca do "por que" e a busca do "como". A consistência do tecido educativo resulta dessa (r)evolução ligada ao(s) tempo(s) de aprender: sua existência e sua sobrevivência dependem da gestão do tempo liberado, da passarela contruída entre o quotidiano e o aprendente,[4] e da reavaliação da função educativa face aos "possíveis" de quem aprende. As certezas, os métodos, os modelos de ontem já não podem mais, sozinhos, responder às necessidades apresentadas pelos diferentes parceiros da situação educativa. Uma face escondida fica por explorar, a da aprendência do humano, cujo novo enfoque nos vem das ciências do vivente.

Nós ressaltamos múltiplas vezes, neste trabalho, que o verdadeiro motor do ato de aprender se encontra – não na conformidade ao modelo – mas, na exploração e no questionamento, e na abertura de um espaço de ressonância onde se reunem as experiências passadas e o olhar sobre um futuro. A profissão (trata-se agora da palavra técnica) e a trama da obra decidirão da consistência do tecido educativo. Seu papel é ajudar as ações educativas a escapar da tirania do curto prazo, do peso da performance avaliada de maneira quantitativa, do marasmo pedagógico, do formalismo improdutivo, dos diferentes destruidores de amor pelo saber, para retornar, nos limites seguros da exploração do vivente, ao ritmo ternário da regenaração, esse

3. Obrigada a André de Peretti por ter "religado" os dois conceitos de tempo e de religância.

4. "A criança com a barriga vazia não pode aprender como os outros", dizia Paulo Freire.

movimento de vida que se encontra na parte mais profunda de nossas células,[5] e para colocar-se, incansavelmente, à escuta do desejo de aprender.

Tecer juntos: o desafio

Para construir uma solução de religância, os diferentes capítulos deste livro propuseram palavras chave, parâmetros, condições de pertinência e um meio de questionamento. Entre as palavras chave, escolhemos *potencialidades e passarelas.* Nos parâmetros e condições de pertinência, escolhemos a *contextualização e o equilíbrio do eixo dar receber.* O caminho questionante é o do *como conviver.*

É na articulação do individual e do coletivo que o caminho vai se construindo, porque quem aprende (seja um indivíduo ou uma organização) não pode aprender sozinho, e ninguém pode aprender em seu lugar. Logo, é com as palavras "*identidade*",[6] "*autonomia*" e "*troca*" que se constrói o ofício com o qual se fabrica o tecido educativo. Dois gráficos ilustram o que acaba de ser dito. O primeiro concretiza o posicionamento dos diferentes parceiros da situação educativa, uns em relação aos outros. Aquele que aprende não é um "elétron livre": ele encontra-se *dentro* de um organismo (escola, família, empresa) que, por sua vez, está *dentro* de uma organização mais ampla (cidade, região, nação), que, por sua vez... etc. Cada um desses organismos está vivo, logo aprendente, logo submetido à exigência de sua própria sobrevivência, dependente da lei da adaptação e da evolução. A criança aprendente dentro de uma família aprendente, a Escola aprendente dentro de um lugar ou cidade aprendente, a empresa aprendente dentro de uma cidade aprendente dentro de uma região aprendente, dentro de um país aprendente etc, são atualizações da busca e do desejo de equilíbrio que se encontram no âmago

[5] Tema religado ao da auto-organização e autoprodução. Cf. também E. Morin, Boletim CIRET nº 12, fevereiro 1998; cf. também o ciclo Vida/Morte/Vida e o laço com a metáfora do "compost", in C. Pinkola Estès (1996).

[6] ... e esperando o conselho de Marc Alain Ouaknin, sobre a necessidade de ir além do princípio de identidade: "não existe identidade, somente possibilidades de identidades: identidades possíveis... e às vezes, contraditórias" (1998, p 177).

do vivente. Numa época onde a história da humanidade é constelada de fisionomias monstruosas do binarismo, que têm por nome, dominação, guerras, cruzadas, escravidão de todo tipo, e, por consequência, sofrimentos terríveis, ela só faz confirmar que, ignorar ou esquecer o respeito das exigências do sistema vivente (ser aberto e "transaprendente"), não pode de maneira alguma contribuir para restituir a harmonia do organismo sustentável (em inglês "sustainable") dentro de seu meio ambiente.

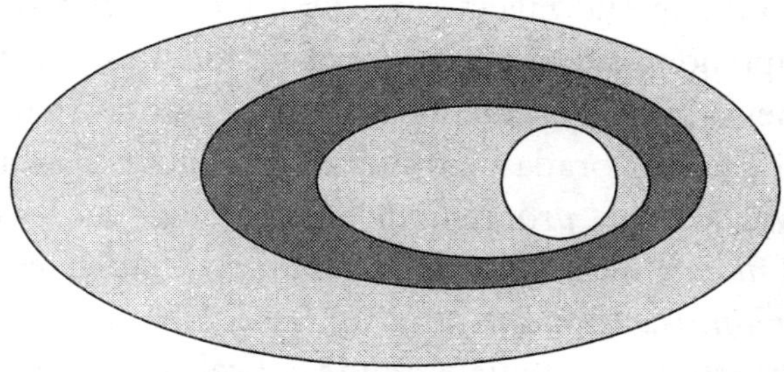

Figura 20: A aprendência coletiva, uma exigência existencial

Cada organismo é vivente, logo aprendente. Permitir que os parceiros educativos entrem em interação é, antes de tudo, reconhecer sua qualidade de organismo vivente dentro de sua interdependência. Fluxos se estabelecem entre eles (muitas vezes sem que eles se deem conta). Cabe ao mundo educativo cuidar para que esses fluxos existam e traduzi-los em *atos de transação*, de troca, reciprocidade e comunidade educativa.

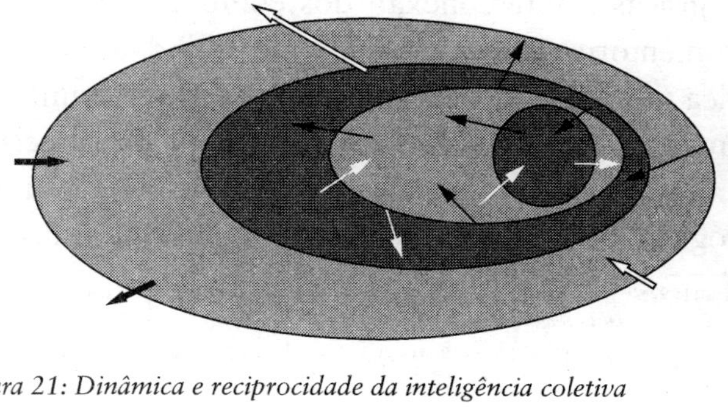

Figura 21: Dinâmica e reciprocidade da inteligência coletiva

Quem aprende, aprende melhor pelo fato de estar numa escola e numa família de aprendentes, que também têm um lugar dentro de uma sociedade aprendente. Essa dinâmica, indispensável à vida e ao equilíbrio do sistema, é não somente o motor de sua própria evolução, mas ela permite a cada elemento do sistema (neste caso, cada parceiro do sistema educativo) participar na evolução do sistema inteiro. Trata-se bem de uma coevolução que se encontra, como explica Manfred Mack para o mundo da empresa, "no centro da aprendizagem em grupo e, de uma maneira mais geral, da aprendizagem organizacional em todas as suas formas".[7]

A imensa esfera da inteligência coletiva ou organizacional ainda é pouco explorada pelo mundo educativo. Trata-se, para Pierre Lévy, de uma "*propriedade emergente de atores que interagem... Quando indivíduos compartilham, refletem, exploram e aprendem juntos, eles criam, através desses atos, uma nova faculdade, compartilhada... (que) permite conceber em comum ideias que indivíduos sozinhos não poderia jamais imaginar*". A linha do desenvolvimento da humanidade passa pela inteligência coletiva, definida como "uma inteligência variada, distribuída em todos os sentidos, sempre valorizada, colocada em sinergia em tempo real, que conduz a uma mobilização ideal das competências". Essa reunião de diversas experiências, experimentações, sensibilidades e (esperemos) as intenções dos diferentes atores,[8] é possível dentro do espaço de comunicação que se abre no nível mundial, graças à interconexão dos computadores e à capacidade das memórias informáticas. A possibilidade de religância tecnológica ultrapassa a relação binária "um verso um", para se tornar uma transação de "todos verso todos".[9] É preciso ainda permitir a esse tipo de religância ultrapassar a relação unicamente tecnológica. Os dois valores de autonomia e abertura à alteri-

7. Manfred Mack (1997). Cf. também Vincent Lenhardt e Manfred Mack, *A partir do sentido, a criação do valor. Fonte e função da inteligência coletiva*, MCS n° 524, Janeiro 1998.

8. Levando em conta a análise de Pierre Livet (1994) sobre a incerteza da intenção individual na ação coletiva.

9. P. Lévy (1997).

dade que, segundo P. Lévy, permitiria dar acesso a uma forma de universalidade, são, infelizmente, valores raros que precisam ser redescobertos, reinventados, reinvestidos.

A inteligência coletiva precisa ser construída, e sua "manutenção" será elaborada graças a uma reflexão metodológica, um diálogo permanente e uma constante vigilância, quanto à qualidade e à especificidade das transações entre os atores. Mas, para que ela possa se construir, são necessárias duas condições. A primeira é entrar na revolução plural desencadeada pela cibercultura, "cultura de navegação nos imensos recursos da informação", que Philippe Quéau descreve perfeitamente, lembrando a origem da palavra, o verbo grego "governar". "A cibercultura é uma cultura de "pilotagem" e de governo do si e do coletivo". A segunda condição é reencontrar as bases de uma "ética do universal" (e não universal), *em busca do universal*. Desafio tecnológico? Certamente, mas, sobretudo, desafio "global de sociedade", porque trata-se de uma gigantesca conscientização para preservar a dignidade humana dentro da nova sociedade de informação e seus poderosos fluxos de dados transfronteiras.[10]

A hora das transações educativas

A transação, como o prefixo "trans" indica, é uma ação que atravessa, coloca-se "entre" e vai "além".[11] A educação transdisciplinar já está atuando para demolir as barreiras entre as fronteiras do saber e ultrapassar numerosas fronteiras disciplinares. Fronteiras essas, que Albert Jacquard chama "cicratizes da história". Nesse sentido, a educação transdisciplinar participa *de* e *na* transação educativa, englobando, amplificando, fertilizando, fecundando as disciplinas, renovando o face a face do mestre e do aluno, reinventando o encontro educativo, fazendo um polo de desenvolvimento durável. Esse encontro,

10. Philippe Quéau (1998) e na Internet: http://perso.club-internet.fr/nicol/ciret/bulletin/b12/b12c/.htm.

11. Devemos a Basarab Nicolescu a explicação sobre esses três sentidos de "trans-" na sua definição da transdiciplinaridade. Cf. seu *Manifesto* (1996). Cf. também Jean Biès (1998).

alimentando-se do pensamento complexo e inserindo-se na esfera das leis da natureza (complexificação, complementaridade, interdependência dos fenômenos) é capaz de criar fluxos de trocas recíprocas e participar, assim, da criação de uma comunidade educativa e aprendente, na qual todos os parceiros estão presentes, ativos, responsáveis e progredindo.

Como as diferentes formas de transação social, a transação educativa exige a religância e precisa de operadores de religância. Diferentes exemplos de religância dentro do quadro escolar foram dados no capítulo precedente. A Escola, atualmente, ganharia muito, inspirando-se em outras transações educativas que já funcionam e articulando-se com elas.[12] É preciso, com urgência, que os fluxos de transação atravessem as muros e as paredes da Escola e que cada parceiro se torne não somente aprendente de si mesmo, mas artesão da cidadania de um mundo responsável e solidário.[13]

O drama da Escola é deixar se instalar a clivagem entre os atores da situação educativa. O esquema abaixo mostra a importância em cuidar para que um *duplo fluxo* religue os parceiros entre eles: aprendente, professor, formador, instituição, grupo classe, comanditários, famílias.

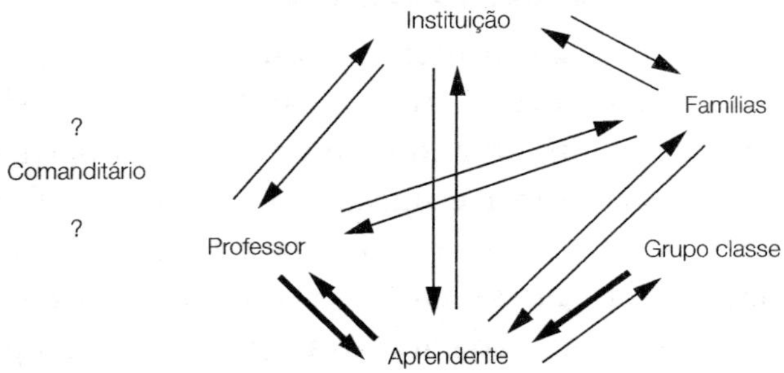

Figura 22: Os duplos fluxos das transações educativas

12. Cf. a obra de J.M. Labelle (1996) sobre o conceito de reciprocidade educativa; cf. também o dossiê reagrupando 25 iniciativas educativas para um mundo responsável e solidário, sob o título *Tirar a escola do isolamento*, dir. Christophe Dehenne, Ed. Charles Leopold Mayer, 1998.

13. É através dessa expressão que se define a plataforma da Fundação para o Progresso do Homem (FPH). Cf. também a obra Cidadanias Nacionais e Cidadania Europeia, coord. Françoise Parisot, Prefácio de Edith Cresson, Hachette Educação, 1997.

Os duplos fluxos sugerem que as transações correspondem a atos específicos, segundo a orientação e a espessura da flecha. Do professor ao aprendente e do aprendente ao professor, a transação se traduz por atos relativos ao tempo, ao meio, ao objetivo, a serem negociados e inscritos num contrato, cuja finalidade, como nos mostra a etimologia, é "puxar juntos", e não se sentirem mutuamente obrigados. Esse documento de trabalho constitui um meio para localizar os fluxos existentes (desde a simples relação de ajuda ao acompanhamento na duração, passando pela elaboração de um projeto coletivo) e as inter-relações que precisam serem estabelecidas ou modificadas.

A transação educativa tem muito que aprender com as pesquisas em transação social e experiências de campo já realizadas. Complementares e transdisciplinares, os dois conceitos, transação e religância, concretizam-se na esfera social pela mediação,[14] um tipo de religância efetuada por um terceiro, imparcial, num clima de confiança, de responsabilização e num ambiente protegido. Um dos pioneiros da mediação educativa foi R. Feuerstein, com seu Programa de Enriquecimento Instrumental (PEI) no qual o agente mediador, apoiando-se no princípio de educabilidade cognitiva, age entre o sujeto e o estímulo ou o suporte, para estimular as capacidades cognitivas que o aprendente ainda não desenvolveu completamente.[15]

Outros tipos de mediação educativa existem, por exemplo, a dos Ateliês de Pedagogia Personalizada (APP) que acolhem diariamente estagiários individualmente ou em pequenos grupos, e propõem uma autoformação auxiliada por uma equipe de interventores especializados, dentro do respeito ao ritmo de cada um.

---

14. Descobrir-se-á, com interesse, a análise desses diferentes conceitos e a descrição de um trabalho feito nos Pireneus para inserir as ações de formação/desenvolvimento, negociadas entre o indivíduo e seu meio ambiente, nas intervenções de Marcel Bolle de Bal, *Transação e religância*; Marie France Freynet, *Interesse da transação social no campo do trabalho social. O espaço de mediação*; e a intervenção de D. Bachelard sobre a experiência pireneana, em os Atos do Seminário Europeu de Pesquisa sobre a Transação Social, Universidade de La Rochelle, Abril, 1997.

15. Cf. a obra de R. Debray (1989). Citemos para relembrar os Ateliês de Raciocínio Lógico e, evidentemente, o movimento Freinet, a Pedagogia de iniciação de Germaine Tortel, o Tanagra etc.

Uma outra forma de transação educativa é o acompanhamento das histórias de vida.[16] O relato de vida propõe, para quem escolhe esse caminho de formação, entrar em sua identidade.[17] O relato tem valor de arraigamento, logo de religância em sua própria biografia. A transação "consigo" será feita graças às ferramentas de autoposicionamento, de autoquestionamento e autoavaliação. A religância passa por um acompanhamento que o formador propõe.

Religância no acompanhamento

O acompanhamento é um tipo de religância que se insere na duração. Mais do que qualquer outra transação, o acompanhamento é solicitado a resistir à tirania do curto prazo e a aceitar um diálogo quase permanente. Ele já foi abordado no capítulo 10 "Acompanhar a emergência". As ideias/força e o sistema de valores que servem de base ao acompanhamento ultrapassam os limites do quadro escolar e dizem respeito a toda transação educativa. Elas podem ser expressas assim:

– aquele que acompanhamos é um ser em devenir. Logo, as receitas prontas não têm razão de ser no acompanhamento;

– o "está presente" é mais importante que o "fazer";

– o contato confirmador[18] permite reajustar a relação com a vida. Ele constrói-se com o diálogo e num lugar tranquilo, onde o indivíduo se sente e se constrói como sujeito;

– a relação tem como objetivo estabelecer o equilíbrio de coparceria (50/50).

Para acompanhar é necessário *qualidades específicas*. A *autenticidade* (sobretudo não fazer de conta), a *espontaneidade*

---

16. Cf. G. Pineau (coord) (1992). G. Pineau (1993); G. Robin, *Guia em Reconhecimento das aquisições*, Edições Novalis, 6255 Hutchinson, bureau 103, Montreal (Quebec), Canada, H2V 4C7; P. Dominicé (1990).

17. Para Paul Ricoeur, a identidade não é a mesmidade (similitude, semelhança, continuidade) mas a ipseidade (a noção do si). Revista Espírito, 7-8, Julho/Agosto 1998, p 297.

18. Expressão da Haptonomia.

(reagir em ressonância com o que foi vivido), a *flexibilidade* (saber mudar de ponto de vista), a *generosidade* (saber dar e receber do Outro), a *abertura* (aceitar o imprevisível, as contradições do Outro), a *aceitação* das diferenças (ver a riqueza por um outro ponto de vista). Acompanhar significa também ser capaz de aceitar o silêncio (a ainda não resposta), calar-se e escutar (garantir um espaço e uma duração virgens), enfrentar o medo dos Outros, administrar a pressão de "Chronos", sempre guardando o sentido do momento adequado ("Kairos"), reconhecer seus próprios limites, respeitar o trabalho do Outro, seus valores, suas crenças, seu espaço, sua duração. Quem acompanha sabe se questionar de maneira permanente, ultrapassar seu próprio medo de não se sentir a altura, compor com o imprevisto. É evidente que um trabalho de conscientização da parte de quem acompanha é necessária, antes mesmo de entrar numa lógica de formação.[19]

Na articulação do acompanhamento das histórias de vida e da reciprocidade numa sociedade aprendente, encontra-se a contribuição monumental de Henri Desroche, "passador de fronteiras", companheiro de itinerância entusiasta de tantos especialistas do assunto. Ao mesmo tempo companheiro e mestre, "empreendedor", "sociólogo da esperança", ele teria se reconhecido no papel de "despertador de aprendência". A visão "desrochiana" está fundamentada na prática cooperativa, na coeducação, nas pedagogias de projeto e de trajeto (a história de cada um) e na pesquisa/ação criada por uma "autobiografia arrazoada". Adepto de redes educativas, ele criou um grande número de Colégios Cooperativos e uma Universidade Cooperativa Internacional nos quatro continentes. A religância, para Henri Desroche, tem uma dupla dimensão, cooperativa e coo-

19. Essas formações existem: Universidade de Tours (G. Pineau), Universidade de Genebra (P. Dominicé), Centro nacional de Mediação, Paris (J.F. Six), CIRDH em Oms, 66400 (Haptonomia, F. Veldman). Cf. Bibliografia: J.F. Six (1990); P. Dominicé (1990); cf. o folheto O *acompanhamento*, editado por Solidarités Nouvelles face ao desemprego (2 Cité Bergère, 75009 Paris).

perante: trata-se de "entr'apprendre" (empreender + aprender), ou seja, empreender a aprender, aprendendo a empreender, e fazer com que as redes de educação alternativa e de desenvolvimento solidário se encontrem.[20]

Cooperação, solidariedade, reciprocidade: reconhecer o Outro

Lembramos, certamente, que uma das maiores lições do vivente é a *cooperação* que se encontra no âmago de nossas células. Lembramos também que a *interdependência* é uma lei da natureza, e que nenhum organismo vivente pode sobreviver sem aceitar a troca com seu meio ambiente (físico, afetivo, social). Evocaremos, por fim, o círculo retroativo do acoplamento de nossas percepções e de nossas ações para compreender a base de nosso funcionamento vital.[21] A situação educativa, para se considerar como vivente, precisa aderir ao "Não ao individualismo sem o coletivo", porque seu próprio equilíbrio depende da instauração de uma presença recíproca e de uma troca de energia e de matéria, a própria exigência de um sistema vivo, logo aberto.

A *reciprocidade* exige a paridade e a presença de ambas as partes, nos diferentes níveis e nos diferentes tipos de trocas.

De que tipo de troca se trata quando alguém sabe e o outro não? Que estratégias de religância instaurar para que se possa falar de cooperação ou, melhor, de comunidade educativa e de "democracia cognitiva"?

Uma primeira resposta consiste em dizer ao Outro que ele se encontra no "ainda não". Logo, olhar para ele (e para si) com um novo olhar. "Orientar-se mais para o coletivo", é nessa direção que Castoriadis recomendava ao sistema educativo de se engajar (sabendo que este ainda estava longe).[22]

20. Henri Desroche (1990); E. Poulat e Cl. Ravelet (dir) (1997).

21. Cf. cap. 4.

22. Entrevistado por Daniel Mermet, *Le Monde diplomatique*, agosto 1998.

A *educação solidária*, como a economida solidária, tem como objetivo (re?)criar condições de coesão e de proximidade. Ela não tem como primeira preocupação a rentabilidade, os resultados ou a performance. Como ela permite uma construção conjunta da "oferta" (eu vejo, logo te faço ver) e da demanda (eu quero saber), a educação solidária, ao mesmo tempo que ela agencia a troca, torna accessível a todos a escolha de aprender. Ela é uma alternativa à lógica de competição e a sua consequência direta, a exclusão, ambas praticadas pelo sistema educativo atual.

A educação solidária ignora a obstinação pedagógica, pratica a escuta, a flexibilidade, a responsabilização. Com ela se aprende a solicitar e a receber. Aprende-se atuando. Aprende-se a "calçar os sapatos do outro" para compreender o que ele não compreende.

Utopia? Claro, além do mais que a dúvida sobre a etimologia grega da palavra nos autoriza a sugerir que a educação solidária resulta mais de um "eu-topos" (lugar de felicidade) do que de um "ou-topos" (lugar que não existe). Hoje, as redes de trocas recíprocas de saberes (MRERS) completaram dez anos. São 450 redes. A troca de conhecimentos efetua-se sobre o modo da reciprocidade aberta. Toda oferta pressupõe uma demanda e toda demanda é acompanhada de uma oferta. Qualquer relação de dinheiro ou de serviço está excluída. As trocas são feitas de pessoa a pessoa e/ou dentro de um grupo. Os efeitos desse tipo de troca, que parece mais um compartilhar, ultrapassam os limites do que é aprendido, porque o fato de permitir aprender ao outro abre os olhos sobre a relação "mestre/aluno", sobre seu próprio saber e suas próprias estratégias para aprender. "*Ser um recurso, isso me permitirá ser um dia um solicitador, sem perder minha dignidade*".[23]

---

23. Claire et Marc Héber-Suffrin (1993).

O compartilhar, nesse tipo de troca, evita a relação de câmbio que ignora a escuta e contribui, muitas vezes, para consolidar o isolamento do consumo individual. Na verdade, trata-se de uma outra coisa e não da relação de um ser "conhecendo" a um outro "ignorando".[24] Trata-se de participar na construção de um *ato de re-conhecimento*: reconhecer o Outro, seu saber (diferente do meu); reconhecer meu próprio saber (recurso para o Outro) e participar na elaboração e na manutenção do equilíbrio do vivente.

O ato de reconhecer não é o ato cognitivo mais velho do mundo? A aprendência, um rio debaixo de um outro rio? E a vida, um acesso constante do dentro para fora e do fora para dentro?

É o respeito ao processo de auto-organização e de auto-complexificação que precisa ser semeado no centro mesmo do sistema educativo, para que as *ágoras educativas* se formem, lugares de democracia cognitiva e de reconhecimento do impulso de aprendência.

24. Cf. J.M. Labelle (1996), cap. II.

Nascemos para aprender VIII

Anexo I

Objetivos e especificidade dos 7 videogramas

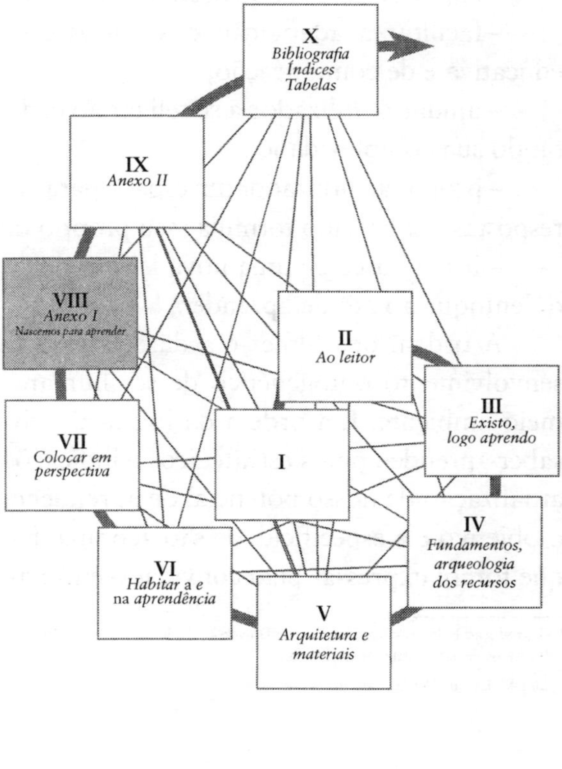

Objetivos e especificidade dos videogramas

Nascemos para aprender[1]

Nascemos para aprender é um instrumento de trabalho composto de 7 videogramas, correspondendo entre 25 a 40 minutos cada um, construídos em torno da intervenção de uma personalidade científica, testemunha do avanços da pesquisa em neurobiologia, etologia, ciências cognitivas, física quântica, psicopedagogia, ciências da educação.

A cada filme corresponde um texto onde se propõe uma metodologia com os seguintes objetivos:

– estimular o questionamento sobre nossos saberes, nossas práticas, nossos pontos de apoio, nossos valores, nossas prioridades;

– explorar nossos potenciais e nossa capacidade de aprender;

– facilitar a adaptação dos dados científicos às situações educativa e de comunicação;

– ajudar o utilizador a se religar ao campo científico, respeitando sua complexidade;

– propor ao utilizador um espaço para construir suas próprias respostas e sobretudo formular seu próprio questionamento;

– ir em busca de uma nova leitura do papel educativo, dando enfoque ao ato de aprender.

A ordem dos filmes é a da evolução filogenética e do desenvolvimento ontogenético de ser humano na sua relação ao meio ambiente. É a ordem da lógica do vivente, das etapas do saber-aprender, polos estratégicos e indicações dos momentos de atualização de nosso potencial de aprendência.[2] Para cada filme, o objetivo e a especificidade são acompanhados das ideias/força que foram expressas pelo convidado entrevistado.

1. Coprodução ENS Fontenay-St. Cloud e Universidade de La Rochelle (1994-1996). Textos extraídos e adaptados dos livros de acompanhamento dos filmes.

2. Cf. J.M. Labelle (1996), cap. II.

1. Nascemos para descobrir, entrevista com Boris Cyrulnik

Objetivos do Filme 1

– Fazer com que nos concientizemos da importância do potencial sensorial de que dispomos para entrar em interação com o mundo exterior.

– Criar um *espaço e um tempo de questionamento* individual e coletivo. Estabelecer as bases para uma troca.

– Avaliar nossas *próprias representações*, conhecimentos, necessidades de informação e de significação.

– Projetar uma *mudança de perspectiva* e uma ampliação de nosso quadro conceitual, no que se refere a área abordada na sequência, principlamente, a *percepção*.

Especificidade do Filme 1

Essa primeira sequência ressalta a importância de descobrirmos os recursos de *nossa visão, nossa audição, nosso corpo*, para enraizarmo-nos num "aqui e agora" que nos concerne diretamente.

As dificuldades dos aprendentes vêm, muitas vezes, do fato deles não terem "contextualizado", ou seja, não terem identificado o quem, o quê, o onde, o quando da tarefa a ser realizada ou da situação em que se encontram. Uma contextualização pobre, reduzida, produz uma linguagem nivelada, desprovida de significação tanto para o intelocutor como para o próprio locutor. Aprender a contextualizar é a primeira etapa do saber-aprender.

A tarefa do formador será a de insistir sobre a importância de criar atividades que têm como objeto os parâmetros visuais, auditivos, cinestésicos...

Sobretudo, ele ajudará no desenvolvimento e na troca dos diferentes pontos de vista para a aceitação da diferença. Ele evocará o princípio de "certeza relativa" sobre o qual Boris Cyrulnik fala, quando finaliza sua participação nesta sequência.

Ideias/força apresentadas no Filme 1

– *O rosto (forma global) é a primeira percepção quando se chega ao mundo.*

– Cada cérebro organiza o mundo que o cerca de maneira única.

– A evolução proveu o cérebro de lobos frontais graças aos quais ele antecipa, imagina, decontextualiza, transforma, estrutura uma teoria do mundo. Os órgãos sensoriais individualizam-se progressivamente.

– A leitura de um texto e a leitura de uma paisagem correspondem a atos cognitivos diferentes.

– Nossas emoções organizam nossa percepção do mundo.

– O funcionamento cerebral transforma-se em permanência, dia e noite.

– A distinção entre o inato e o adquirido não é científico, mas ideológico.

– Nosso potencial é imenso quando nascemos. O que permite conservá-lo é a afetividade e o encontro.

– O melhor estímulo de nosso cérebro é o da busca para compreender. As grandes armadilhas a serem evitadas são a sensação de evidência, o dualismo, a hiperespecialização, e tudo que nos priva da imensa riqueza do quotidiano.

2. Nascemos para reconhecer as leis da vida, entrevista com Basarab Nicolescu

Objetivos do Fime 2

– Fazer com que nos concientizemos da importância de *reconher as características do contexto no qual vivemos*. Essa Natureza, *na* e *da* qual participamos, nós a descobrimos através da nossa realidade humana: complexa, diversa, inesperada. A vida é ritmo, mudança, evolução...

– Criar *um espaço e um tempo de questionamento* individual e coletivo destinado estabelecer as bases de uma troca, sobre certas questões cruciais que são raramente abordadas numa formação, pelo fato de serem consideradas como exclusivas dos especialistas. Portanto, trata-se da vida!

– Avaliar nossas *representações*, nossos conhecimentos, nossas necessidades de informação e de significação, face à realidade tal como ela é percebida atualmente pela ciência.

– Prosseguir com a mudança de perspectiva e a ampliação de nosso quadro conceitual, principalmente, no que se refere às leis do vivente.

Especificidade do Filme 2

Essa segunda sequência corresponde à segunda etapa do saber-aprender. Essa etapa faz surgir o problema crucial de nossa *aceitação da complexidade e da heterogeneidade*. É por não reconhecermos a lei fundamental de alternância entre potencial e atualização, que (nos setores educativo, social, econômico) nos encerramos, com frequência, na dupla infernal "êxito/fracasso". Os erros cometidos são a ignorância ou a resistência em reconhecer os diferentes níveis de realidade; a obstinação em confundir as diferentes escalas: as do microcosmo e as do macrocosmo. Ou ainda, confundir o **nível** do acontecimento, o dos nossos sentidos, o das nossas emoções e o nível de nossa linguagem (cf. filme, o esquema de A. Korzybski).

Ideias/força apresentadas no Filme 2

– As tensões e conflitos têm por origem uma visão defasada de um mundo infinitamente sutil e complexo. Os conceitos (vida, maté-

ria, tempo, espaço, luz) evoluem de acordo com as épocas e as culturas. O Universo tem uma idade e uma história.

– Nossos órgãos dos sentidos são filtros: eles simplificam e criam duplas binárias (branco/preto).

– O século XX descobriu o infinitamente pequeno, o infinito grande e o infinitamente complexo.

– Nossa cultura está empregada na lógica da alternativa: " ou... ou...". A lei da natureza é a coexistência, a interdependência, a emergência, a potencialidade do vazio, a mudança, a evolução.

– Nossas dificuldades de aprendência e de comunicação vêm do fato de nos referirmos em níveis de lógica e de abstração diferentes.

– A pergunta "como" nos situa no nível macrofísico. A pergunta "por que" nos coloca face aos diferentes níveis de realidade.

– Uma educação transdisciplinar (trans: através, entre, além) é uma (a?) resposta para abordar a complexidade. A única progressão é a do questionamento.

3. Nascemos para organizar, entrevista com Francisco Varela

Objetivos do Filme 3

Fazer com que nos concientizemos da importância de:

– *Interrogarmo-nos* sobre as raízes biológicas do conhecimento e, principalmente, nossos mecanismos cognitivos (percepção, memórias, visão, imaginação). Se temporizamos em fazer esse procedimento é, sem dúvida, porque o instrumento dessa análise é o cérebro. Um continente novo a ser explorado.

– *Reformular* nosso questionamento e construir nossas próprias respostas, colocando-nos em fase com as recentes pesquisas sobre o cérebro.

Especificidade do Filme 3

Essa sequência – o *saber-organizar* – corresponde à terceira etapa do saber-aprender, que se estruturará melhor se o aprendente tiver efetuado as duas etapas precedentes (enraizamento no seu próprio contexto e descoberta das leis incontornáveis da vida). A palavra chave da base da atividade neuronal é organização.

Como funcionamos? De onde provém o nosso desejo de dar sentido ao que nos cerca? O que colocamos sob os rótulos de nossas percepções? Como o nosso desejo e a nossa capacidade de conhecer evoluíram? Qual a ntureza e o papel de nossa memória? Qual o segredo de nosso cérebro? Tantas questões que são abordadas, a partir das quais o usuário poderá se posicionar, questionar-se, colocar-se à escuta de outros pontos de vista, engajar-se num processo de exploração.

Ideias/força apresentadas no Filme 3

– *Nosso cérebro é o instrumento de sua própria análise.*

– *Somos plurais: o que valem os nossos rótulos?*

– *Nossa experiência da complexidade é uma criação de nossa estrutura biológica. É o nosso cérebro que vê, ouve, ressente o mundo exterior e interior.*

– Nossa percepção e nossa ação motora são interdependentes.

– O sentido emerge de nosso acoplamento com o meio ambiente (ele não pré-existe).

– A função imaginária está enraizada no biológico.

– A retina contribui com apenas 20% na elaboração da imagem perceptiva.

– As camadas profundas do cérebro intervêm amplamente (memórias, afetividade...).

– O sistema biológico (a vida) inventou o acoplamento sensoriomotor, a adaptação e a linguagem.

– Somos conectividade, memórias, mudança.

– Nosso cérebro é, ao mesmo tempo, um generalista e um especialista. Ele controla e ele executa. Ao mesmo tempo, ele planifica, pilota, regula, avalia, faz hipóteses, imagina e inventa.

– As armadilhas a serem evitadas são a certeza, o dogmatismo, a falta de flexibilidade, a separação do racional e do emocional.

4. Nascemos para criar sentido, entrevista com Francisco Varela

Objetivos do Filme 4

Fazer com que nos concientizemos:

– Das consequências, em nossa vida corrente, de uma *visão do mundo mais coerente* com os dados científicos atuais, no que se refere à vida do pensamento, ao conhecimento, ao saber.

– Da importância em *arraigar* em nossas biografias os atos de aprendência, de comunicação e de questionamento, e dar, assim, mais consistência às nossas existências.

– Da necessidade de *evitar as grandes armadilhas*, nas quais nossa energia se perde com muita frequência.

Especificidade do Filme 4

O *saber-interpretar* é a sequência que corresponde à quarta etapa do saber-aprender. Ele será muito mais estruturado se as três etapas precedentes tiverem sido trabalhadas: enraizamento no contexto, descoberta das leis incontornáveis da vida, descoberta de nosso imenso potencial de auto-organização e de flexibilidade.

Como definir o conhecimento? Certamente não como um espelho do mundo, nem como uma compilação de informações. O sentido não existe em si. Ele emerge de nossos diferentes acoplamentos. Logo, devemos mudar de linguagem, no que se refere ao real: em primeiro lugar, terraplenar, depois, fazer o alicerce, em seguida, construir.

Como definir a autonomia? Até que ponto somos autônomos? Qual o motor da nossa lógica de conhecimento? Essas questões são levantadas nesta quarta sequência, que se constrói em torno de duas novas palavras chave na base de nosso funcionamento biológico: seletividade e emergência.

Ideias/força apresentadas no Filme 4

– *O conhecimento não é nem um espelho, nem uma criação arbitrária, nem uma compilação de informação. O conhecimento e seu universo são inseparáveis. A escolha (seleção, decisão) é o motor da nossa lógica de conhecimento.*

– A ação de caminhar é inseparável do caminho sobre o qual se caminha. O vivente emerge de sua história. Tudo o que percebemos, pensamos, imaginamos, aprendemos é biológico.

– A aprendência enraiza-se quando o corporal e o emocional estão engajados.

– Nossa linguagem corrente (captar, tratar, adquirir uma informação) precisa ser reajustada: "estabelecer um acoplamento ativo", "fazer emergir o sentido", "entrar num caminho de transformação".

– Comunicar é criar uma interface entre duas constelações de sentido, e permitir a emergência de uma constelação de sentido, reunida por um tempo.

– A inteligência precisa ser "revisitada": ela é a faculdade de penetrar um mundo compartilhado.

– O sistema imunitário é um segundo cérebro que permite ao corpo conhecer o "si" antes do "não si".

5. Nascemos para escolher, entrevista com Albert Jacquard e André Peretti

Objetivos do Filme 5

– *Somos escolha.* Esta era uma das frases chave de Francisco Varela na sequência precedente. Trata-se agora, portanto, de *explorar* nosso potencial de escolha, *reconhecê-lo* em nós e nos outros, *discernir* os fatores que nos permitirão atualizá-lo, ou seja, torná-lo atual, concreto, operacional, e dar (ou devolver) a esse potencial seu estatuto e sua função: a de fazer-nos evoluir e desenvolver, individual e coletivamente.

– *Quando esclarecemos* os valores e os critérios implicados no ato de escolher, damo-nos os meios para *construir* um percurso, uma estratégia, um método para realizar nossos "ainda não" e, desse modo, tornarmo-nos, segundo as palavras de Albert Jacquard, *aquele que escolhemos ser.*

Especificidade do Filme 5

Essa sequência constitui o centro da árvore, sobre o eixo vertical, entre o enraizamento e o cimo. Polo de decisão no qual se construirá a identidade e a permanência do ser. Esse lugar matriz se situa entre os dois ramos da organização da complexidade e da emergência do sentido (Filmes 3 e 4) e os da inovação e da troca (Filmes 6 e 7).

Efetivamente, a pergunta "Quem sou eu?" surge com toda sua acuidade, após termos feito emergir o sentido (Sequência 4) que nasce a partir de nossa capacidade de organizar (Sequência 3), que por sua vez organiza a complexidade do real (Filme 2), complexidade descoberta por nossa sensorialidade e nossa capacidade de explorar nosso contexto e outros universos mentais que nos enriquecem (Fime 1).

A pergunta "Quem sou eu?" é formulada *antes* de estarmos em situação de criar e inovar (Sequência 6). É o fato de termos inovado que permitirá que nos coloquemos em situação de compartilhar e de trocar (Filme 7). Essa pergunta, mais do que qualquer outra, estabelece nossa relação com o Tempo.

Logo, o Filme 5 encontra-se no centro da lógica do vivente. Ela nos ajuda a nos colocar diante de nossa história, fazendo nascer a determinação e a consciência de que somos responsáveis por essa história. Ela realça a importância de nos prepararmos melhor para nos engajarmos e para "*reinventarmos o engajamento*", porque assim saberemos melhor o que podemos investir, pois teremos esclarecido nossas escolhas (nossos "o que penso", "o que creio", "o que sei"), e teremos feito nosso questionamento em *novos termos*.

Ideias/força apresentadas no Filme 5

– Existe em nós um imenso potencial de escolha e de criação.

– Se sou capaz de dizer "eu" é porque alguém me disse "tu".

– O verdadeiro mestre é aquele que acolhe o processo, utiliza as aproximações e fornece o material das novas questões.

– Podemos influenciar o amanhã porque ele ainda não existe.

– A armadilha a ser evitada é não cair na geometria dos quatros axiomas: falta recursos, os programas são muito pesados, o nível cai, não fomos formados.

– O papel da educação é permitir que cada um se torne um ser humano capaz de dizer "eu". "Se eu não for eu mesmo, quem o será?". (H. D. Thoreau).

– Deixar tempo para escolher, atualizar seu potencial de escolha, "reencantar o mundo". Vivemos três tempos diferentes: o tempo físico, o tempo indeterminado, o tempo apropriado.

6. Nascemos para inovar, entrevista com J.–D. Vincent, G. Brunon, S. Desplats, C. Maestri, J.–P. Augier

Objetivos do Filme 6

– *Lembrar* ao homem do Século XXI que sua natureza por essência consiste em inovar. Na Árvore do Saber-Aprender, a seiva entra, num dado momento de seu percurso, na fase de criação.

– Fazer com que se descubra a presença do gesto criador que se encontra adormecido em nós. Explorar nossos "ainda não" em novas áreas. Descobrir essa exigência existencial que é o dever de inovar.

– Interrogar-se sobre as condições necessárias à criação, as qualidades indispensáveis para criar, os motores e as resistências à criação. Mostrar que não há receitas para criar, trata-se de abrir-se a uma outra percepção de si mesmo e dos outros, assumir sua biologia em vez de ser assumido por ela.

– Incitar a ser ator e autor, criador, arquiteto e realizador de si mesmo e do mundo que nos cerca.

Especificidade do Filme 6

Um neurobiólogo e testemunhas do gesto criador em diversas manisfestações artísticas (pintura, música, escultura, dança) falam-nos do processo desse gesto criador, de seu mistério, de sua emergência e de sua relação ao sentido. Nessa sequência, o texto e as imagens entram numa nova relação. O gesto é uma linguagem em si. O gesto cria e se cria. As linguagens são plurais. O "poder-dizer" de uma palavra, de uma frase, de um gesto, de um quadro, de uma música, de uma dança, é sua verdadeira realidade, mais do que o "querer-dizer" que lhes atribuímos, a partir de, nossas intenções e de nossos pontos de vista.

O apelo do corpo e a importância de habitar seu corpo, de "corporalizar" aquilo que aprendemos, como Francisco Varela mostrou nas Sequências 3 e 4, assume aqui seu significado integral. "A borboleta forma-se dentro e não fora da lagarta" (J. Guesné).

A metodologia de acompanhamento coloca novamente os participantes no centro de sua própria exploração. O trabalho é feito em torno dos temas do ato de criação, dos processos e condições favoráveis para criar, *as invenções da arte, da linguagem, da memória e do imaginário.* O trabalho bibliográfico, proposto desta vez, por temas, esta imbricado nas atividades para encorajar a pesquisa pessoal, a abertura, a troca e a tolerância diante das divergências entre os pontos de vista.

Ideias/força apresentadas no Filme 6

– Nascemos para inovar. Nosso cérebro precisa de geradores de diversidade (encontros, trocas, ações, percepções). O vivente precisa de tempo e de memória.

– Existe sempre um antes e um depois. A memória permite-nos reatualizar numa duração presente, uma duração anterior e imaginar uma duração futura.

– Nosso cérebro, "irrigado pelos nossos neurotransmissores", contrói sua relação com o mundo.

– Nossas capacidades cognitivas (memória, aprendizagem, percepção, inteligência...) não se encontram localizadas mas, "distribuidas". A linguagem é um instrumento maravilhoso para ir ao encontro do outro. As escritas são uma invenção extraordinária do ser humano.

– A obra criada permanece num eterno presente. (G. Brunon) A dança é uma arte do instante. (S. Desplats) O sopro é um **archet** interior. (C. Maestri) Cada dia o gesto se aperfeiçoa. (J.P. Augier)

7. Nascemos para trocar, entrevista com Bertrand Schwartz

Objetivos do Filme 7

– *Lembrar* que formar é investir e se investir; aprender é inventar-se. O propósito do aprendente é ser ator e autor de sua própria aprendizagem.

– *Mostrar que*, para que o ato de aprender seja reconhecido na sua totalidade, é preciso reavaliar a avaliação; refundamentar os critérios de validação.

– *Deixar um espaço* para as transições, para o distanciamento, para a antecipação, para o questionamento.

– *Proporcionar os meios* para aprender, descobrir-se, reconhcer-se como um ser em movimento, em advir.

– *Reabrir o debate* sobre a alternância, o tutorado, a qualificação, a educação permanente, à luz das exigências atualmente impostas pela problemática do "homem que aprende numa sociedade aprendente".

– *Alimentar* um questionamento permanente e sem fronteiras sobre o ato de aprender e de ensinar, sobre o papel dessa troca dialógica para o equilíbrio de uma sociedade digna desse nome.

– "*Uma única miséria é suficiente para condenar uma sociedade.*" (Charles Péguy)

– "*Trata–se de se confrontar dignamente com a questão dentre as questões: o que recebemos, o que demos?*" (Monette Vacquim)

– "*Revolto-me, logo existimos.*" (A. Camus)

Especificidade do Filme 7

Este filme da série *Nascemos para Aprender* corresponde à sétima e última etapa do saber-aprender, o saber-trocar. Esse espaço, esse tempo permite uma abertura para a realização social, para a reciprocidade, para a obra compartilhada. É também a etapa que abre o caminho para a autonomia, momento em que cada um toma as rédeas de sua própria compreensão e de seu saber-comunicar.

Nesse filme, Bertrand Schwartz discorre sobre as diversas ações que desenvolveu durante 35 anos, em diferentes áreas, todas inspiradas por sua convicção de que atualmente é preciso dar um novo enfoque ao contexto atual da formação.

Como definir esse novo enfoque? Qual a melhor maneira para acompanhar o nosso tempo? Como fazer para que um jovem volte a sentir o desejo e a vontade de se formar se ele não pôde durante os seus anos de escolaridade, descobrir sua capacidade de explorar, de agir, de se construir? Como desenvolver uma estratégia de autonomia e de responsabilização? Quais as armadilhas a serem evitadas, os erros que não se deve cometer na relação com os jovens? Qual o caminho mais seguro para a qualificação? O que significa "educar pela vida, através da vida, para vida"?

A metodologia de acompanhamento propõe-se alimentar a reflexão e o questionamento, para desenvolver nos formadores uma atitude de busca verdadeiramente participativa e, desse modo, concretizar a ideia de que a pedagogia não se faz de cima para baixo, mas com os próprios autores.

Ideias/força apresentadas no Filme 7

– A teoria e a prática não devem ser aprendidas separadamente.

– As pessoas sabem muitas coisas sem saber que sabem: saber que se sabe é muito importante.

– Os jovens dizem que é importante ser responsável, que é importante trabalhar em grupo, poder descobrir um ofício; ter coisas para dizer; ter contatos, saber que outros se interessam por eles.

– Os jovens dizem que precisam que se tenha confiança neles, que precisam ver o resultado do que eles próprios fazem e saber que servem para alguma coisa.

– Ensinar alguém cria o desejo de aprofundar o que se sabe.

– Um método incontornável é escutar antes, durante, depois.

– Uma prioridade: mudar a organização do trabalho e religá-la à formação, transformando-a numa organização qualificadora; utilizar as disfunções para formar; analisar coletivamente as disfunções; propor saberes "no momento oportuno" e "a propósito de".

IX

Anexo II

1. Palavras compartilhadas

2. Ler, uma longa história de interface e um ato neurocultural

3. Aprender hoje, numa universidade aprendente

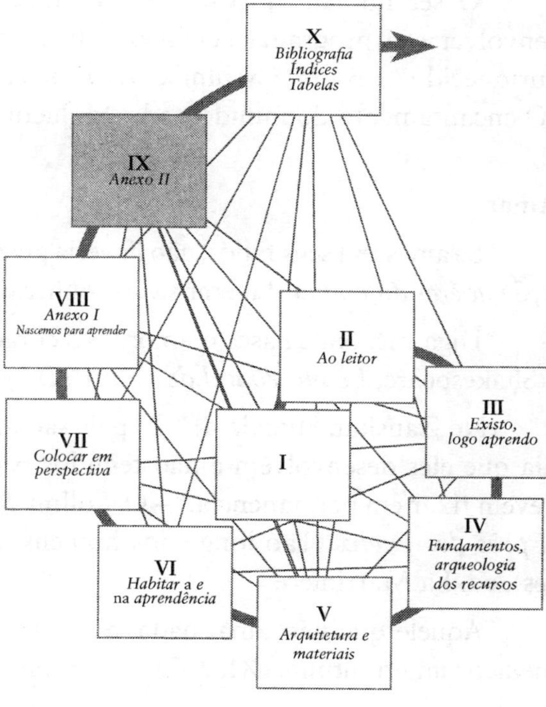

1. Palavras compartilhadas

Palavras Compartilhadas...

Estas "Palavras compartilhadas" são pontos de apoio para nossas explorações em torno de um conceito e um convite para que outras sejam acrescentadas. Ideias/força para seus autores. Elas podem desencadear, estimular, religar, ampliar nosso questionamento, de horizonte a horizonte.

Logo, o que é proposto é uma "leitura questionante" e uma experiência de troca recíproca de nossas percepções e nossos valores.

Alteridade

"O ser humano privado de alteridade é incapaz de desenvolver seu programa genético... Ir ao encontro do Outro enriquecido", Boris Cyrulnik, *L'Ensorcellement du monde* (O encantamento do mundo), ed. Od. Jacob

Amar

"Se amassem seus filhos, não haveria guerras." – Krishnamurti, *Se libérer du connu* (Liberar-se do conhecido), Livre de Poche

"Diga-me, onde nasce o amor? No coração ou na cabeça?." – Shakespeare, *Le marchand de Venise* (O mercador de Veneza)

(No Zanskar, Himalaia) "Os pais são amados pela harmonia que eles desenvolvem e não temidos pelos limites que eles devem fixar em permanência." – O. Föllmi, *Si loin des Hommes, si près des Dieux* (Tão longe dos homens, tão perto dos Deuses), ed. La Martinière

"Aquele que não ama, nada vê." – Paracelse, Labyrinthus medicorum errantium, (XI, 207), Cf. Braun (Fleuron, Genebra)

Analfabetismo

"O analfabetismo científico é a incapacidade de compreender ou mesmo considerar processos não lineares." – N. Wiener, *op.cit.*

Aprender

"Um ladrão não pode roubar nem a aprendência, nem a satisfação de ter criado o objeto que ele se apropria." – (pensamento tibetano)

"Nada se pode ensinar a um ser humano, pode-se apenas ajudá-lo a descobrir o que ele encerra em si." – Galileu

"A aprendência é uma forma muito complicada da ação em retrospecção, e cuja influência se exerce não somente sobre a ação individual, mas também sobre o modelo da ação. É uma outra maneira para tornar o comportamento menos dependente das exigências do meio." – N. Wiener, *Cybernétique et société* (Cibernética e sociedade), Deux Rives

Árvore

"Olhe a árvore: com sua ciência ela manifesta o que ela é! É a realidade invisível nela contida que a leva a produzir folhas, flores e frutos. E ela o faz com perfeição." – Paracelso, Das Buch von den tartarischen Krankheiten (XI, 175).

Autonomia

"Autônomo não significa sem relação." – E. Guillé e C. Hardy, *L'alchimie de la vie* (A alquimia da vida), ed. du Rocher

"Adquirir autonomia, é ampliar suas trocas com o que se encontra fora de si mesmo, desenvolver as estruturas de conexão e as interações." – F. Jacob, *La logique du vivant* (A lógica da vida) Gallimard.

"Abritamos um duplo processo gerador de autonomia: a evolução filogenética (liberação progressiva das exigências impostas pelo meio ambiente) e a evolução ontogenética do cérebro (liberação da predominância do momento presente, distanciamento no tempo e no espaço)." – P. Karli, *Le Cerveau et la Liberté* (O cérebro e a Liberdade), O. Jacob.

"Um sistema é considerado como autônomo se ele puder especificar suas leis." – F. Varela (entrevista em Nascemos para aprender, *op.cit.*).

"É um processo de emergência permanente." – F. Varela (Nascemos para aprender, *op.cit.*)

"Não existe autonomia sem decontextualização." Ph. Meirieu

Ciência

"A ciência tem tendência a negar o que lhe escapa. Ela é por natureza reducionista." – H. Reeves, *Soleil* (Sol), ed. La Nacelle

Comunicar

"Eu nunca sei o que digo antes de ouvir a resposta do Outro." – N. Wiener, *Cybernétique et Société* (Cibernética e Sociedade), Deux Rives

Conhecer

"Sentimos a necessidade de conhecer, porém, temos medo", A. Maslow.

"Nossas razões de viver? O conhecimento." H. Laborit, entrevista J.J. Servan Schreiber

Contexto

"Os animais vivem num mundo contextualizado." – Boris Cyrulnik, *op.cit.*

Cores

"O ultra-violeta não é percebido, nem representado por um tubarão, mas é um acontecimento para uma abelha." – B. Cyrulnik, *op.cit.*

"Quem vê a verdadeira cor?... Qual é a cor do mundo?." – F. Varela, entrevista.

Criança

"Uma criança é povoada de lembranças. Os pais são apenas os genitores de um ser que faz escala no seio da família. Ele não pode ser, totalmente, nem fruto, nem imagem deles. Por isso, os pais jamais exercem uma atitude possessiva sobre o filho. Eles o amam pelo que ele é, sem procurar se identificar a ele. O dever deles é ajudá-lo para que se realize nesta vida da melhor maneira possível, dando-lhe bastante amor, respeito e confiança.", O. Föllmi, *op.cit.*

Cultura

"O que me supreende é a maneira como nossa cultura pode destruir a curiosidade no mais curioso dos animais, o ser humano." – Paul MacLean, carta ao Dr. C. Hanneford, *La gymnastique des neurones* (A ginástica dos neurônios), ed. Grancher.

Dar-receber

(No Zanskar) "Se oferecemos ou recebemos um objeto, nós o fazemos sempre com as duas mãos, a esquerda levemente atrás, porque o que nos é oferecido é uma graça, o que damos ao Outro é uma oferenda. Nada é de direito. Receber ou dar é sempre um privilégio." – O. Föllmi, *op.cit.*

Educar

"Não se pode educar sem postular que a pessoa possa compreender, possa aprender, possa ter acesso ao que o ser humano elaborou de maior." – Ph. Meirieu

(No Zanskar) "É pela repetição do gesto e pelo exemplo que se ensina a vida para a criança, sem teoria. Reina então uma grande calma na família... As regras são compreendidas para sempre." – O. Föllmi, *op.cit.*

"Quando compreendermos quais são as necessidades invisíveis e essenciais do ser humano, necessidades que fazem parte de sua natureza e que não podemos trair sem corrompê-lo, seremos levados a ampliar nossas formas de educação e de cultura. Esforçar-nos-emos para realizar simultaneamente dois procedimentos complementares, o que desencanta e o que reencanta o mundo." – J. Onimus, *Essais sur l'émerveillement* (Ensaios sobre o encanto), PUF.

"Pratiquem o que vocês ensinam em vez de serem como esses marcos de sinalização imóveis que mostram uma estrada onde eles nunca irão." –3 U. von Hütten, *Doléance et Exhortation* (Queixa e Exortação)

"Não! Não está em teu poder fazer desabrochar o botão. Sacuda-o, maltrate-o: está além do teu poder fazê-lo florescer. Teu toque apenas murcha e rasga as suas pétalas, fazendo-as cair em pedaços no chão, mas nenhuma cor se revela e nenhum perfume se faz sentir... Não, não cabe a ti abrir o botão e fazê-lo florescer! Aquele que faz desabrochar uma flor realiza sua tarefa de modo tão simples. Ele a olha de relance e a seiva da vida corre-lhe nas veias. A seu sopro, a flor abre suas asas e se balança ao sabor do vento. Como anseios do coração, sua cor resplandece e seu perfume trai um suave segredo. Aquele que faz desabrochar a flor realiza sua tarefa de modo tão simples." – R. Tagore, *L'offrande lyrique* (A oferenda lírica)

Ensinar

"Penso que o estilo através do qual os professores são apresentados, depende do grau de engajamento do público dentro da velocidade do materialismo." – Chögyam Trungpa, *Pratique de la voie Tibétaine* (Prática da via Tibetana), Seuil.

Escola

"Atcho, de tua escola podes ver a lua?.", O. Föllmi, *L'École au bout du fleuve* (A Escola no final do rio), ed. de la Martinière.

"O que os países precisam são escolas da paz." – A. Jacquard.

Espiritual

(Para Paracelso) "Espiritual significa: tudo o que nasce das ideias, da fala, das relações entre os seres humanos, do amor, do ódio, breve, toda essa dimensão interindividual na qual nos encontramos como ser de relação não material." – L. Braun, *op.cit.*

Ética

"A ação ética é liberdade. Ela considera o mundo não como está, mas como ele deverá ser." – M. A. Ouaknin, *Mystères de l'Alphabet* (Mistérios do Alfabeto), ed. Assouline.

Evolução

"Sem evolução, um ser humano, um povo, uma cultura morre de suas convicções. A troca e a mudança constroem a essência da vida de todo ser." – Olivier Föllmi, *op.cit.*

"Somos o resultado da evolução biológica.", I. Prigogine, *Temps à devenir* (Tempos advindos), Fides, As grandes conferências.

"O ser humano em devenir deve estar sempre se refazendo, construindo-se, inventando-se de outra maneira." – M. A. Ouaknin, *op.cit.*

"99% das espécies viventes na origem desapareceram. As espécies que sobreviveram são as que misturam os genes, põem em movimento e obrigam a inventar, diversificar." – B. Cyrulnik, *op.cit.*

Experiência

"Toda experiência se acumula para criar a cada momento um novo ser. Somos o fruto de nossas vivências." – O. Föllmi, *op.cit.*

Ferramenta

"Cada ferramenta possui um genealogia e provém das ferramentas que serviram para construí-la." – N. Wiener, *op.cit.*

Homem

"O homem é a única espécie capaz de transgredir as leis naturais." – B. Cyrulnik, *op.cit.*

"Próprio do homem é a compaixão." E. de Fontenay, *Le silence des bêtes* (O silêncio dos animais), Fayard.

Identidade

"As estruturas dissipativas são sistemas capazes de conservar sua identidade unicamente ficando continuamente abertos aos fluxos de meio ambiente." – (J. Briggs e FD Peat, "A flecha do tempo", in *Un miroir turbulent* (Um espelho turbulento), InterEditions.

"Se eu não for eu, quem o será?." – H. D. Thoreau, *Walden.*

Imaginação

"A imaginação do homem funciona como uma semente." – L. Braun, Paracelso. (Fleuron, Genebra)

Individualidade

"A individualidade do corpo é mais a da chama do que a da pedra, a de uma forma mas do que a de um fragamento de matéria." – N. Wiener, *op.cit.*

Inteligência

"A inteligência não é uma geometria "talhadora de sólidos", que só se sentiria à vontade entre pedras de cantaria. A inteligência é vida que se toma conscienciosamente." – M. Jousse, *L'anthropologie du geste* (A Antropologia do gesto), Gallimard.

Interdependência

"Existe, no Zanskar, uma profunda consciência da interdependência. O entendimento entre os homens, sua harmonia com a natureza, são a garantia de sua sobrevivência." – O. Föllmi, *op.cit.*

Itinerário

"No mar, o itinerário mais curto não é obrigatoriamente o mais rápido." – E. Tabarly, *Mémoire du large* (Memória do alto-mar), ed. Fallois.

Liberdade

"A liberdade mundial parece cada vez mais com o molho de acompanhamento do único prato disponível." – B.R. Barber, Centre W. Whitman, E.U.

(Paracelso) "A liberdade é tudo exceto a vontade arbitrária do sujeito. É mais um ato de deixar-ser. Ser livre é voltar-se para a natureza de tal maneira que ela possa, em nós, se realizar." – L. Braun, *op.cit.*

"É livre o homem que sabe reconhecer as exigências da necessidade e agir de acordo com elas; sua liberdade depende dos limites impostos pela realidade." – J. Schlanger, *Solitude du penseur de fond* (Solidão do pensador profundo), Criterion

Linguagem

"A linguagem em geral só coloca em evidência um único lado da interação." – As coisas só podem penetrar o mundo da comunicação e da significação com seu próprio nome, suas qualidades e seus atributos (ou seja: pelos discursos feitos sobre suas relações e suas interações internas e externas)." G. Bateson, *La nature et la pensée* (A natureza e o pensamento), Seuil.

Meio ambiente

"O homem e seu meio ambiente moldam-se de maneira recíproca." – E. Hall, *La Nouvelle Communication* (A Nova Comunicação)

Memória

"Tal é o papel do cérebro na operação da memória: ele não serve para conservar o passado, mas para dissimulá-lo primeiro e, em seguida, deixar transparecer o que é praticamente útil." Bergson, *L'Énergie Spirituelle* (A Energia Espiritual)

"Fora do presente a memória não existe." – J. Rosenfield, *L'invention de la Mémoire* (A invenção da Memória), EsHel.

Mudança

"Não precisamos nos iludir com o velho dogma que afirma que a natureza humana não pode ser mudada, porque descobrimos que ela pode ser mudada (se soubermos como). Devemos começar a realizar nossas potencialidades como seres humanos e então poderemos abordar o futuro com um pouco de esperança." – A. Korzybski *Ce que je crois* (No que acredito), trad. S. Schaeffer e J. C. Denis, Institute of General Semantics, Lakeville.

Mundo

"É preciso que o ser humano encontre neste mundo não somente um domicílio, mas também, um lar." – V. Havel, *Interrogatoire à Distance* (Interrogatório à distância)

"... ouvir o silêncio do mundo..." Magritte

Perceber

"Um objeto só é percebido no momento em que colore o espírito." – Sûtra 4.17, *Yoga Sûtras de Patanjali* (Ioga Sutras de Patanjali), ed. Altess.

Pesquisa

(O pesquisador) "O que constitui sua missão suprema é dar, por assim dizer, forma ao invisível, ou seja: levar à fala o que não é fala, demonstrar através da fala algo além dela própria... A pesquisa, como promoção do ainda não pensado e logo, do ainda não formulado é, ao mesmo tempo, promoção dos meios para tornar presumível, e até enunciativo, o inaudito.", L. Braun, *op.cit.*

Questionar

"Procure amar suas próprias perguntas, cada uma como um lugar que lhe é inacessível, como um livro escrito numa língua estrangeira." – R. M. Rilke, *Lettres à un jeune poète* (Cartas para um jovem poeta), Os cadernos vermelhos, Grasset.

Realidade

"A realidade é extremamente vasta para ser contida nos limites de tal ou tal sistema de pensamento." Introdução de A. Shearer às Iogas Sûtra, *op.cit.*

"O *yeti* existe porque falamos nele... Querendo compreender cada fenômeno, esquecemos que o impalpável e o concreto constituem, juntos, uma visão mais legítima da realidade, e que todas as percepções, físicas ou psicológicas, que temos do mundo, permitem apenas uma ilusão imperfeita da verdade." O. Föllmi, *op.cit.*

Recursos

"O essencial para um poço é que sua água seja extraída. O poço está lá para todo mundo. Mais extraímos, mais seu tesouro aumenta.", Comentário no Hexagrama 48, Yi King, *Livre des transformations* (Livro das transformações), Livraria Médicis.

Sentido

"Desejo-lhes do fundo do coração que encontrem o sentido da angústia diante do sol que morre. Desejo-o arduamente ao Ocidente. Quando o sol morre, nenhuma certeza científica deve impedir que choremos, nenhuma evidência racional que perguntemos se ele renascerá. Vocês, vocês morrem lentamente sob o peso da evidência. Desejo-lhes essa angústia como uma ressurreição." Cheik Hamidon Khan, citado por O. Föllmi, *op.cit.*

Ser

"Eu sou porque fico emocionado e porque tu sabes." Jean Didier Vincent, *Biologie des Passions* (Biologia das paixões (Odile Jacob)

"Ser, é ainda ter que ser... É magnífico está advindo a ser... A vida é esplêndida." – P. De Duve (entrevista).

"Ser plenamente o que somos, eis o que nos guia." – Chögyam Trungpa, *Pratique de la voie tibétaine, au-delà du matérialisme spirituel* (Prática da tradição tibetana, para além do materialismo espiritual), Seuil.

Sonhos

"Não temos sonhos, vivemo-los ou os habitamos." – G. Epstein (psicólogo no Institute for the Advancement of Health, N.Y.)

Tempo

"O passado e o futuro coexistem em cada objeto." – Sûtra 4.12, trad. J. Weber, *op.cit.*

"É porque não estudamos, na história das ciências, situações suficientemente complexas, que não encontramos a flecha do tempo." – I. Prigogine, *Temps à devenir* (Tempo advindo), Fides, As grandes conferências.

"Todo o presente é somente um ponto na duração." – Marc Aurélio, *Soliloques* (Solilóquios), Livre de Poche.

"O tempo é também uma noção biológica." – Boris Cyrulnik, *op.cit.*

"O tempo é mais forte que o médico. O homem deve esperar inclusive para fazer dissolver o açúcar." – L. Braun, *op.cit.*

Universo

"É preciso compreenderes enfim, que Universo é esse, do qual fazes parte." – Marco Aurélio, *op.cit.*

Ver

"Um néscio não vê a mesma árvore que um sábio." – William Blake

"O que é invisível está no entato lá." – Paola Lévi Montalcini, escultora (entrevista)

Vida, vivente

"Os homens do Zanskar não esquecem que uma flor não existe sem as outras, sem os insetos polinizadores, o vento que a fecunda, a água que a rega, o sol que a faz abrir, a terra que a nutre. Eles têm consciência dessa corrente de vida da qual fazem parte, humildemnte, os seres humanos." – O. Föllmi, *op.cit.*

"Viver indignado." – Zola

"A vida humana não é feita para entrar num molde." – R. Tagore, *La Maison et le Monde* (A casa e o Mundo), Payot.

"Viva no instante presente somente suas perguntas. Talvez, vivendo-as, você acabará entrando de maneira imperceptível nas respostas." – R. M. Rilke, *op.cit.*

"Somos todos itinerantes e essa itinerância é a vida." – C. Singer, *Les âges de la vie* (*As* idades da vida), A. Michel.

"Está vivo é participar de uma corrente contínua de influências, vindo do mundo exterior e de atos, agindo sobre esse mundo, no qual representamos apenas um nível intermediário." – N. Wiener, *op.cit.*

Violência

"A violência é a incapacidade de sair de seu próprio modo de representação." – B. Cyrulnik, *op.cit.*

Virtual

"Através de nossas narrações, habitamos mundos virtuais. Logo, escapamos aos mecanismos reguladores da natureza e nos submetemos ao mundo virtual que inventamos." – B. Cyrulnik, *op.cit.*

2. Ler, uma longa história de interface e um ato neurocultural a ser construído[1]

Nossa cultura ocidental contemporânea deixa um lugar cada vez mais importante para a *revolução* que ocorreu há alguns milhares de anos, que é *a representação simbólica da linguagem e do pensamento humano*. Hoje, conferimos ao código escrito um poder imenso: o de nos orientar, informar, aculturar, distrair, fazer sonhar, fazer comunicar. Atualmente, parece banal dizer que a imagem e o som precisam, ambos, recuperar um atraso considerável para preencher o papel que a escrita tem ocupado desde há cinco séculos. Mas... será o caso para os que chamamos, no Ocidente, de "analfabetos"? Não é tão evidente assim! Quer sejam crianças ou adultos, eles se veem obrigados a administrar outros tipos de conhecimentos e, em alguns casos, se revelam verdadeiros peritos.

A história de Alfredo é mais do que uma anedota, é uma lição magistral. Alfredo é português. Ele tinha trinta e cinco anos quando decidiu aprender a ler. Ele conhecia o alfabeto mas não conseguia ir além. Elisabeth A., sua professora, não sabia mais o que fazer. Um dia eu a ouvi dizer: *Alfredo, apesar de saber todas as letras, continua sem saber ler"* e ela acrescentava: *"Alfredo, no entanto, não parece ser tolo! Outro dia ele me contou que tinha transformado sua motocicleta em motosserra..."*. Imediatamente, eu pensei: "mas... Alfredo tem tudo o que precisa para ler! Ele sabe antecipar, evocar e fazer evoluir imagens mentais, imaginar transformações, administrar e memorizar fases de ações sucessivas. Ele sabe como não perder de vista o objetivo que ele quer alcançar; já que ele se interessa por ferramentas, é preciso contar-lhe a história da escrita e lhe mos-

[1] Texto publicado no trabalho coletivo *Petite enfance, éveil aux savoirs* (La Documentation Française, Ministério do Trabalho e da Solideriedade, 2ª edição, 1997) no âmbito de uma parceria do GPLI com a Associação Saúde e Comunicação.

trar que a escrita é uma ferramenta que o homem inventou". Eu disse tudo isso a Elisabeth que, dias após nossa conversa, contou a Alfredo a história da invenção da escrita. Um mês mais tarde encontrei Elisabeth que, com um grande sorriso, me anunciou: "Alfredo sabe ler!".

Um problema muito mais vasto

Parece que esquecemos com facilidade que a escrita não é um ato natural, mas um ato de civilização. O fato de estabelecer uma relação evidente entre o corpo (físico e social) e a linguagem não é neutro. O conceito de alfabetização torna-se significativo em um dado contexto cultural. Numa cultura de longa tradição oral como a dos aborígenas da Austrália, por exemplo, o fato de não saber ler ou escrever não é um sinal de ignorância ou de atraso intelectual.

Em nossas culturas ocidentais, a alfabetização é hoje, mais do nunca, considerada como um bem de consumo a ser adquirido, indispensável para obter um estatuto econômico e social de sobrevivência. O inventário é, na verdade, inquietador: 6 milhões de franceses "deficientes do saber", um quarto da população do planeta de não alfabetizado. Mas, corremos o risco de esquecer que o analfabetismo é apenas um aspecto de um problema mais importante, o da interface entre o cérebro do ser humano e seu meio ambiente.

Essa interface, construída sobre a regulação e a troca – dois fatores decisivos para a adaptação e a evolução do organismo humano – ainda precisa, em grande parte, ser descoberta, edificada, organizada, desenvolvida. Dela depende a sobrevivência de homens e mulheres e de seus descendentes. O saber-ler e o saber-escrever são somente um aspecto do saber-estar no mundo. A escrita é apenas uma manifestação do saber-pensar entre outros, apenas um tipo de atualização do saber-dizer, do saber-compreender, do saber-criar sentido. Porque o verdadeiro analfabetismo, atualmente, ultrapassa a relação ao único código escrito, e o problema de sua prevenção deve ser visto numa perspectiva multidimensional, antropológica e histórica.

Considerar o que está na origem

Fora dos aspectos linguístico, físico, psicológico, biológico, socioeconômico do analfabetismo (essa "surdez cega" face ao instrumento milenar que é a escrita), precisamos nos questionar sobre a *origem* do fenômeno e sobre sua natureza neurocultural para reencontrar (talvez... quem sabe?) o êxtase diante da extraordinária invenção humana. Na linguagem gráfica, "as palavras tomaram o lugar das coisas. Elas são mais flexíveis, mais universais, menos individuais, menos materiais. Elas podem ser combinadas. Elas permitem a análise, a abstração, o raciocínio, a dedução. Elas podem ser transmitidas para longe." (1)

Se é verdade que "para ensinar o latim a Paulo, é preciso conhecer bem o latim, também é preciso conhecer bem Paulo" (e acrescentaria mais... "é preciso conhecer bem o contexto, no qual Paulo aprende o latim"). Do mesmo modo, para prevenir o analfabetismo, é preciso conhecer bem o que é a escrita, conhecer bem o cérebro humano que a criou, e conhecer bem o contexto no qual o ser humano se serve dela.

Escrita e cérebro

A história da interface Cérebro ↔ Escrita começou há 3.000, 6.000 ou 10.000 anos, segundo os cientistas e a concepção que eles têm do signo e do código escrito... Mas, pouco importa. Quando a escrita foi inventada, um aspecto da comunicação passou, para quem a recebia, para o controle exclusivo da visão. Hoje, esse aspecto das coisas continua valendo. Os formadores, os pais, os amigos, os patrões daqueles que chamamos analfabetos precisam compreender seu tormento e as estratégias elaboradas por eles para atenuar a incapacidade de aceder a tantos atos da vida corrente que se encontram codificados pela escrita.

O interesse de re-situar a invenção da escrita em seu contexto histórico e neurobiológico é para melhor compreender como o ser humano conseguiu se desprender do processo sensorial para prolongar seu próprio pensamento, exteriorizá-lo, fixá-lo, comunicá-lo através de um sistema de representação visual permanente e codificado. A mensagem escrita torna-se independente daquele que a emitiu. Para o emissor, trata-se de um verdadeiro risco (1), para o leitor, de uma situação de probabilidade e de exploração de um campo a ser descoberto e organizado.

Os aspectos neurocultural e neurolinguístico da criação da ferrramenta "escrita" foram, relativamente, pouco estudados. (2) Logo é crucial colocar o problema da relação do ser humano com o código escrito em termos *de interface do cérebro, do pensamento e da linguagem*, visto que o emprego do código escrito provoca uma mudança radical no modo de comunicação. A qualidade das mensagens é transformada na emissão, na recepção e nas relações com o pensamento.

É igualmente fundamental ressaltar que se trata de uma conexão específica dos diferentes componentes do ato cognitivo de leitura: o órgão da leitura, que é o cérebro (é ele quem lê e não os olhos), o pensamento (é ele quem se exprime e interroga sobre o sentido) e a linguagem (a fala, oral ou gestual, torna-se visual e o pensamento é transmitido por uma outra estrutura que obedece a um outro código).

O ato de leitura é um ato mental complexo, plural e diferido: ele exige, por parte do leitor, toda uma série de operações prévias de identificação, de percepção sensorial, de integração numa área de conhecimento já constituída, de integração num sistema de referência já existente, de enraizamento, de memorização, de acoplamento entre o percepto (o rasto de escrita percebido) e o conceito. Ele desencadeia a evocação de imagens mentais, lembranças, emoções etc. Dessas operações, desses acoplamentos e dessa reorganização, emergerá uma significação, em seguida, um sentido e uma eventual operação de comunicação: imediata, diferida, exteriorizada ou não.

Quanto à atividade neuronal implicada no ato de leitura, sabe-se hoje que ela obedece às leis da percepção e que o captor sensorial (o olho e a retina) só contribui em parte ao ato perceptivo, este sendo a resultante de toda uma atividade cortical e subcortical de nosso cérebro. (3) O estado interior do indivíduo (o aspecto psicológico para alguns) representa, portanto, um papel importante no ato de leitura e escapa aos testes, controles e aos métodos mais sofisticados.

A imagem visual que é elaborada no nível do córtex visual dos dois hemisférios cerebrais, resulta da complexidade do processo cerebral de visão e traduz o aspecto topográfico da informação visual. Esta não é, absolutamente, uma representação linear e completa do campo visual. O "mapa" do que se lê, já invertido ao nível da retina sob o efeito do cristalino, é invertido ainda duas vezes, da esquerda para a direita e de cima para baixo, antes que seja elaborada a representação cortical. O esquema também faz compreender que uma escrita que é feita da direita para esquerda (como o hebraico e o árabe, por exemplo) não é lida pelos dois hemisférios cerebrais como a escrita que é feita da esquerda para a direita (como nas escritas ocidentais grecolatinas).

O ato neurofisiológico da leitura obedece a leis de organização funcional cerebral, que reconhece a existência de variações individuais de ritmo, de gestão, de interpretação, e, sobretudo, de emergência da significação em cada um de nós. Os neurobiólogos entram, atualmente, num consenso para dizer-nos que as qualidades que atribuímos ao mundo que nos cerca resultam, por um lado, das propriedades de nosso equipamento neurossensorial (captor, codificador, decodificador, selecionador, conector + a esfera misteriosa da emergência do sentido) e, por outro lado (e essencialmente), da nossa gestão desse equipamento ou seja: nossos hábitos, nossas preferências, a manutenção de nosso potencial, a frequência de sua atualização. Breve, em termos mais brutais: *a relação signo/sentido nos pertence.*

Logo, o papel dos educadores dever intervir no nível do desenvolvimento e da manutenção das capacidades perceptuais, sabendo que, se estas se encontram "na primeira linha", elas estão intimamente religadas às exigências de nossas camadas cerebrais profundas, ou seja: de nossos cérebros ancestrais (réptil e afetivo). É essencial para o cérebro profundo se sentir em segurança, não se sentir ameaçado, e poder se comunicar com os membros de sua espécie, ou seja: ele precisa criar e trocar.

Especificidade de nosso sistema gráfico ocidental

Para compreender o ato cognitivo implicado na leitura de nosso sistema gráfico ocidental, de origem grecolatina, é necessário dizer, primeiro, que a operação mental exigida por esse sistema alfabético fonético e horizontal, é uma "entrada" e um "processamento" ordenados da informação. Nesse sistema gráfico, o signo representa uma unidade abstrata que nada significa sem o que a precede e sem o que vem depois. (4)

Uma evolução que muito influenciou a gestão cerebral do código linguistico foi o aparecimento do alfabeto, em torno de 1800 a.C., que teve como consequência a introdução de um grau de abstração suplementar, já que o número restrito de signos passou a representar, a partir desse momento, todas as combinações da fala. É importante lembrar que, no início, a escrita era feita da direita para a esquerda. Ao longo da evolução, de retrógrada ela tornou-se ortógrada (da esquerda para a direita). Para o cérebro, isso exige um outro tipo de trabalho e um outro tipo de cooperação entre os dois hemisférios.

Um outro aspecto da evolução, que também devemos aos gregos, foi a introdução, no continuum gráfico, de signos representando os sons vocálicos da linguagem falada. A partir de então, tudo o que se proferia tinha uma representação visual. E, por consequência, tudo o que era escrito era fixado numa organização estruturada: fonológica, léxical, sintática.

Ao contrário dos sistemas gráficos, nos quais a imagen predomina (hieróglifos, ideogramas, pictogramas) e para os quais a leitura é contextual, configurativa e visuoespacial, a apreensão visual de nosso sistema gráfico ocidental depende de um processo sequencial e analítico. Nesse caso, o ato de leitura serve-se de um processo temporal, combinatório e associativo, utilizando linearmente e de maneira irreversível a proximidade imediata dos signos.

D. de Kerckhove (4) enumera sete "rotinas mentais" indispensáveis à leitura de um código gráfico alfabético: a temporalidade que administra sucessividade e duração dos elementos do campo visual; a irreversibilidade (a orientação obrigatória da grafia); a horizontabilidade (a percepção contínua do campo visual da esquerda para a direita); a uniformidade (os segmentos são de tamanho idêntico); a hierarquização da informação, de acordo com uma organização lógica (letra, palavra, frase, parágrafo, página); a combinatória, de acordo com uma relação de causalidade e uma necessidade inerente de síntese e a classificação (+ uma seleção) segundo um princípio de similitude ou de diferença.

A contribuição das neurociências

As pesquisas, atualmente, permitem esclarecer certos pontos. O ato neurológico de leitura em nossas línguas ocidentais pode ser considerado como um ato de dessensorialização da linguagem e um ato de abstração muito elevado, pelo fato dele utilizar a visão e a percepção visual de um número restrito de signos que representam todos os sons da fala.

A operação de transcrição da fala em escrita e o ato de leitura exigem, ambos, uma mudança de vetor sensorial: do modo auditivo ao modo visual e do modo visual ao modo auditivo. Sabemos que as áreas auditivas e visuais de nosso cérebro são anatomicamente ligadas por feixes de fibras nervosas e que o cérebro possui uma elevada proporção de áreas associativas (chamadas áreas de recobrimento). Quanto à operação mental da "transferência" do modo visual ao modo auditivo ou vice-versa, ela continua um mistério quase total.

Em compensação, um campo que conhecemos um pouco mais, atualmente, concerne a estratégia de exploração que regula o movimento dos olhos durante a leitura. Esses movimentos não dependem somente do material que estimula a retina, como se acreditou por muito tempo, mas dependem, também, das representações internas que o indivíduo faz sobre o que ele busca. Os movimentos oculares de um leitor japonês podem variar, dependendo se ele lê um texto em kanji (ideográfico) ou em kana (alfabético). As fixações serão mais frequentes para o texto em kana.

É fundamental desfazer-se da ideia de que, manejando corretamente o olhar, poderemos resolver os problemas de "leitores medíocres". Os cientistas encorajam-nos a "exercitar mais o cérebro do que os olhos". (5) A tarefa dos educadores é, em primeiro lugar, interpelar o cérebro na sua totalidade: os três cérebros, tais como Paul MacLean os descreveu e explorou (6), e os dois hemisférios, tais como os conhecemos atualmente, na sua especificidade e sobretudo na sua complementariedade. Uma descoberta que nos parece essencial é a que nos mostra o papel representado pelas estruturas subcorticais (logo, nosso **eu** profundo, nossa afetividade, nossa memória, nossa necessidade de segurança), em operações mentais que foram consideradas, por muito tempo, como puramente "intelectuais" ou corticais: ler, escrever, contar, falar. (7)

Entre os métodos de exploração atuais, certos, como a ideografia cerebral, a Tomografia de Emissão Positrônica (PET) ou os EEG quantificados, nos dão cartografias ou imagens do cérebro que permitem confirmar que ler é um ato plural e complexo, numerosas áreas cerebrais em ambos hemisférios estão envolvidas no ato de leitura. A leitura dita silenciosa, por exemplo, coloca em atividade um número de áreas bem superior ao das áreas visuais. (8)

A patologia da linguagem, por seu lado, dá um enfoque interessante sobre os mecanismos de leitura. Estes diferem de acordo com o material escrito. O cérebro não utiliza a mesma mediação para as letras, as palavras e as frases. Existiriam dois tipos de mediação: uma mediação fonológica, que utilizaríamos para ler as letras e os lexemas sintáticos; uma mediação lexical semântica, que utilizaríamos para ler as palavras. A leitura das frases recorreriam às duas mediações. (9)

O que é necessário colocar em evidência é que a leitura não é um ato homogêneo. O mecanismo de leitura evolui durante a aprendência e, claro, de acordo com o método e o material utilizado.

Outro aspecto importante (talvez, essencial para os educadores), que os elementos da língua parecem não ter o mesmo estatuto no nosso processamento cognitivo: na alexia (patologia da leitura), os substantivos “resistem” melhor que os adjetivos, que “resistem” melhor que os verbos. Os artigos, pronomes, advérbios, são rapidamente perdidos pelo paciente sofrendo de alexia profunda e eles aparecem como fracos desencadeadores de organização cognitiva.

Levar em conta os diversos pontos de vista científicos

Uma primeira visão do acompanhamento do aprendente leitor foi proposta num trabalho precedente que contém sugestões e orientações para construir um método pedagógico coerente, a conscientização do leitor e seu itinerário etc. Os fatores que intervêm na leitura também foram abordados, aqueles que desempenham um papel facilitador no processo de aprendência e aqueles que ajudam o leitor a ser eficaz, ou seja, a libertar-se. (10)

Quando consideramos o cérebro como um fundamento neurológico do pensamento e da linguagem, é possível identificar as principais palavras chave de seu funcionamento de base que são verbos de ação, no próprio centro do vivente. O educador pode assim construir uma mediação pedagógica com esses "tijolos".

O que caracteriza nosso cérebro, que é um sistema aberto, é sua busca de equilíbrio para efetuar uma primeira sucessão de operações cognitivas, essenciais para a regulação e para a adaptação do sistema. Essas operações, com a criança e com o aprendente, devem ser acompanhadas numa ordem específica. Elas consistem em contextualizar, selecionar, organizar, e classificar, criar sentido (interpretar), adaptar-se e inovar, trocar (compartilhar).

A segunda sucessão de operações é da competência do próprio indivíduo, porque ninguém pode fazê-las em seu lugar. São as etapas de autonomia que a própria criança, o próprio aprendente, o próprio indivíduo administra porque se trata de sua própria evolução:

– *compreender* (no sentido mais forte, "discernir juntos");

– *acolher* (integrar no seu próprio sistema de valores) e,

– *comunicar*, cuja origem etimológica é o verbo latino "communico" (coloco em conjunto, reúno), ele também formado do "communio" (co + munio, junto + fortaleço, construo, sustento).

A ordem em que os atos cognitivos são apresentados acima não é uma coincidência. Eles correspondem a uma ordem lógica, a da lógica do vivente e da compreensão da realidade biológica da aprendência. Adaptada ao sistema gráfico ocidental, sobre o qual já colocamos em evidência algumas das características, a problemática de aprendência da leitura (acompanhada) pode ser traduzida por sete etapas que recobrem sucessivamente: um ato de fala, um ato grafofonológico, um ato lexical, um ato sintático, um ato de decisão, um ato de criação, um ato de interpretação.

A primeira etapa é a do **saber-falar:** o primeiro ato de leitura consiste em consolidar e reforçar o ato sensorial da linguagem, o ato da fala.

Logo, a aptidão que precisa ser adquirida, antes de tudo, é saber utilizar seus próprios captores sensoriais para apreender o mundo físico da língua oral em questão e, sobretudo, as especificidades da língua oral e todos os parâmetros (durações, formas, dimensões, diversidade, textura, ressonância) das sílabas, palavras, frases, ritmos, captados e reconhecidos sensorialmente. Trata-se, nessa situação inicial, da aprendência ou da consolidação do ato da fala.

As três fases que seguem são destinadas a preparar a **regulação** da aprendência da leitura.

A segunda etapa: saber-identificar as correspondências e não correspondências entre os dois códigos da linguagem (oral, escrito). Por exemplo: saber reconhecer as regras do código gráfico. O ato cognitivo que deve ser elaborado em seguida é a aptidão para:

– *reconhecer* as principais características da língua escrita: sua diversidade, as diferentes estruturas das sílabas, {Consoante/Vogal}, {Consoante/Vogal/Consoante}, {Vogal/Consoante}, sua complexidade, a função das interações;

– saber identificar as correspondências mais usuais entre sílabas orais e sílabas escritas;

– explorar, descobrir, localizar as normas (o que tem tendência a mudar, ou o contrário).

Certamente, uma das maiores dificuldades à qual o formador e o professor deverão se aplicar com afinco é fazer descobrir ao futuro leitor, a partir deste nível, o movimento em direção à complexificação; fazê-lo reconhecer, a partir desta etapa, a existência de uma grande diversidade, de um potencial imenso a ser descoberto e atualizado no devido tempo.

Nessa segunda etapa, o ato de aprendência é um *ato grafofonológico.*

A terceira etapa: saber-organizar. Esse ato cognitivo corresponde a uma necessidade de estabilização, de conceituação, de abstração e de conexão.

A sensorialidade, a emoção, a busca do sentido, são traduzidos em ideias e codificados, a fim de assegurar o acoplamento do código escrito ao real. Essa terceira aptidão deverá ser desenvolvida em seu devido tempo: nem muito cedo, nem muito tarde. Ela consistirá em abstrair da experiência, classificar, generalizar, organizar o que foi percebido na primeira etapa; representar-se a realidade simbolicamente, administrar as correspondências identificadas na segunda etapa; conectar as sílabas e as palavras.

Essa etapa, essencial para a memorização da qual ela constitue a base, representa a aprendência de *um ato lexical.*

Quarta etapa: saber-conectar, corresponde ao ato cognitivo estruturante que consiste em estabelecer relações entre os elementos da estrutura e a própria estrutura (exemplo: a estrutura ritmo e a estrutura entonação).

Para o leitor, trata-se de aprender a estabelecer um laço entre o que é sabido e aquele que sabe ou seja, ele mesmo. Os conceitos recebem um conteúdo "biográfico" graças ao acoplamento histórico (biográfico) do leitor e do mundo exterior. O leitor deve não somente reconhecer o que está escrito, mas, também, emergir uma significação: a sua. É uma fase de enraizamento no seu sistema de conhecimentos, no seu presente, e uma antecipação de seu futuro. Se essa etapa não é vivida plenamente, nem elaborada cuidadosamente, a aprendência do leitor não pode se desenvolver mais adiante. A leitura permanecerá exterior ao indivíduo e os progresssos estagnarão ou até desaparecerão.

Essa quarta fase de aprendência permite ao aprendente/leitor elaborar *um ato sintático*.

Progredir rumo à autonomia exige que leitor percorra ainda três etapas e estas também, devem respeitar as exigências do processo de complexificação crescente das relações entre o pensamento e a linguagem.

A aprendência é, agora, de natureza totalmente diferente e exerce uma outra função que não a função de regulação, porque o aprendente/leitor empreende a grande aventura da adaptação. Ele tenta estabelecer relações não mais com o meio ambiente (etapas 1 a 4), mas com os outros. Para isso, ele vai proceder por tentativa e erro.

A quinta etapa: saber-escolher. Essa aptidão, a ser desenvolvida agora, consiste em controlar, escolher, engajar-se com mais intensidade na aprendência, levando em conta seu próprio sistema de valores. Etapa fundamental entre todas, porque o aprendente/leitor deve se identificar a seu projeto de ser leitor, ter vontade para decidir, controlar a partida de sua ação de ler. Na ausência de um projeto ou de uma resposta para a pergunta: "ler, para quê?", e na ausência de referência a um sistema de valores que lhe é próprio, ele não poderá progredir, mesmo se as etapas precedentes tiverem sido corretamente percorridas. Por isso é importante ficar atento para que a criança/leitora não seja privada de sua própria decisão. Por exemplo: por uma forte dependência ao modelo.

Essa quinta fase de aprendência constitui o ponto de partida do verdadeiro ato de ler. Este ato de decisão do leitor o posiciona no ponto de articulação entre a aprendência pelo corpo (etapas 1, 2, 3, 4) e a resposta às exigências do pensamento ontológico (fases seguintes). Esta fase pode ser considerada como o "plexus", o centro energético do ato de ler.

A sexta etapa: saber-adaptar. Se ele deseja progredir rumo à autonomia, o aprendente/leitor, que dominou a diversidade, as correspondências e a estruturação da língua escrita, que se engajou, que se investiu na abertura ao saber-ler, precisará reagir, prolongar, integrar o aleatório e, desta vez, administrar a complexidade, a diferença e o inesperado (que ele descobriu na segunda etapa).

O leitor, neste nível, deve aprender a fazer um ato de criação, de inovação, de prolongamento, porque o poder/dizer das palavras é uma realidade da língua escrita; neste nível, o leitor entra na atividade da linguagem e se torna intéprete do texto, porque o texto não é um objeto fechado e finalizado. (11) O leitor deve, neste nível, deixar-se levar pela dinâmica da significação, sair do "está escrito", da leitura "instrumental", do "prêt-à-lire" (pronto a ler) e entrar na atividade da linguagem para que a etapa seguinte possa se desenvolver plenamente: a troca.

Essa etapa deverá ser a última e levar o leitor ao limiar de sua autonomia.

A sétima etapa é a do **saber-trocar**. Aprender a se posicionar, a ter uma opinião, um ponto de vista próprio, coordenar os diferentes momentos de seu percurso, preparar para se abrir sobre o espaço do ser, a realização social, a ação conjugada. Tudo isso contribuirá para construir o ato de expressão. Um olhar sobre o ato de leitura que é apenas um ato de recepção (mesmo ativo) do "querer dizer" do autor... empobrece consideravelmente o que é, por essência, *um ato de interpretação, um acontecimento relacional*, um polo de troca sobre o eixo dar ↔ receber.

Concluindo

O percurso do leitor, tal como foi esboçado, baseado no que sabemos sobre o potencial cognitivo de cada um, é uma trama para construir e adaptar ações pedagógicas *ad hoc*, que levam em conta a idade, a personalidade, o contexto da criança.

Mas, com o nosso desejo de impedir e prevenir o analfabetismo, precisamos ficar atentos ao aviso de Alvin Toffler: "O analfabeto de amanhã não será aquele que não sabe ler. O analfabeto, amanhã, será aquele que não aprendeu a aprender".

Foi formulada, nessas duas linhas, a questão do *verdadeiro analfabetismo*: seria somente a falta de conhecimento do código escrito ou a ignorância dessa extraordinária revolução realizada pelo espírito humano, dando nascimento a invenção da escrita? Na minha opinião, penso que o analfabetismo mais ameaçador é a ignorância *e falta de conhecimento do saber-ler o livro da vida*, o livro do meio ambiente, o livro dos outros e o livro de si mesmo.

Quando nos interrogamos sobre os meios de prevenir o que os observadores ocidentais consideram como uma verdadeira calamidade, "um ferimento da cultura moderna", "uma catástrofe terrível", perguntamo-nos também o que é a verdadeira alfabetização: será que ela poderá se privar da aprendência da leitura do livro da vida, do livro do meio ambiente, do livro dos outros e do livro de si mesmo?

Não seria uma grande vantagem ultrapassar uma concepção restritiva do analfabetismo e pensar que, atualmente, o homem moderno se confronta, essencialmente, com problemas de adaptação e de compreensão? Ao expandir nossa concepção do analfabetismo até a aprendência do saber-aprender, damo-nos uma oportunidade suplementar para compreender a natureza dos problemas criados pela linguagem escrita a muitos homens e mulheres. Ao mesmo tempo, descobriremos que eles, como Alfredo sobre quem já falamos, também possuem tesouros de possibilidades e de "savoir-faire" (saber-fazer) que eles podem integrar, se os acompanharmos em seu processo de aprendência da escrita.

Referências bibliográficas

(1) P. AMIET, Introdução ao catálogo *Naissance de l'Écriture* (Nascimento da Escrita), Ed. Réunion des Musées Nationaux, 1982.

(2) Uma pesquisa neurocultural é feita em Montreal desde 1980 (A. ROCH-LECOURS, de D. de KERKHOVE, J. MEHLER, e al.).

(3) Cf. F. VARELA, *Connaître les Sciences Cognitives* (Conhecer as Ciências Cognitivas), Seuil, 1989, p 73 e s.

(4) Cf. D. de KERKHOVE, *La Civilisation Vidéo-Chrétienne* (A Civilização Video-Cristã), Retz, 1990.

(5) Cf. A. LEVY-SCHOEN e J.K. O'REGAN, «Le Regard et la Lecture» (O Olhar e a Leitura), in La Recherche, n° 211, junho 1989.

(6) P. MacLEAN e R. GUYOT, *Les trois cerveaux de l'Homme* (Os três cérebros do Homem), Laffont, 1990.

(7) J. SERGENT "Les dilemmes de la gauche et de la droite: opposition, cohabitation ou coopération?" (Os dilemas da esquerda e da direita: oposição, cohabitação ou cooperação?) in *Psychologie et cerveau* (Psicologia e cérebro), dir. X. Séron, PUF, 1986.

– Cf. também H. TROCME-FABRE, *J'apprends, donc je suis* (Aprendo, logo existo)1987, 1994, Les Editions d'Organisation, p 60 e s.

– Cf. também L.V. WILLIAMS, *Deux cerveaux pour apprendre, le gauche et le droit* (Dois cérebros para aprender, o esquerdo e o direito). Les Editions d'Organisation, 1986.

(8) Cf. as pesquisas de N. LASSEN e al., in «Le cerveau» (O cérebro), n° especial *Pour la Science*, Belin, 1981.

(9) Cf. as pesquisas de Morton-Patterson, in B. DELEPLANQUE e J. M. MAZAUX, «*Les Alexies: classification et modèles actuels*" (As Alexias: classificação e modelos atuais), Concours Médical, 1989.

(10) TROCME-FABRE H., *op.cit.* p 213-227.

(11) M.A. OUAKNIN, *Lire aux Éclats* (Ler com clamor), Lieu Commun, 1990, p 44.

3. Aprender hoje, numa Universidade aprendente[1]

"Não há vento propício para quem não sabe aonde vai."[2]

Essa frase tem uma ressonância bem particular quando fazemos, atualmente, o inventário das situações educativas e sobretudo, quando questionamos o papel da Universidade. No que me diz respeito, pergunto-me se as dificuldades que são encontradas, hoje, pelas as universidades, não são o preço que a Escola, na sua totalidade, paga por ter confiscado o ato de aprender por tanto tempo e por ter, por um ensino simplificador, tornado o pensamento complexo inacessível ao aprendente num contexto em plena mutação.

Mas, estas páginas não têm por objetivo preparar um requisitório nem erigir um tribunal para fazer comparecer uma Universidade em pane de sentido. Uma quantidade imensa de energia e de tempo já foi gasta para se entranhar no pântano da deploração e nele permanecer de maneira complacente. O que me parece mais eficaz e eficiente, logo, menos dispendioso é tentar esclarecer certos *conceitos essenciais*, à luz de ideia/força que levaram à mudança de ponto de vista, e, em seguida, à mudança de comportamento e de linguagem, na prática pedagógica que me proponho compartilhar.

Nossa "paisagem" universitária

Pode parecer insólito abordar a problemática do ato de aprender no meio universitário, quando um percurso escolar anterior resultou na validação de um exame de conclusão dos estudos. E, portanto, numerosos são os alunos que deixam a Uni-

1. Texto publicado no Buletim do CIRET (Centro Internacional de Pesquisa e Estudos Transdisciplinares, Presidente B. Nicolescu), *Rencontres Transdisciplinares* (Encontros Transdisciplinares), n° 9-10, Fevereiro 1997, http://perso.club-internet.fr/nicol/ciret/.

2. Frase atribuída a Hillel o Ancião, a Plinio o Jovem e a Guilherme d'Orange.

versidade três meses depois de terem entrado ou que a abandonam no fim do primeiro ano, que saem sem validação negociável no mercado de trabalho e, como única bagagem, a representação de um ato de aprender mutilado. Dentre os estudantes que continuam num percurso universitário, muitos são os que confundem aprender e reformular um saber constituído, assimilar um conteúdo, um programa. Bem poucos têm condições para pôr em prática uma metodologia que os ajudaria a adquirir o discernimento necessário para adaptar o que lhes é ensinado.[3]

Os professores reclamam que os estudantes, que compartilham a obssessão do resultado e da performance de nossa época, "só estão interessados nas notas e não procuram compreender". Mas, de que tipo de compreensão se trata? Que realidade a Universidade propõe explorar? Qual o saber e qual a responsabilidade dos diferentes parceiros no que se refere ao saber? Para que ética? O que está em jogo? Como articular o núcleo que constitui a atividade de pesquisa nas funções de formação, de crítica social e cultural? Quais as relações pedagógicas a serem criadas ou seja: quais os "como fazer?", "como ser?", que Carta (regulamento) inventar para acompanhar os estudantes num percurso coerente, para *formar os atores do futuro*, segundo a expressão de J. Delors?

Logo, torna-se urgente deixar claro a todos os parceiros da situação de aprendência (estudantes, professores, responsáveis institucionais, políticos) o que se pode colocar sob a palavra "aprender" e engajar a instituição educativa e, principalmente, a Universidade numa nova maneira de existir, inserindo-se numa verdadeira dinâmica, a de *uma busca de sentido e de um compartilhar de significância.*[4]

É essencial, efetivamente, que todos reconheçam que o ato de aprender é mutilado pelo imenso fosso que existe entre os recursos dos diferentes parceiros da situação cognitiva, próprio

3. J.L. Le Moigne (1990) cita o caso do sangue contaminado, resultado trágico da aplicação "escrupulosa" dos conhcecimentos ensinados sobre a gestão dos estoques (Cf. o depoimento do Dr. Garetta durante seu processo).

4. Significância: capacidade para fazer emergir o sentido.

da Universidade, por um lado e, por outro lado, pelos resultados acadêmicos, os impactos profissionais e sociais do tempo e da energia investidos nela. É urgente e essencial que o mundo educativo e os professores reconheçam a necessidade da formação, concernindo nossa realidade cognitiva e sobretudo, reconheçam a importância de um verdadeiro questionamento sobre a natureza de nossa vida cognitiva, o papel da memória, da percepção, da atenção, da imaginação e das diferentes linguagens (verbal, afetiva, figurada) nos processos de aprendência.

O contexto do nosso mundo contemporâneo caracteriza-se por uma profusão de meios tecnológicos que convive com a extrema pobreza da reflexão sobre as consequências da tecnologia galopante e a aceleração do ritmo das trocas. Nossa sensoriedade fruto de nossa organização cerebral é confrontada, de maneira incessante, a novos tipos de "*acoplamento*" com o meio ambiente,[5] num contexto auditivo e visual em constante (r)evolução. Os hábitos da telepresença comprimem o tempo e o espaço, ou seja, modificam consideravelmente a relação a si mesmo a aos outros. Nosso olhar sobre o mundo é agora forjado por esse acoplamento, à queima-roupa, na violência do aqui, agora e além, que é a descoberta das próteses visuais e auditivas propostas pela telepresença.[6]

Nesse contexto, o ensino universitário permanece, estranhamente fiel a ele mesmo, abstrato, verbal e teórico. Os adultos que retomam os estudos se surpreendem em encontrar tanta rigidez na cultura universitária, rigidez vivendo lado a lado com uma imprecisão surpreendente em torno de certos conceitos tais como os conceitos de competência, autonomia, projeto. Todos estão de acordo que a porcentagem de abandonos, de insucesso e de percursos interrompidos é muito elevado. Procurei identificar os fatores do que usualmente se considera como "fracasso" na linguagem corrente.[7] Uma pesquisa feita com estudantes e

5. Segundo a expressão de F. Varela.

6. Cf. os trabalhos de Paul Virilio, principalmente *L'inertie polaire* (A inércia polar), Christian Bourgois, (1990).

7. No que me concerne, prefiro considerar que se trata de uma "ainda não aprendência".

professores mostrou que o fator nº 1 do fracasso é, na opinião deles, a falta de organização. Em seguida vêm a falta de esforço, os problemas de memória, a incompreensão do que é solicitado, a falta de objetivo a ser alcançado. Para uns e outros, o fracasso pode ser explicado por uma relação de causa e efeito. A noção de contexto está ausente de sua análise. É verdade que, tanto de um lado como do outro, a preferência é dada ao conteúdo, logo, ao pronto-a-pensar, ao pronto-a-dizer, ao pronto-a-fazer e à avaliação quantitativa. Mas, em que proporção uma quantificação pode refletir as capacidades cognitivas? Com essa estratégia, a Universidade corre o risco de parecer um supermercado da teoria e do saber, condenada à distribuição de diplomas, um lugar de turismo cultural, e não um lugar onde o aluno descobre que aprender, longe de ser reservado à instituição educativa, é um processo que continua ao longo da vida, um verdadeiro ofício – ignorado, inclusive – um ofício onde se aprende a não sacrificar o longo prazo ao curto prazo, a se construir em permanência, adaptar-se ou seja, organizar-se, auto-organizar-se e *se engajar no caminho da autonomia.*[8]

A palavra "aprendizagem" deve ceder lugar para a palavra "aprendência" que traduz melhor, por sua própria forma, esse estado de estar-aprendendo, essa função do ato de aprender que constrói e se constrói, e seu estatuto de ato existencial que, verdadeiramente, caracteriza o ato de aprender, inseparável da dinâmica do vivente.

Mudar o enfoque

"*O analfabeto de amanhã não será aquele que não sabe ler. O analfabeto no futuro será aquele que não aprendeu a aprender*".[9] Essa frase, já citada, deveria ser inscrita em cada centro educativo e constituir uma ideia/força para a Universidade, uma pedra an-

8. A autonomia é um tema abordado nos filmes da série *Nascemos para aprender*, por F. Varela, A. Jaquard, B. Schwartz.

9. Expressão do psicólogo Herbert Gerjuoy, citado por Alvin Toffler em *Le choc du futur* (O choque do futuro).

gular sobre a qual construir com urgência uma Universidade mais coerente, mais pertinente, mais eficaz.

É sobre o terreno da aprendência de uma língua estrangeira, na Universidade de La Rochelle, que pude reconhecer o quanto era importante informar os alunos sobre seu próprio *potencial cognitivo*, sobre as *representações*, bastante pobres, que eles tinham do ato eminentemente complexo que é o ato de aprender, sobre as exigências de nossa vida cognitiva e de seu substrato biológico, nosso cérebro. Tendo tido acesso, desde 1975 às pesquisas em neurociências referentes ao cérebro humano, não patológico, *in vivo* e *in situ* (o que permite evitar as deduções arriscadas dos trabalhos sobre os cérebros de macaco ou de rato), procurei estabelecer uma passarela entre as neurociências e a pedagogia.[10]

Graças à convergência da contribuição da linguística, da visão sistêmica, da Semântica Geral e das ciências da vida, numa constante ida e vinda entre a pesquisa, a realidade de *aprendente aprendendo* e seu acompanhamento pedagógico, pude mostrar aos alunos que cada ato que fazemos é, na realidade, a atualização – bem sucedida ou não, em relação a uma norma – de um potencial imenso que precisa ser explorado e conhecido melhor, a fim de nos tornarmos não somente atores mas autores de nossas aprendências.

Quando o ensino da complexidade e das leis do vivente se encontra em primeiro lugar, o ato de ensinar a aprender se transforma. Quem ensina a aprender uma língua, por exemplo, não pode mais ignorar que um elemento da língua perde toda significação se ele for isolado de seu contexto. Um som extraído do quadro morfolexical ou do fraseado entonativo, ou uma palavra extraída do quadro sintático, podem dar ao aprendente uma visão deformada das relações do pensamento, da língua e da reali-

10. Trata-se dos trabalhos de Lassen, Edelman, Tsunoda e J. Sergent que, graças aos avanços do imageamento medical permitem não mais deduzir o funcionamento cerebral da patologia ou dos estudos *post mortem*. Cf. *J'apprends, donc je suis* (Aprendo, logo existo), Ed. d'Organisation, 1987, Poche 1994.

dade. Essa atitude simplificadora complica, de maneira considerável, a emergência do sentido que o aluno busca, antes de tudo.

A crença – generalizada – que a informação existe em si, que o sentido é uma entidade na qual se penetra e que se pode transferir – deve ceder lugar para conceitos mais próximos do funcionamento de nossa realidade cerebral. A contribuição da neurobiologia, das ciências cognitivas e das ciências da complexidade, permite-nos propor os conceitos dinâmicos de *acoplamento, emergência, interdependência, interação, autossustentação.*[11] É tempo de criar uma interface, aberta, flexível, entre áreas que continuam, ciosamente, segregadas. Essa interface não pode ser feita sem uma conscientização por parte de todos os parceiros, sem uma mudança de ponto de vista e, portanto, de percepção e de comportamento.

Para a Universidade, trata-se de preencher uma lacuna: a do espaço/tempo entre três tipos de *expertise*: a *expertise* da área (conhecimentos dos fatos, regras de base, *savoir-faire* (saber-fazer) e raciocínios específicos), a *expertise* pedagógica (didática e engenharia da formação) e a *expertise* do modelo do aprendente (operações mentais em jogo e "referencial cognitivo".[12] Essa interface é o lugar onde uma verdadeira engenharia de aprendência pode ser elaborada para garantir as condições favoráveis (e se possível ideais) e fazer com que o ato de aprender ocorra num dado percurso e se inscreva numa vida aprendente.

11. Esses conceitos foram apresentados nos filmes *Nascemos para aprender* e *J'apprends, donc je suis* (Aprendo, logo existo), Les Editions d'Organisation, (1987), Poche (1994).

12. O conceito de referencial foi desenvolvido em *L'arbre du savoir apprendre, vers un référentiel cognitif* (A árvore do saber aprender, rumo a um referencial cognitivo Triom. Ed. 2004) Edition Librairie Être et connaître, (1996).

Ver e ajudar a ver

Proponho que a pedagogia se coloque à escuta das ciências do vivente. Isso significa que é urgente que ela leve em conta a relatividade cognitiva, os diferentes *tempos de aprender*, as exigências de nosso cérebro em matéria de equilíbrio, busca de sentido, conectividade, flexibilidade, auto-organização.

Outra necessidade: que os professores recebam uma formação que lhes permita levar em consideração, no seu ensino, pesquisas, podendo orientá-los sobre os atos que eles esperam do aluno. Que eles saibam, por exemplo, que um ato visuomotor (solicitado com frequência ao aluno) é organizado dentro e pelo cérebro dois segundos antes que o ato ocorra;[13] que a percepção (visual, auditiva, táctil) é, numa proporção de 80%, uma construção de nossa história pessoal;[14] que o contexto é indispensável para fazer *emergir o sentido*;[15] que as competências não são nem da ordem do ter, nem do fazer, mas, da ordem do ser-que-se-sabe-em-devir, que elas existem na perspectiva de um saber-fazer, em relação a uma finalidade. As competências participam ao e do acoplamento "potencialização ↔ atualização", na acepção de S. Lupasco.[16] Logo, elas participam na autossustentação e devem ser reconhecidas como competência, quando surge o problema da "empregabilidade"* e da avaliação. Enfim, as competências, por serem viventes, não devem ser avaliadas em termos quantitativos estagnados!

Compartilhar essas pesquisas e essas reflexões era uma necessidade. Por essa razão, elaborei um material de trabalho,

---

13. Cf., entre outras, as pesquisas do EEG Systems Laboratory, San Francisco, CA, 994103, por A.S. Gevins e al. "Human neuroelectric patterns predict perfomance accuracy, *Science*, vol. 235 Jan. 1987"

14. Cf. F. Varela, *Invitation aux sciences cognitives* (Convite ao estudo das ciências cognitivas), Seuil, 1996, e sua entrevista em Nascemos para organizar. Cf. nota 18.

15. Cf. a contribuição de E. Morin, J.L. Le Moigne, B. Nicolescu, F. Varela...

16. S. Lupasco, épistmólogo e filósofo das ciências, dentre suas obras, *L'énergie et la Matière vivante* (A energia e a matéria viva), ed. du Rocher, (1987) e *L'Homme et ses trois éthiques* (O homem e as suas três éticas), Le Rocher (1986).

* Capacidade individual para adquirir e manter as competências necessárias para encontrar ou conservar um emprego.

acompanhado de uma trama metodológica, ambas destinadas aos professores e responsáveis educativos. O objetivo desse duplo procedimento é ajudar os utilizadores a reconhecer a complexidade do ato de aprender, suas etapas (seus núcleos resistentes), sua exigências, seus imperativos, suas liberdades e a dimensão de suas potencialidades, sem esquecer as armadilhas a serem evitadas.

Criar uma dinâmica de pesquisa participativa entre os diferentes parceiros, propor uma metodologia para elaborar respostas pedagógicas *ad hoc* (e não mais comprar ou vender receitas), incitar uns e outros a deixar uma lógica única do resultado e da validação para entrar numa lógica de busca do sentido, melhor ainda, de partilha de significância, eis o que me parece um caminho possível, no qual a Universidade pode se engajar de imediato. Mas, com uma condição: que ela pegue o vírus da transdisciplinaridade...[17]

O material de trabalho proposto apoia-se no ensaio de modelização do ato de aprender, exposto em "*A Árvore do Saber-Aprender*" (cf. nota 11). Sete filmes foram realizados com a participação e testemunho de personalidades do mundo científico: Boris Cyrulnik, Basarab Nicolescu, Francisco Varela, Albert Jacquard, André de Peretti, Jean Didier Vincent, Bertrand Schwartz.[18] A cada vídeo corresponde um texto de acompanhamento, propondo uma metodologia ternária (T menos um, T, T mais um).

Um inventário e um questionamento antes de ver o vídeo criam uma dinâmica de leitura aberta do documento filmado. Dez a doze horas de trabalho em torno de cada filme são propostas, em seguida, oferecendo a prática de três ferramentas metodológicas: o autoposicionamento, o autoquestionamento e a autoavaliação, assim como atividades de troca e de partilha.

---

17. Cf. B. Nicolescu, *La Transdisciplinarité, Manifeste.* (O Manifesto da Transdisciplinaridade), Ed. du Rocher, (1996).

18. *Nascemos para aprender*, videograma em 7 sequências, realização D. Garabédian, PRIAM, ENS Fontenay St. Cloud. Autor: H. Trocmé-Fabre. 1. *Nascemos para descobrir* 2. *Nascemos para reconhecer as leis da vida* 3. *Nascemos para organizar* 4. *Nascemos para criar sentido* 5. *Nascemos para escolher* 6. *Nascemos para inovar* 7. *Nascemos para trocar.*

O objetivo desses videogramas é agir para que a dupla "êxito/fracasso" – tão infernal em pedagogia quanto em economia e em política – ceda lugar ao binômio "*potencial/atualização*". Isso implica uma mudança radical nas representações, a emergência de novos conceitos, o rejustamento de nossa linguagem,[19] a reformulação das problemáticas e uma nova avaliação. Isso requer, antes de tudo, uma nova definição das finalidades, dos objetivos, dos fins e dos alvos educativos.

O aluno aprendente, numa Universidade aprendente

Aprender na Universidade, com esse ponto de vista, significa que o percurso do aprendente foi integrado em seu projeto de vida e acompanhado como tal.

Acompanhar o percurso do aprendente implica que o ato de aprender seja colocado no centro do sistema e que ele seja o objeto de uma verdadeira formação para os professores.

Colocar o ato de aprender *no centro do percurso* do aprendente demanda que se introduza, desde o primeiro ano de estudo universitário, o ensino do pensamento complexo e da emergência do sentido.

Ensinar o pensamento complexo e a emergência do sentido exige que o professor se torne um provedor de recursos e forneça o material que permita fazer emergir novas questões. O conhecimento, como explica E. Morin, não serve para dissolver o mistério, mas, para fazê-lo emergir.

O ato de aprender, eminentemente complexo, transforma-se pelo próprio fato dele atualizar uma capacidade inata, herdada pela humanidade que a transmite e que constitui seu verdadeiro patrimônio, aprender. Por isso, o que os seres humanos compartilham é infinitamente mais importante comparado com

[19] Francisco Varela, em nascemos para criar sentido, propõe substituir "captar a informação" por "aclopamento", "processamento da informação" por "fazer emergir o sentido", "aquisição de conhecimentos", por "entrar num caminho de transformação".

o que os separa. Não é papel da Universidade ensinar o ato de aprender, enraizá-lo, incorporá-lo e colocá-lo na dinâmica do vivente? Por isso, trata-se de criar antes das engenharias de formação e da didática, *uma engenharia de aprendência*, cujo objetivo é assegurar a coerência do sistema educativo com a lógica do vivente. Como proceder? Recenseando e organizando, para poder responder, as necessidades, os meios, os lugares e os tempos de aprender. Criando as condições favoráveis, as metodologias, as etapas e as respostas técnicas que permitem encadear os efeitos a curto, médio e longo prazo.

A engenharia da aprendência *inclui* uma teoria do funcionamento mental, das operações cognitivas, da motivação, do acoplamento do homem com o meio ambiente, de sua percepção, de sua ação e de sua memória. O ato de aprender tem um ponto de equilíbrio que deve ser procurado entre estabilidade e movimento, continuidade e mudança, individual e coletivo.

A engenharia da aprendência *postula* que aprender não pode resultar de um *diktat*. Cabe a cada um se construir. O ser humano está em constante devenir e em constante busca de equilíbrio. Não se pode se contruir sozinho. A mediação e o acompanhamento são indispensáveis. Outro postulado: existem caminhos obrigatórios, impostos pelas leis da complexidade e dos sistemas, acima dos quais existe uma total liberdade.

A engenharia da aprendência *consiste* em devolver ao aprendente seu potencial de aprendência pela instalação e o respeito das etapas do "saber-aprender", núcleos resistentes de nossa vida cognitiva. É no acompanhamento da progressão das operações cognitivas rumo à autonomia que se encontra o papel do professor e, para todos os parceiros, o respeito de uma Carta, elaborada em conjunto. Essa Carta, uma vez elaborada deverá ser traduzida em atos de aprendência e em atos de ensino. Ela define o que incumbe ao aprendente e o ao professor, em cada etapa do saber-aprender.

O papel da engenharia da aprendência é evitar os problemas, explorar e identificar as potencialidades do aprendente e localizar as pressões a que ele está submetido, organizar e administrar a hierarquia dos "acoplamentos" compatíveis com o meio ambiente, situar o ato de aprender o mais próximo possível de suas raízes biológicas, encontrar o equlíbrio entre a dupla necessidade de adaptar/integrar, por um lado e mudar/continuar por outro.

A engenharia da aprendência tem também, como função, fornecer uma matriz de estruturação e de avaliação dos atos de aprendência, que se articula com um método de avaliação das ações pedagógicas. Para que a engenharia da aprendência seja integrada na cultura universitária, é preciso que esta se abra à ideia de colocar, em primeiro lugar, o projeto de aprender do estudante antes da produção do saber.

Quando a Universidade despertará...

O dever da Universidade – e só ela pode fazê-lo – é entrar na lógica do vivente ou seja, entrar num acomplamento com seu meio ambiente e consigo mesma. Em outros termos, ela deve se posicionar no nível da tríplice lógica dos sistemas vivos: regulação, adaptação e evolução. É nessa tríplice lógica que ela encontrará a via (a voz) da complementaridade e a dinâmica da mudança na qual todos os parceiros estão convidados a contribuir, e da qual eles serão grandes beneficiários.

A hora é propícia para a abordagem da lógica do "terceiro procurado", esse terceiro caminho que permite evitar as armadilhas, mudar de ponto de vista, entra em vigilância epistemológica sobre a natureza, o papel e o estatuto do ato de aprender. Chegou a hora de se abrir para a dinâmica criadora que é o questionamento: como ensinar o impulso complexificador que é a lei da vida?

O leque de possibilidades é imenso, basta mudar o enfoque. Mudar o ponto de vista é o primeiro passo para a mudança de comportamento. Esse passo consiste, essencialmente, em renunciar a algumas certezas, renunciar à concepção monolítica e estática da cognição e da linguagem; renunciar à concepção linear da apropriação e da compreensão; renunciar a concepção de um mundo pré-estabelecido, exterior, renunciar à concepção dualista dos problemas (verdadeiro/falso, preto/ branco...), renunciar à concepção não dinâmica do erro e a concepção unicamente somativa da avaliação.

Substituir essas certezas pelo que nos sugerem as pesquisas atuais: pluralidade dos ritmos, das memórias, das leituras, das inteligências, dos tipos de compreensão; existência de quatro gramáticas da língua; duas gramáticas da língua escrita (escrita e leitura), duas gramáticas da língua oral (fala e escuta); relação contínua da ação e da percepção que ambas elaboram a história de nosso acoplamento com o meio ambiente; admitir que nossa percepção cria nossa visão do mundo; aceitar ver no erro uma variação da norma aplicada, mas também, uma indicação do processo seguido, da estratégia adotada, do recurso utilizado.

Não se trata mais de instruir, mas, ensinar a aprender e se questionar. Em outras palavras, garantir o direito e o dever de aprender.

Uma última questão permanece:

"*Se a Universidade não preenche sua função, quem o fará?*"

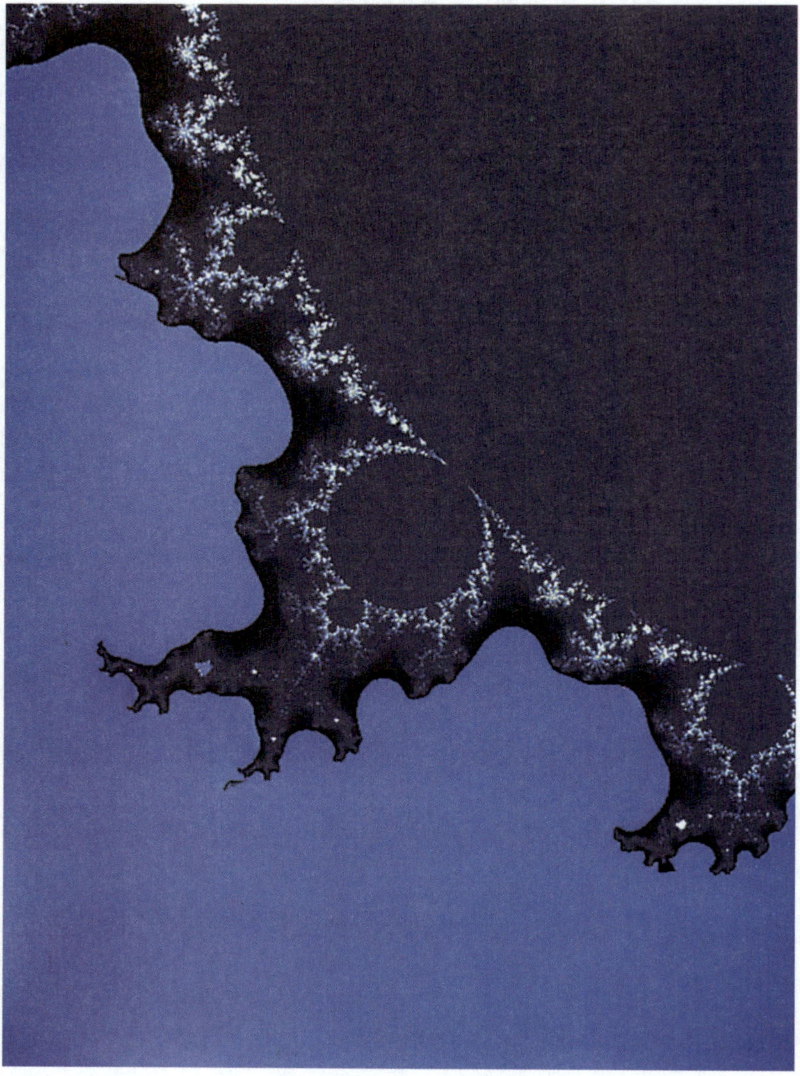

X

Bibliografia

Índice temático

Índice de nomes próprios

Lista de imagens

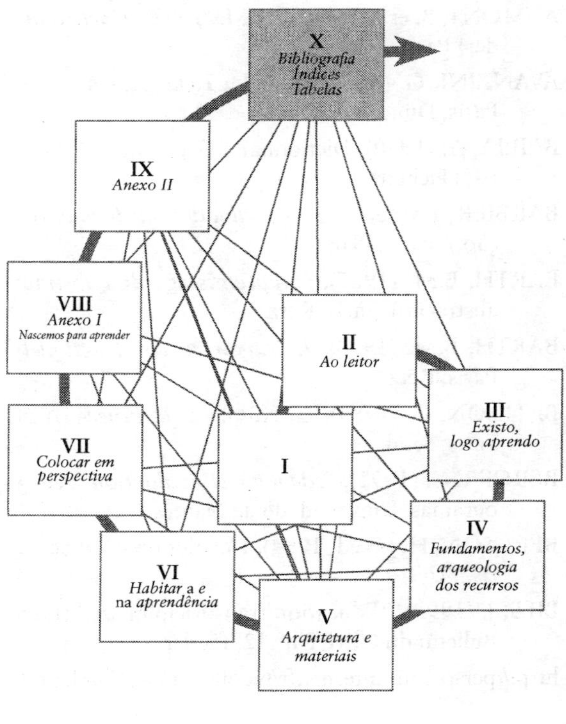

Bibliografia

ANDREEWSKY, E., e col. (1999), *Systémique et cognition* (Sistêmica e Cognição), Paris Dunod.

ANSPACH, M. R. e VARELA (1992), «Le système immunitaire: un soi cognitif autonome» (O sistema imunitário: um si autônomo), in Andler D. (dir.), *Introduction aux sciences cognitives, (Introdução ao estudo das ciências cognitivas*), Paris, Gallimard, cap. 18.

ARDOINE, J. (1989), *D'une évaluation en miettes à une évaluation en actes, le cas des Universités* (De uma avaliação em migalhas a uma avaliação em atos, o exemplo das Universidades), Paris, ANSHA – matrice.

ASTOLFI, J.P. (1992), *L'École pour apprendre* (Escola para aprender), Paris, ESF.

______ (1997), *L'erreur, un outil pour enseigner* (O erro, uma ferramenta para ensinar) Paris ESF.

AUBEGNY, J. (1987), *Les pièges de l'évaluation* (As armadilhas da avaliação), Paris, Ed. UNMFREO.

AUMONT, B. et MESNIER P.M. (1992), *L'acte d'apprendre* (O ato de aprender) Paris, PUF.

AVANZINI, G. (dir) (1996), *La Pédagogie Aujourd'hui* (A pedagogia hoje), Paris, Dunod.

BAILLY, A. (1950), Dictionnaire Grec-Français Dicionário grego/francês, Paris, Hachette.

BARBIER, J.M. é(1985), *L'évaluation en formation* (A avaliação em formação,), Paris, PUF.

BARTH, B.M. (1987), *L'apprentissage de l'abstraction* (A aprendizagem da abstração), Paris, Retz.

BARTH, B.M. (1993), *Le savoir en construction* (O saber em construção), Paris, Retz.

BATESON, G. (1984), *La Nature et la Pensée* (A natureza e o Pensamento), Paris, Seuil.

BERGER, G. (1992), *Pédagogie et Evaluation* (Pedagogia e Avaliação), 5 videogramas, Universidade de Nantes.

BERGSON, H. (6e éd. 1994), L'évolution créatrice (A evolução criadora), Paris, PUF

BIES, J. (1998), "Education transdisciplinaire" (Educação Transdisciplinar, in Bulletin du CIRET n° 12, février.

http://perso.club-internet.fr/nicol/ciret/ciret/bulletin/b12/b12c/.htm

BOLLE de BAL, M. (1997), «*Transaction et reliance*» (Transação e religância), in Actes du Séminaire européen de Recherche sur la Transaction Sociale, Université de La Rochelle, Avril.

BONO de, E. (1985), *Réfléchir mieux* (Refletir melhor), Paris, Ed. d'Organisation.

BOURDIEU, P. (1997), *Méditations Pascaliennes* (Meditações pascalianas), Paris, Seuil.

BRIGGS, J. & PEAT, F.D. (1991), *Un miroir turbulent* (Um espelho turbulento), Paris, InterEditions.

BROWN, G. (1980), *Bien faire un cours, un exposé, une conférence* (Preparar bem uma aula, uma apresentação, uma conferência), Paris, Ed. d'Organisation.

BRUNER, J. (1983), *Comment les enfants apprennent à parler* (Como as crianças aprendem a falar), Paris, Retz

BRUNON, G. (1986), *Les forges d'Héphaïstos* (A forja de Hephaestu), Paris, ED. du Dauphin.

BUSER, P. (1998), *Cerveau de soi cerveau de l'Autre* (Cérebro de si, cérebro do Outro), Paris, O. JACOB.

BUZAN, T. (1984, 1998) *Une tête bien faite* (Uma cabeça bem feita), Paris, ED. d'Organisation.

______ (1995) *Dessine-moi l'intelligence* (Desenhe-me a inteligência), Paris, ED. d'Organisation.

Catalogue de l'Exposition La Fabrique de la pensée (1990), ED. Electra, Milan.

CHANGEUX, J.P. (1983), *L'homme neuronal* (O homem neuronal), Paris, Fayard.

CHASSAGNE, Ch. (1998), *Education à l'orientation* (Educação para a orientação), Paris, Magnard.

CLERGUE, G. (1997), *L'apprentissage de la complexité* (A aprendizagem da complexidade), Paris, ed. Hermès;

Colóquio de Veneza (1987), *La Science aux confins de la connaissance* (A ciência nos confins do conhecimento), Paris, Ed. Le Félin.

COMBS, A. (1995), *The radiance of meaning, Floris Books, Edinburgh, G.B.*

COULON, A. (1990), *Le métier d'étudiant* (O ofício de estudante), tese de doutorado, Universidade Paris VIII.

CYRULNIK, B. (1991), *La naissance du sens* (O nascimento do sentido), Paris, Hachette.

______ (1993), *Les nourritures affectives* (Alimentos afetivos), Paris, O. Jacob.

______ (1997), *L'ensorcellement du monde* (O encantamento do mundo), Paris, O. Jacob.

DAMASIO, A. R. (1995), *L'erreur de Descartes* (O erro de Descartes), Paris, O. Jacob.

DEBRAY, R. (1989), *Apprendre à penser* (Aprender a pensar), Paris, EsHel.

DEHENE, C., (coord), (1998), *Désenclaver l'École, initiatives éducatives pour un monde responsable et solidaire* (Tirar a Escola do isolamento, iniciativas educativas para um mundo responsável e solidário), Paris, Ed. Charles Léopold Mayer.

DELORME, C. (dir.) (1987), *L'évaluation en questions* (A avaliação com perguntas), Paris, ESF.

DEMOULE, J.P. (1998), "Les Indo-européenes, un mythe sur mesure" (Os Indo-europeus, um mito por medida), in La Recherche, n° 308, abril.

DENIS, M. (1975), "Mémorisation d'un matériel imagé ou verbal en fonction de l'activité d'imagerie préalable à l'apprentissage" (Memorização de um material figurado ou verbal em função da atividade de imagem, preliminar a aprendizagem), in Année Psychologique,75.

______ (1989), *Image et cognition* (Imagem e cognição), Paris, PUF.

DESROCHE, H. (1990), *Entreprendre d'apprendre* (Empreender a aprender), Paris, Les Editions Ouvrières.

DESGRAUPES, P. e LHOMME, M. (1994), *Évaluer la formation, l'évaluation par les outils et l'assurance qualité* (Avaliar a formação, a avaliação pelas ferramentas e a garantia de qualidade), Paris, Nathan.

DEVELAY, M. (1992), *De l'apprentissage à l'enseignement* (Da aprendência ao ensino), ESF, Paris.

DOMINICÉ, P. (1990), *L'histoire de vie comme processus de formation* (História de vida como processo de formação), Paris, L'Harmattan.

DROIT, R.P. (1997), *Le culte du néant* (O culto do nada), Paris, Seuil.

DURAND, Y. (1988), *L'exploration de l'imaginaire* (A exploração do imaginário), Paris, Espace Bleu.

EDELMAN, G. (1992), *Biologie de la conscience* (Biologia da Consciência), Paris, O. Jacob.

EITINGTON, J. E. (1990), *Utiliser les techniques actives en Formation* (Utilizar as técnicas ativas na Formação), Paris, Ed. d'Organisation.

FAVRE, D. (1990), «Démarche scientifique et mobilité des représentations», in Actes du colloque international de la Société française de Chimie, p 7-13, 26-31 Outubro, La Grande Motte.

FAVRE, D. (1992), «L'introduction de la démarche scientifique dans l'acte pédagogique peut-elle favoriser l'acquisition de nouvelles représentations?», in Journées d'Etude du G.R.I.F.E., 13-15 janeiro, Montpellier.

FELDEN, M. (1992), Le modèle géométrique de la physique (O modelo geométrico da física), Paris, Masson.

FLEURY, V. (1998), *Arbres de Pierre* (Árvores de Pedra), Paris, Flammarion.

FÖLLMI, O. (1997), *Si loin des hommes, si près des dieux* (Tão longe dos homens, tão perto dos deuses), Paris, Ed. de la Martinière.

FOX KELLER, E. (1988), *L'intuition du vivant* (A intuição do vivente), Prefácio I. Stengers, Paris, Ed. Tierces Sciences.

FREYNET, M.F. (1998), «Transaction et médiation dans le champ du travail social»(Transação e mediação no campo do trabalho social), in *Les transactions aux frontières du social* (As transações nas fronteiras do social), Lyon, Chronique sociale.

GARDNER, H. (1993), *Les fondements des sciences cognitives* (Os fundamentos das ciências cognitivas), (A nova ciência da mente, EDUSP, 2003), Paris, Payot.

______ (1996), *Les intelligences multiples* (Inteligências múltiplas, Ed. Artmed, 2000), Paris, Retz.

GESHWIND, N. (1981), "La spécialisation du cerveau humain" (A especialização do cérebro humano), in *Le Cerveau* (O cérebro), Paris, Belin. Pour *la Science.*

GEVINS, A. S. e al. ((1987), "Human Neuroelectric patterns predict performance accuracy", in *Science* (Ciência), vol. 235, 30 janeiro.

GINESTIER, P. (1987), *Bachelard*, Paris, Bordas.

GIORAN, A. e VECCHI de G. (1990), *Les origines du savoir* (As origens do saber), Paris, Genebra, Delachaux e Niestlé.

GOLEMAN, D. (1997), *L'intelligence émotionnelle* (A inteligência emocional) Paris, R. Laffont.

GOULD, S.J. (1997), *L'éventail du vivant* (O leque do vivente), Paris, Seuil.

GOUZIEN, J.L. (1991), *La variété des façons d'apprendre* (Diversas maneiras de aprender), Paris, Mésonance, Ed. Universitaires.

HAMPDEN-TURNER, C. (1990), *L'Atlas de notre cerveau* (O Atlas do cérebro), Paris Ed. d'Organisation.

HARDY, C. (1983), *La science devant l'inconnu* (A ciência face ao desconhecido), Paris, Le Rocher.

HARDY, C. (1998), Networks of meaning, Greenwood Publ. Group, West Port City, Conn., Estados Unidos.

HEBER SUFFRIN, Cl. E M. (1993), *Le cercle des savoirs reconnus* (O círculo dos saberes reconhecidos), Paris, Epi.

IBES, W. (1990), "The life of Eternity", in *Ouverture à la vie*, Ensaios dedicados a Frans Veldman, Ed. Stichting Nos Iungit Bonun, Oversasselt, Pays-bas.

JABES, E. (1987), *La Mémoire et la main* (A memória e a mão), Paris, Fata Morgana.

JACOB, F. (1981), *Le jeu des possibles* (O jogo dos possíveis), Paris, Fayard.

JACQUARD, A. (1992), *La légende de la vie* (A lenda da vida), Paris, Flammarion.

______ (1993), *Construire une civilisation terrienne* (Construir uma civilização terrena), Les grandes conférences, Paris, Fides.

JACQUARD, A. (1997), *La légende de demain* (A lenda de amanhã), Paris, Flammarion.

JAMES, W. (1890), *The principles of Psycology.*

JANNEROD, M. (1998), "La double commande d'une pince de haute précision" (O duplo controle de uma pinça de alta precisão), in *La Recherche*, nº 309, maio.

KARLI, P. (1995), Ceveau et Liberté (Cérebro e liberdade), Paris, O. Jacob.

KNOWLES, M. (1990), *L'apprenant adulte, vers un nouvel art de la formation* (O aprendente adulto, rumo a uma novo tipo de formação), Paris, Ed; d'Organisation.

KORZYBSKI, A. (1966), *Le rôle du langage dans le processus perceptuels*, The international Non-Aristotelician, Library, N. Y.

La main, col, (1996), Instituts d'Arts Visuel, BP 1432, 45004 Orléans Cedex 01, France.

LABELLE, J.M. (1996), *La réciprocité éducative* (A reciprocidade educativa), Paris, P

LABORDERIE, R. (1991), *Le métier d'élève*, Prefácio A. Jacquard, Paris, Hachette.

LABORIT, H. (1970), *L'agressivité détournée* (A agressividade desviada), Paris, 10/18.

______ (1981), *L'inhibition de l'action* (A inibição da ação), Paris, Masson.

LANGER, E. (1990), L'esprit en éveil (O espírito desperto), Paris, InterEditions.

LASSEN, N. (1981), «Les fonctions cérébrales et la circulation sanguines» (As funções cerebrais e a circulação sanguínea), in *Le Cerveau* (O cérebro), Paris, Belin, Pour la Science.

LE MOIGNE, J. L. (1990), La modélisation des systèmes complexes (A modelização dos sistemas complexos), Paris, Dunod.

LEVY, P. (1997), *L'intelligence collective, pour une anthropologie de cyberespace* (A inteligência coletiva, para uma antropologia de ciberespaço), Paris, La Découverte/Poche.

LEVY, B. e SERVAN-SCHREIBER E., (1997), *Les secrets de l'Intelligence* (Os segredos da Inteligência), CDRom, Hypermind, Ubi Soft.

LIVET, P. (1994), *La communauté virtuelle* (A comunidade vitual), Combas (30), Edition de l'Éclat.

LUPASCO, S. (1986), *L'homme et ses trois éthiques* (O homem e as suas três lógicas), Paris, Le Rocher.

______ (1987 a), *L'énergie et la matière vivante* (A energia e a matéria viva), Paris, Le Rocher.

______ (1987 b), *L'énergie et la matière psychique* (A energia e a matéria psíquica), Paris, Le Rocher.

LURIA, A. (1973 a), *Les fonctions corticales supérieures de l'homme* (As funções

______ (1973 b), *The working brain*, Londres, Penguin.

MACK, M. (1997), *Coévolution, dynamique créatrice, libérer les richesses de l'intelligence partagée* (Coevolução, dinâmica criadora, liberar as riquezas da inteligência compartilhada), Paris, Village Mondial.

MACLEAN, P. e GUYOT, G. (1990), *Les trois cerveaux de l'Homme* (Os três cérebros do Ser Humano), Paris, R. Laffont.

MANDELBROT, B. (1995), *Les objets fractals* (Os objetos fractais), Flammarion, Paris

MARC AURELE (1998), *Soliloques* (Solilóquios), trad. L. L. Grateloup, Paris, Livre de Poche.

MEDA, D. (1995), *Le travail, une valeur en voie de disparition* (O trabalho, uma qualidade em via de extinção), Paris, Alto Aubier.

MEIRIEU, Ph. (1987), *Apprendre, oui mais comment* (Aprender, sim, mas como), Paris ESF.

______ (1998), «Une école pour la démocratie» (Uma escola para a democracia) in DEHENNE, Ch. e al.

MÉLESE, J. (1990), *Approches systémiques des organisations* (Enfoques sistêmicos das organizações), Paris, Ed. d'Organisation.

MERLEAU-PONTY, M. (1945), *Phénoménologie de la perception* (Fenomenologia da percepção), Paris, Gallimard.

MEYER, Ph. (1997), *L'œil et le cerveau* (O olho e o cérebro), Paris, O. Jacob.

MORGAN, G. (1990), *Images de l'organisation* (Imagens da organização), Presses de l'Université Laval, ed. Eska, Québec e Ottawa, Canada.

MORIN, E. (1991), *Introduction à la Pensée complexe* (Introdução ao Pensamento complexo), Paris, ESF.

______ (1995), «Rencontres transdisciplinaires» (Encontros transdisciplinares), in Bulletin Interactif du CIRET, n° 3-4, março.

______ (1998), «Réforme de pensée, transdisciplinarité, réforme de l'Université» (Reforma do pensamento, transdisciplinaridade, reforma da Universidade), in Bulletin du CIRET n° 12, fevereiro.

MURRAY SCHAFFER, R. (1979), *Le paysage sonore* (A paisagem sonora), Paris, Lattès.

NICOLESCU, B. (1985), *Nous, la particule et le monde* (Nós, a partícula e o mundo), Paris, Le Mail.

______ (1994), Théorèmes poétiques (Teoremas poéticos), Paris, Le Rocher.

______ (1996), *La transdisciplinarité, Manisfeste*, Paris, Le Rocher. (O Manisfesto da Transdisciplinaridade. TRIOM, São Paulo)

OUAKNIN, M. A. (1990), *Lire aux Éclats* (Ler com clamor), Paris, Lieu Commun.

______ (1998), *C'est pour cela qu'on aime les libellules* (É por isso que se gosta das libélulas), Paris, Calmann-Lévy.

PARISOT, F., coord. (1997), *Citoyennetés nationales et citoyenneté européenne* (Cidadanias nacionais e cidadania européia), Prefácio E. Cresson, Paris, Hachette Education.

PERES, Shimon (1993), *Le temps de la paix* (O tempo da paz), Paris, O. Jacob

PERONNET, F. e FARAH, M. (1990), «Implication du système visuel dans l'imagerie mentale» (Implicação do sistema visual nas imagens mentais), in Psychologie et cerveau (Psicologia e cérebro), (dir) X. Séron, Paris, PUF.

PINEAU, G. (1993), *Les histoires de vie* (As histórias da vida), Paris, Que sais-je? PUF.

PINKOLA-ESTÉS, C. (1996), Femmes qui courent avec les loupss (Mulheres que correm com os lobos), Paris, Grasset.

PISAR, S. (1983), *La Ressource Humaine* (O Recurso Humano), Paris, J. C. Lattès.

PRIGOGINE, I. (1994), *Temps à devenir, à propos de l'histoire du temps* (Tempos que virão, sobre a história do tempo), Paris, Ed. Fides.

______ (1996), *La fin des certitudes* (O fim das certezas), Paris, O. Jacob.

QUÉAU, P. (1998), «Cyber-culture et info-éthique» (Ciber-cultura e info-ética), in Bulletin du CIRET, n° 12, fevereiro. http://perso.club-internet.fr/nicol/ciret/bulletin/b12b12c/.htm

REBOUL, O. (1980), *Qu'est-ce qu'apprendre?* (O que é aprender?), Paris, PUF

Recueil d'Instruments et de processus d'évaluation formative (Coleção de Instrumentos e de processos de avaliação formativa), (1980) dir. A. de Peretti, Paris, INRP.

REEVES, H. (1984), *Poussières d'étoiles* (Poeiras de estrelas), Paris, Seuil.

______ (1990 a), *Soleil* (Sol), La Nacelle, Carouge-Genebra, Suiça.

______ (1990 b), *Malicorne*, Paris, Seuil.

REY, B. (1996), *Les compétences transversales en question* (As competências transversais em questão), Paris, ESF.

RICOEUR, P. (1988), Paris, Revue Esprit, 7-8 julho-agosto.

RILKE, R. M. (1937), *Lettres à un jeune poète* (Cartas para um jovem poeta), Paris, Les Cahiers Rouges, Grasset.

______ (1966), *Les Cahiers de Malte Laurids Brigge* (Os Cadernos de Malte Laurids Brigge), Paris, Point Seuil.

ROBIN, G. (1992), *Guide en reconnaissance des acquis* (Guia de reconhecimento das aquisições), Québec, Ed. Novalis, 6255 Huttchinson, Bureau 103, Montréal (Québec), Canada, H2V 4C7.

ROSNAY de, J. (1995), *L'homme symbiotique* (O homem simbiótico), Paris, Seuil.

SALLABERY, J. C. (1996), *Dynamique des représentations* (Dinâmica das representações), Paris, L'Harmattan.

SAUCET, M. (1987), *La Sémantique Générale aujourd'hui* (A Semântica Geral, hoje), Paris, Le Courrier du Livre.

SCHLANGER, J. (1990 a), *La situation cognitive* (A situação cognitiva), Paris, Méridiens Klincksieck.

______ (1990 b), *Solitude du penseur de fond* (A solidão do pensador resistente), Paris, Critérion.

SCHNEIDER, J. e al. (1990), «Guided Imagery and immune system function in normal subjects» in *Mental Imagery*, ed. R. G. Kunzendorf, Plenum Press, N. Y.

SERGENT, J. (1990), «Les dilemmes de la gauche et de la droite» (Os dilemas da esquerda e da direita), in *Psychologie et cerveau* (Psicologia e cérebro), (dir) X. Séron, Paris, PUF.

SERGENT, J. (1994), «La mémoire des visages» (A memória das fisonomias), in La Recherche, n° 267, vol. 25, julho-agosto.

SINGER, C. (1983), *Les âges de la vie* (As idades da vida), Paris, Albin Michel.

STEVENS, P.S. (1978), *Les formes de la nature* (As formas da natureza), Paris, Seuil.

STOCZKOWSKI, W., (1992), «Origines de l'homme: quand la science répète le mythe» (Origens do homem: quando a ciência repete o mito), in La Recherche, n° 244, juin.

THUILLIER, P. (1995), *La grande implosion* (A grande implosão), Paris, Fayard.

TOFFLER, A. (1987), *Le choc du futur* (O choque do futuro), Paris, Folios Essais.

TROCME-FABRE, H. (1975), *Aspects de la réduction des voyelles prétoniques en anglais moderne* (Aspectos da redução das vogais pretônicas no inglês moderno), Tese de Doutorado, Paris VII.

______ (1987, 1994), *J'apprends, dons je suis* (Aprendo, logo existo), Les Ed. d'Organisation.

______ (1994), Apprendre aujourd'hui (Aprender, hoje) livro cassette-audio (col.), Cheminements Editions, 84200, La Motte d'Aigues

______ (1994-1996), *Né pour apprendre,* 7 videogramas, coprodução Université de La Rochelle – ENS Fontenay St-Cloud, Paris. (Nascemos para Aprender, TRIOM, São Paulo)

VARELA, F. (1989), Autonomie et connaissance, essai sur le vivant (Autonomia e conhecimento, ensaio sobre o vivente), Paris, Seuil.

______ (1995), «Les mystères du cerveau» (Os mistérios do cérebro), in *Qu'est-ce qu'on ne sait pas?* (O que não se sabe?), Paris, Découvertes, Gallimard.

______ (1996), *Invitation aux sciences cognitives* (Convite ao estudo das ciências cognitivas) Points Sciences, Paris, Seuil.

VARELA, F. THOMPSON, E., & ROSCH, E. (1993), *L'inscription corporelle de l'esprit* (A inscrição corporal do espírito), Paris, Seuil.

VAUCLAIR, S. (1996), «La genèse de la matière» (A gênese da matéria), in *La Recherche*, n° 284, maio.

VECCHI de G. (1992), *Aider les élèves à apprendre* (Ajudar os alunos a aprender), Paris, Hachette.

VINCENT, J.D. (1986), *Biologie des Passions* (Biologia das Paixões), Paris, O. Jacob.

VIRILIO, P. (1990), *L'inertie polaire* (A inércia polar), Paris, C. Bourgeois.

VYGOTSKY, L. S. (1960), *Thought and language*, Cambridge, MIT Press, E.U.

WEBER, R. (1988), *Dialogues avec des scientifiques et des sages* (Diálogos com cientistas e sábios), Paris, Le Rocher.

WILDEN, A. (1980), *System and Structure*, Londres, Tavstok.

WILLIAMS, L. V. (1997), *Deux cerveaux pour apprendre* (Dois cérebros para aprender), Paris, Ed. d'Organisation.

ZUNDEL, M. (1996), *À l'écoute du silence* (Escutando o silêncio), Paris, Ed. Tequi.

ZUNIGA, R. (1979, 1994), L'évaluation dans l'action (A avaliação na ação), Montréal, Presses de l'Université de Montréal, Québec, Canada.

Índice temático

Este índice temático, fora do seu papel habitual de referência, foi concebido para servir de base para um trabalho lexical e para aprofundar certos conceitos (cf. as sondagens sobre as representações, Parte VI, cap. 8)

Índice dos nomes próprios citados

Tabela das figuras

Esta obra foi impressa em sistema digital sob demanda e corresponde ao consumo de 4,0 árvores reflorestadas sob a norma ISO 14001.
RECICLE SEMPRE.

Responsabilidade
Livros
Sob demanda
Ambiental

Linear B
gráfica
www.linearb.com.br
Tel.(11)3812-2817